A loucura da razão
econômica

Liliana Porter, "El hombre con el hacha y otras situaciones breves", Malba, 2013.

Liliana Porter, "Man with Axe", Bienal de Veneza, 2017; fotografia de Federico Lo Bianco.

David Harvey

A loucura da razão econômica

Marx e o capital no século XXI

Tradução
Artur Renzo

© David Harvey, 2017
© desta edição Boitempo, 2018

Traduzido do original em inglês *Marx, Capital and the Madness of Economic Reason* (Londres, Profile, 2017)

Direção editorial Ivana Jinkings
Coordenação de produção Livia Campos
Edição Bibiana Leme
Assistência editorial Thaisa Burani
Assistência de produção Camila Lie Nakazone
Tradução Artur Renzo
Preparação Mariana Echalar
Revisão Thaís Nicoleti
Capa Heleni Andrade
sobre instalação de Liliana Porter, "Man with Axe" (2013-2017)
Diagramação Antonio Kehl

Equipe de apoio: Allan Jones, Ana Carolina Meira, Ana Yumi Kajiki, André Albert, Carolina Yassui, Eduardo Marques, Elaine Ramos, Frederico Indiani, Isabella Barboza, Isabella Marcatti, Ivam Oliveira, Kim Doria, Marlene Baptista, Maurício Barbosa, Renato Soares, Thaís Barros, Tulio Candiotto

CIP-BRASIL. CATALOGAÇÃO NA PUBLICAÇÃO
SINDICATO NACIONAL DOS EDITORES DE LIVROS, RJ

H271L

Harvey, David, 1935-
A loucura da razão econômica : Marx e o capital no século XXI / David Harvey ; tradução Artur Renzo. - 1. ed. - São Paulo : Boitempo, 2018.

Tradução de: Marx, Capital and the Madness of Economic Reason
Inclui bibliografia e índice
ISBN 978-85-7559-643-2

1. Marx, Karl, 1818-1883. 2. Economia. 3. Capitalismo - Séc. XXI. 4. Economia marxista. I. Renzo, Artur. II. Título.

18-50495
CDD: 335.412
CDU: 330.852

É vedada a reprodução de qualquer
parte deste livro sem a expressa autorização da editora.

1ª edição: agosto de 2018;
1ª reimpressão: janeiro de 2019; 2ª reimpressão: março de 2020;
3ª reimpressão: abril de 2021

BOITEMPO
Jinkings Editores Associados Ltda.
Rua Pereira Leite, 373
05442-000 São Paulo SP
Tel.: (11) 3875-7250 / 3875-7285
editor@boitempoeditorial.com.br | www.boitempoeditorial.com.br
www.blogdaboitempo.com.br | www.facebook.com/boitempo
www.twitter.com/editoraboitempo | www.youtube.com/tvboitempo

Sumário

Prólogo 11

1. A visualização do capital como valor em movimento 15
2. *O capital* 35
3. O dinheiro como representação do valor 59
4. Antivalor: a teoria da desvalorização 79
5. Preços sem valores 99
6. A questão da tecnologia 111
7. O espaço e o tempo do valor 129
8. A produção de regimes de valor 153
9. A loucura da razão econômica 171

Coda 203

Agradecimentos 207
Referências bibliográficas 209
Índice 217

NOTA DA EDIÇÃO

Nas citações, sempre que possível, optou-se por usar traduções brasileiras já disponíveis. Nesse caso, na nota de rodapé, foi indicada apenas a edição nacional utilizada; as edições consultadas pelo autor, porém, permanecem referidas na bibliografia.

Lista de figuras

Figura 1. O ciclo hidrológico..16
Figura 2. Visualização do capital como valor em movimento........................20
Figura 3. Os três circuitos do capital...151
Figura 4. Crescimento da dívida pública, corporativa e privada nos Estados Unidos....175
Figura 5. Consumo chinês de cimento...176
Figura 6. Consumo mundial de aço...177
Figura 7. Consumo mundial de cobre 178
Figura 8. Crescimento da dívida (estatal, empresarial e familiar) na China..................182

Mad world! Mad kings! Mad composition! …
That smooth-fac'd gentleman, tickling commodity,
Commodity, the bias of the world;
The world, who of itself is peised well
Made to run even upon even ground.
Till this advantage, this vile-drawing bias,
This sway of motion, this commodity,
Makes it take head from all indifferency,
From all direction, purpose, course, intent.
And this same bias, this commodity,
This bawd, this broker, this all-changing word …
And why rail I on this commodity?
But for because he hath not woo'd me yet.
Not that I have the power to clutch my hand
When his fair angels would salute my palm;
But for my hand, as unattempted yet,
Like a poor beggar, raileth on the rich.
Well, whiles I am a beggar, I will rail
And say here is no sin, but to be rich;
And being rich, my virtue then shall be
To say there is no vice but beggary.
Since kings break faith upon commodity,
Gain, be my lord, for I will worship thee.*

        William Shakespeare, *King John*

---

*   Mundo louco! Reis loucos! Aliança louca! / Esse senhor de tão macio rosto, / O Interesse insinuante e adulador, / sim, o Interesse, a rampa em que despenha, / sem se deter, o mundo, que em si mesmo / revelava equilíbrio e que rolava / lisamente em terreno sempre plano / até que esse proveito, essa ladeira / viciada, esse fator de movimento, / o Interesse, o tirasse do equilíbrio, / de toda a direção, projeto e intento! / E esse mesmo pendor, esse Interesse, / esse alcaiote tecedor de intrigas, / palavra que transforma tudo a todos / os momentos / […] / Por que cubro de injúrias o Interesse? / Tão-somente por não me ter ainda / conquistado. É certeza: eu não teria / coragem de fechar a mão, se, acaso, / se dispusessem seus bonitos anjos / a me cumprimentar. Não tendo sido / tentada ainda, ela é como a dos pobres / mendigos que os ricaços vitupera. / Pois o mesmo farei, enquanto pobre: / Não há pecado como o da riqueza, / direi então; mas quando ficar rico, / direi ser a miséria o único vício. / Se a ambição, entre os reis, é quase uma arte, / Interesse, és meu deus: quero adorar-te"; William Shakespeare, "Vida e morte do Rei João", em *Obras completas de*

Shakespeare, v. XVI, *Dramas históricos: Vida e morte do Rei João/A tragédia do Rei Ricardo II* (trad. Carlos Alberto Nunes, Rio de Janeiro, Edições de Ouro, 1966), p. 48-9. Há um debate recente em torno do significado da palavra "*commodity*" empregada nesse texto cuja escrita data do final do século XVI. A tradução de Carlos Alberto Nunes, aqui citada, filia-se ao cânone dos estudos shakespearianos ao vertê-la na acepção mais arcaica de "interesse", "conveniência" ou "ambição", e não no sentido mais moderno de "mercadoria". É digno de nota, no entanto, que o próprio Marx cita justamente esse trecho em um artigo de 1857 escrito para o *New-York Daily Tribune* intitulado "The Coming Election in England" – e o faz interpretando a palavra "commodity" na segunda acepção. Independentemente das questões próprias aos estudos históricos e literários sobre a obra de Shakespeare, essa ambiguidade do termo desempenha um papel evidente no contexto da epígrafe deste livro. (N. T.)

Prólogo

Ao longo da vida, Marx fez um esforço prodigioso para compreender como funciona o capital. Sua obsessão era tentar descobrir como aquilo que ele chamou de "as leis de movimento do capital" afetavam o cotidiano das pessoas comuns. Ele expôs de maneira implacável as condições de desigualdade e exploração enterradas no atoleiro das teorias autocongratulatórias apresentadas pelas classes dominantes. Estava particularmente interessado em descobrir por que o capitalismo parecia ser tão propenso a crises. Será que essas crises, como as que ele testemunhou em 1848 e 1857, se deviam a choques externos, como guerras, colheitas ruins e escassez natural, ou havia algo no modo de funcionamento do próprio capital que tornava inevitáveis tais abalos destrutivos? Até hoje essa questão atormenta as investigações econômicas. Dado o estado lamentável e a trajetória confusa do capitalismo global desde a crise de 2007-2008 – e seus impactos deletérios na vida de milhões de pessoas –, parece que este é um bom momento para rever o que Marx descobriu. Talvez encontremos *insights* úteis para nos ajudar a esclarecer a natureza dos problemas com os quais nos deparamos agora.

Infelizmente, não é tarefa fácil resumir as descobertas de Marx e acompanhar seus intricados argumentos e suas detalhadas reconstruções. Em parte porque ele deixou sua obra incompleta. Apenas uma pequena fração dela veio à luz em uma forma que Marx considerou adequada para publicação. O resto é uma massa intrigante e volumosa de notas e rascunhos, comentários de autoesclarecimento, experiências mentais do tipo "e se funcionasse assim" e uma série de refutações a objeções e críticas reais e imaginadas. Na medida em que o próprio Marx se apoiou em grande parte em uma interrogação crítica sobre a forma como a economia política clássica (dominada por figuras como Adam Smith, David Ricardo, Thomas Malthus, James Steuart, John Stuart Mill, Jeremy Bentham e uma série de outros pensadores e pesquisadores) respondia a esse tipo de pergunta, a leitura que faremos de suas descobertas também requererá certo conhecimento de quem ele critica. O mesmo vale para a dependência de Marx em relação à filosofia clássica alemã no que diz respeito a seu método crítico, na qual domina a imponente figura de Hegel, amparado por Spinoza, Kant e uma série de pensadores que remonta aos gregos (a tese de doutorado de Marx é sobre os filósofos gregos Demócrito e Epicuro). Acrescente à mistura os pensadores socialistas franceses, como Saint-Simon, Fourier, Proudhon e Cabet, e a ampla tela sobre a qual Marx buscou construir sua obra se torna de uma clareza intimidante.

Além disso, Marx era um analista incansável, mais do que um pensador estático. Quanto mais aprendia com suas volumosas leituras (não apenas dos economistas políticos, antropólogos e filósofos mas da imprensa comercial e financeira, de debates parlamentares e relatórios oficiais), mais evoluíam suas visões (ou, diriam alguns, mais ele mudava de ideia). Foi um leitor voraz de literatura clássica – Shakespeare, Cervantes, Goethe, Balzac, Dante, Shelley e outros. Não apenas temperou seus escritos (sobretudo o Livro I de *O capital*, uma obra-prima literária) com referências ao pensamento desses escritores mas valorizou suas ideias sobre o funcionamento do mundo e inspirou-se em seus métodos e estilos de exposição. E, como se não bastasse, há a volumosa correspondência com companheiros de viagem em diversas línguas, além de conferências e discursos a sindicalistas ingleses ou comunicações para e sobre a Associação Internacional dos Trabalhadores, criada em 1864 com suas aspirações pan-europeias para a classe trabalhadora. Marx foi um ativista e polemista, além de teórico, acadêmico e pensador de primeira linha. O mais próximo que chegou de ter uma renda estável foi como correspondente do *New York Tribune*, um dos jornais de maior circulação nos Estados Unidos na época. As colunas que escrevia tanto afirmavam suas visões particulares como traziam análises de eventos contemporâneos.

Em tempos recentes, houve uma enxurrada de estudos abrangentes sobre Marx em seu contexto pessoal, político, intelectual e econômico. As destacadas obras de Jonathan Sperber e Gareth Stedman Jones são valiosas, ao menos em alguns aspectos[1]. Infelizmente, também parecem querer enterrar o pensamento e a obra monumental de Marx com seu corpo no Cemitério de Highgate, como um produto datado e falho do pensamento do século XIX. Para eles, Marx foi uma figura histórica interessante, mas seu aparato conceitual tem pouca relevância teórica

---

[1] Jonathan Sperber, *Karl Marx: A Nineteenth Century Life* (Nova York, Liveright, 2013) [ed. bras.: *Karl Marx: uma vida do século XIX*, trad. Lúcia Helena de Seixas, Barueri, Amarilys, 2014]; Gareth Stedman Jones, *Karl Marx: Greatness and Illusion* (Cambridge, Belknap, 2016) [ed. bras.: *Karl Marx: grandeza e ilusão*, trad. Berilo Vargas, São Paulo, Companhia das Letras, 2017].

hoje, se é que a teve algum dia. Ambos esquecem que o objeto do estudo de Marx em *O capital* era o próprio capital, não a vida oitocentista (sobre a qual ele certamente tinha muitas opiniões). E o capital continua conosco, vivo e bem em alguns aspectos, mas evidentemente doente em outros, para não dizer em uma espiral de descontrole*, inebriado pelos próprios sucessos e excessos. Marx considerava o conceito de capital basilar para a economia moderna, assim como para a compreensão crítica da sociedade burguesa. Entretanto, é possível chegar ao fim da leitura dos livros de Stedman Jones e Sperber sem a mais remota ideia do que seja o conceito de capital de Marx e de como ele poderia ser aplicado nos dias de hoje. Na minha avaliação, as análises de Marx, embora evidentemente datadas em alguns aspectos, são mais relevantes hoje do que na época em que foram escritas. Aquilo que, nos tempos de Marx, era um sistema econômico dominante em apenas uma pequena parcela do mundo, hoje, recobre a superfície terrestre com implicações e resultados espantosos. Na época de Marx, a economia política era um terreno de debate muito mais aberto do que é agora. Desde então, um campo de estudos supostamente científico, altamente matematizado e movido a dados, chamado "ciência econômica", atingiu um estatuto de ortodoxia, um corpo fechado de conhecimento supostamente racional – uma verdadeira ciência – ao qual ninguém tem acesso, exceto em negócios empresariais ou estatais. Esse campo é alimentado por uma crença cada vez maior nos poderes da capacidade computacional (que dobra a cada dois anos) de construir, dissecar e analisar enormes conjuntos de dados sobre quase tudo. Para alguns analistas influentes, patrocinados por grandes corporações, isso supostamente abre caminho para uma tecnoutopia de gestão racional (por exemplo, cidades inteligentes) governada pela inteligência artificial. Essa fantasia se baseia na suposição de que, se algo não pode ser mensurado e condensado em planilhas de dados, esse algo é irrelevante ou simplesmente inexistente. Não há dúvida de que grandes conjuntos de dados podem ser extremamente úteis, mas eles não esgotam o terreno daquilo que precisa ser conhecido. E certamente não ajudam a resolver os problemas de alienação ou deterioração das relações sociais.

Os comentários prescientes de Marx sobre as leis de movimento do capital e suas contradições internas, suas irracionalidades fundamentais e subjacentes, são muito mais incisivos e penetrantes do que as teorias macroeconômicas unidimensionais da ciência econômica contemporânea, que se provaram insuficientes quan-

---

* Harvey usa aqui a expressão de língua inglesa *"spiralling out of control"*, que pode ser traduzida, ao pé da letra, por "espiralando fora de controle". A escolha da expressão para descrever o caráter descontrolado do capital é relevante pois ecoa o movimento espiralado do processo de acumulação exponencial infindável do capital, o qual constitui um dos argumentos que atravessam o livro e que hoje se encontra em um patamar historicamente sem precedentes. (N. T.)

do foram confrontadas com a crise de 2007-2009 e seu longo rescaldo. As análises de Marx, aliadas ao seu método distintivo de investigação e à sua forma de teorizar, têm um valor inestimável para os nossos esforços intelectuais de compreender o capitalismo de agora. Seus *insights* merecem ser reconhecidos e estudados criticamente, com a devida seriedade.

Como, então, devemos compreender o conceito marxiano de capital e suas supostas leis de movimento? De que forma isso nos ajudará a compreender nossos impasses atuais? Essas são as questões que examinarei aqui.

1. A visualização do capital como valor em movimento

"A transformação de uma quantia de dinheiro em meios de produção e força de trabalho é o primeiro movimento realizado pela quantidade de valor que deve funcionar como capital. Ela age no mercado, na esfera de circulação. A segunda fase do movimento, o processo de produção, é concluída assim que os meios de produção estão convertidos em mercadorias cujo valor supera o valor de suas partes constitutivas e, portanto, contém o capital originalmente adiantado acrescido de um mais-valor. Em seguida, essas mercadorias têm, por sua vez, de ser lançadas novamente na esfera da circulação. O objetivo é vendê-las, realizar seu valor em dinheiro, converter esse dinheiro novamente em capital, e assim consecutivamente. Esse ciclo, percorrendo sempre as mesmas fases sucessivas, constitui a circulação do capital."

O capital, Livro I*

Preciso encontrar uma forma de sistematizar os volumosos escritos de Marx sobre economia política, como os três volumes de *O capital*, os três volumes de *Teorias do mais-valor*, as obras publicadas anteriormente por ele, como *Uma contribuição à crítica da economia política*, e os cadernos recentemente editados e publicados, por exemplo os *Grundrisse*, assim como os cadernos a partir dos quais Engels reconstruiu a duras penas (e não sem críticas ou controvérsias) as versões póstumas dos livros II e III de *O capital*. Preciso, portanto, encontrar uma maneira compreensível de representar as descobertas fundamentais de Marx.

---

* Ed. bras.: Karl Marx, *O capital: crítica da economia política*, Livro I: *O processo de produção do capital* (trad. Rubens Enderle, 2. ed., São Paulo, Boitempo, 2017), p. 639. (N. E.)

16 / A loucura da razão econômica

FIGURA 1: O ciclo hidrológico conforme a US Geological Survey (USGS). Fontes: U. S. Dept. of the Interior; U. S. Geological Survey; Howard Perlman, USGS, John Evans; disponível em: <http://ga.water.usgs.gov/edu/watercycle.html>, acesso em jul. 2018.

Nas ciências naturais, encontramos muitas representações simplificadas de processos complexos que nos ajudam a visualizar o que está acontecendo em certo campo de investigação. Uma dessas representações, que considero particularmente interessante e usarei como modelo para representar o funcionamento do capital, é a do ciclo hidrológico (Figura 1). O que considero particularmente interessante é que o movimento cíclico de H_2O implica alterações de forma. O líquido nos oceanos evapora sob os raios solares e se desloca verticalmente como vapor até se condensar na forma de gotículas que compõem as nuvens. Quando as gotículas se formam em uma altitude suficientemente elevada, elas se cristalizam como partículas de gelo, criando os cirros que nos dão belos pores do sol. Em determinado momento, as gotículas ou partículas de gelo se fundem e, à medida que ganham peso, despencam das nuvens por força da gravidade como precipitação, que ocorre numa variedade de formas (chuva, neblina, orvalho, neve, gelo, granizo, chuva congelada). De volta à superfície da terra, parte da água cai diretamente nos oceanos, parte fica presa em terrenos elevados ou regiões frias na forma de gelo, movendo-se extremamente devagar (se é que se move); o restante escorre em direção ao oceano, cortando a terra na forma de rios e córregos (e parte evapora e volta à atmosfera) ou indo para baixo dela, na forma de lençóis freáticos. Ao longo desse percurso, a água é usada por plantas e animais que devolvem uma parte dela diretamente à atmosfera por meio da evapotranspiração. Há também uma enorme quantidade de água represada em campos gelados ou aquíferos subterrâneos. Nem tudo se move no mesmo ritmo. As geleiras se deslocam no conhecido ritmo glacial, as torrentes despencam velozmente e os lençóis freáticos por vezes levam anos para percorrer alguns quilômetros.

O que me agrada nesse modelo é que ele descreve a molécula H_2O sob diferentes formas e estados, e em diferentes velocidades, antes de retornar aos oceanos para reiniciar o ciclo. O capital se movimenta de maneira muito semelhante. Antes de assumir a forma-mercadoria, ele começa como capital-dinheiro, passa por sistemas de produção e emerge como novas mercadorias que serão vendidas (monetizadas) no mercado e distribuídas sob diferentes formas a diferentes facções de demandantes (na forma de salário, juros, aluguel, imposto, lucro), antes de retornar ao papel de capital-dinheiro. Há, entretanto, uma diferença bastante significativa entre o ciclo hidrológico e a circulação do capital. A força motriz do ciclo hidrológico é a energia proveniente do Sol, que é relativamente constante (embora oscile um pouco). Sua conversão em calor mudou muito no passado (mergulhando o planeta em eras glaciais significativamente, devido à retenção por gases do efeito estufa (decorrentes do uso de combustíveis fósseis). O volume total de água em circulação permanece razoavelmente constante ou muda lentamente (medido em tempo histórico, e não geológico), à medida que as calotas polares derretem e os aquíferos subterrâneos se esgotam por conta do uso humano. No caso do capital, veremos que as fontes de energia são mais variadas e o volume de capital em movimento se expande continuamente, em ritmo exponencial, em razão de uma exigência de crescimento. O ciclo hidrológico está mais próximo de um ciclo genuíno (embora haja sinais de que esteja se acelerando por causa do aquecimento global), ao passo que a circulação do capital é, por motivos que logo explicaremos, uma espiral em constante expansão.

VALOR EM MOVIMENTO

Como seria, então, um fluxograma do capital em movimento e como ele pode nos ajudar a visualizar o que, afinal, é o capital para Marx?

Começo com a definição preferida de Marx de capital como "valor em movimento". Pretendo usar aqui os próprios termos de Marx, oferecendo definições à medida que avançamos. Alguns de seus termos são um pouco esquisitos e podem parecer confusos ou, até, misteriosamente tecnocráticos. Mas, na verdade, eles não são difíceis de compreender quando explicados, e a única forma de ser fiel à minha missão é tentar contar a história do capital na própria linguagem de Marx.

O que significa, então, o "valor" que está em movimento? O significado que Marx lhe dá é bastante especial, então esse é o primeiro de seus termos que exige certa elaboração[1]. Tentarei desdobrar seu significado completo à medida que avançarmos. Mas a definição inicial é: *o trabalho social que realizamos para os outros tal como ele é organizado por meio de trocas de mercadorias em mercados competitivos, com seus mecanismos de determinação de preços*. Parece um bocado complicado, mas não é tão difícil de entender. Tenho sapatos, mas fabrico sapatos para vender aos outros e uso o dinheiro que recebo por eles para comprar de outras pessoas as camisas de que preciso. Numa troca desse tipo, estou efetivamente trocando o tempo de trabalho que gasto fabricando os sapatos pelo tempo de trabalho que outra pessoa gastou fabricando camisas. Numa economia competitiva, em que muitas pessoas fabricam camisas e sapatos, faz sentido pensar que, se mais tempo de trabalho é gasto em média com a fabricação de sapatos (em comparação com a fabricação de camisas), então os sapatos devem custar mais do que as camisas. O preço dos sapatos convergiria em torno de uma média e o preço das camisas em torno de outra média. O valor sublinha a diferença entre essas médias. Ele pode revelar, por exemplo, que um par de sapatos é equivalente a duas camisas. Mas repare que o que importa é o tempo de trabalho médio. Se eu gastasse um tempo excessivo de trabalho nos sapatos que faço, não receberia o equivalente em troca. Isso seria recompensar a ineficiência. Eu receberia apenas o equivalente ao tempo de trabalho médio para aquela mercadoria.

Marx define o valor como *tempo de trabalho socialmente necessário*. O tempo de trabalho que gasto fabricando bens para outros comprarem e usarem é uma relação social. Como tal, ela é, assim como a gravidade, uma força imaterial, mas

---

[1] Boa parte da pré-história da teoria do valor-trabalho está em Ronald L. Meek, *Studies in the Labour Theory of Value* (Londres, Lawrence and Wishart, 1973). Um panorama abrangente da situação do pensamento contemporâneo na década de 1970, quando a teoria do valor era muito debatida, pode ser encontrado nos onze artigos reunidos em Ian Steedman (org.), *The Value Controversy* (Londres, Verso/New Left Books, 1981). Vali-me dos seguintes textos: Diane Elson (org.), *Value: The Representation of Labour in Capitalism* (Londres, CSE Books, 1979); Michael Heinrich, *An Introduction to the Three Volumes of Karl Marx's Capital* (Nova York, Monthly Review Press, 2004); George Henderson, *Value in Marx: The Persistence of Value in a More-Than-Capitalist World* (Minneapolis, University of Minnesota Press, 2013); Neil Larsen et al. (orgs.), *Marxism and the Critique of Value* (Chicago, MCM, 2014); Bertell Ollman, *Alienation: Marx's Conception of Man in Capitalist Society* (Londres, Cambridge University Press, 1971); Roman Rosdolsky, *The Making of Marx's Capital* (Londres, Pluto, 1977) [ed. bras.: *Gênese e estrutura de O Capital de Karl Marx*, trad. César Benjamin, Rio de Janeiro, Eduerj/Contraponto, 2001]; Isaak Rubin, *Essays on Marx's Theory of Value* (Montreal, Black Rose, 1973).

objetiva. Não importa quanto eu disseque uma camisa, jamais encontrarei nela átomos de valor, da mesma forma como jamais poderei dissecar uma pedra e encontrar nela átomos de gravidade. Tanto a gravidade quanto o valor são relações imateriais que têm consequências materiais objetivas. É impossível enfatizar o suficiente a importância dessa concepção. O materialismo físico, particularmente em sua modalidade empiricista, tende a não reconhecer as coisas ou os processos que não podem ser fisicamente documentados e diretamente mensurados. Mas usamos conceitos imateriais, porém objetivos, como o "valor" o tempo todo. Se digo que "o poder político é altamente descentralizado na China", a maioria das pessoas compreenderá o que quero dizer, mesmo que não possamos ir às ruas mensurá-lo diretamente. O materialismo histórico reconhece a importância desses poderes imateriais, porém objetivos. Em geral, recorremos a eles para explicar fenômenos como a queda do Muro de Berlim, a eleição de Donald Trump, sentimentos de identidade nacional ou o desejo das populações indígenas de viver conforme suas normas culturais. Descrevemos noções como poder, influência, crença, status, lealdade e solidariedade social em termos imateriais. O valor, para Marx, é precisamente um conceito desse tipo. "[E]lementos materiais não convertem o capital em capital", escreve ele. Pelo contrário, eles relembram que "o capital, de um lado, é *valor*, portanto, algo *imaterial*, indiferente ante a sua existência material"[2].

Dada essa condição, surge uma necessidade gritante de algum tipo de representação material – algo que se possa tocar, segurar e mensurar – do que seja o valor. Essa necessidade é satisfeita pela existência do dinheiro como expressão ou representação do valor. O valor é a relação social, e todas as relações sociais escapam à investigação material direta. O dinheiro é a representação e expressão dessa relação social[3].

Se o capital é valor em movimento, então como, onde e por que ele se movimenta e assume as diferentes formas que tem? Para responder a essa pergunta, construí um diagrama do fluxo geral do capital tal como Marx o descreve (Figura 2). O diagrama parece um pouco complexo à primeira vista, mas é tão fácil de compreender quanto a visualização-padrão do ciclo hidrológico.

---

[2] Karl Marx, *Grundrisse: manuscritos econômicos de 1857-1858 - Esboços da crítica da economia política* (trad. Mario Duayer e Nélio Schneider, São Paulo/Rio de Janeiro, Boitempo/UFRJ, 2011), p. 242.
[3] Ibidem, p. 179.

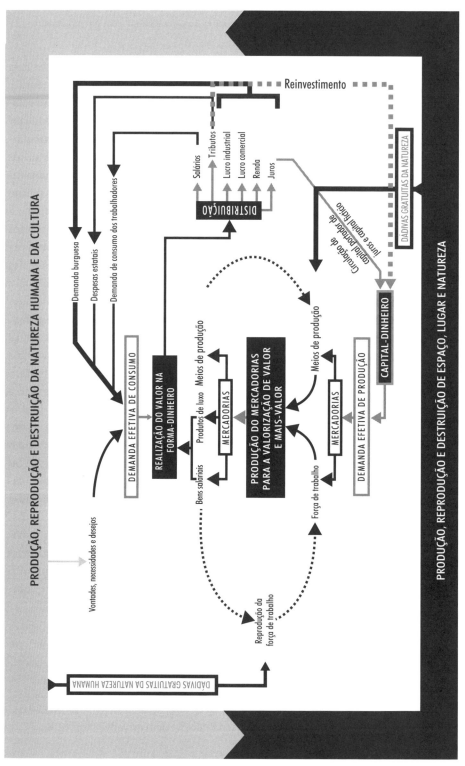

FIGURA 2. As trajetórias do valor em movimento, elaboradas a partir do estudo dos escritos de Marx sobre economia política.

CAPITAL NA FORMA-DINHEIRO

O capitalista se apropria de certa quantia de dinheiro para ser usada como capital. Isso pressupõe a existência de um sistema monetário bem desenvolvido. O dinheiro disponível na sociedade em geral pode ser e é usado de diversas maneiras. Desse vasto oceano de dinheiro já em uso, uma parte é alocada para se tornar capital-dinheiro. Nem todo dinheiro é capital. O capital é uma porção da totalidade do dinheiro usada de determinada maneira. Essa distinção é fundamental para Marx. Ele não concorda com a definição mais familiar de capital (embora por vezes a cite como um entendimento comum) como dinheiro usado para fazer mais dinheiro. Marx prefere defini-lo como "valor em movimento" por motivos que mais adiante se tornarão claros. Tal definição permite, por exemplo, que ele desenvolva uma perspectiva crítica sobre o que é o dinheiro.

Munido de dinheiro como capital, o capitalista vai ao mercado e adquire dois tipos de mercadoria: força de trabalho e meios de produção. Isso presume que o trabalho assalariado já exista e que a força de trabalho esteja disponível, esperando para ser adquirida. Também presume que a classe de trabalhadores assalariados tenha sido privada do acesso aos meios de produção e, portanto, deva vender sua força de trabalho para sobreviver. O valor dessa força de trabalho é determinado por seus custos de reprodução em determinado padrão de vida. Equivale ao valor do conjunto básico de mercadorias de que o trabalhador precisa para sobreviver e se reproduzir. Mas repare que o capitalista não compra o trabalhador (isso seria escravidão), e sim o uso da força de trabalho do trabalhador por um período fixo de tempo (por uma jornada diária de oito horas, por exemplo).

Os meios de produção são mercadorias que se apresentam em uma variedade de formas: matérias-primas extraídas diretamente da natureza como dádivas gratuitas, produtos parcialmente acabados como peças de automóveis ou chips de silício, máquinas e a energia para fazê-las funcionar, fábricas e o uso das infraestruturas físicas ao seu redor (ruas, sistema de esgoto, abastecimento de água etc., que podem ser concedidas gratuitamente pelo Estado ou adquiridos coletivamente por um grupo de capitalistas ou outros usuários). Enquanto algumas dessas mercadorias podem ser usufruídas em comum, a maioria precisa ser comprada no mercado por um preço que representa seu valor. Portanto, é necessário não apenas que já existam um sistema monetário e um mercado de trabalho mas também que haja um sofisticado sistema de troca de mercadorias e uma infraestrutura física adequada para o capital utilizar. É por esse motivo que Marx insiste que o capital somente pode originar-se no interior de um sistema de circulação de dinheiro, mercadorias e trabalho assalariado já estabelecido[4].

---

[4] Ibidem, p. 193-6.

Nesse ponto do processo de circulação, o valor sofre uma metamorfose (assim como a água que passa do estado líquido para o gasoso no ciclo hidrológico). O capital tinha inicialmente a forma de dinheiro. Agora o dinheiro desapareceu e o valor aparece na forma de mercadorias: força de trabalho à espera de uso e meios de produção reunidos e prontos para serem usados na produção. Manter o conceito de valor como central permite a Marx investigar a natureza da metamorfose que converte o valor na forma-dinheiro em valor na forma-mercadoria. Esse momento de metamorfose poderia tornar-se problemático? Marx nos convida a refletir sobre essa questão. Ele vê nele a possibilidade – mas apenas a possibilidade – de crises.

PRODUÇÃO DE MERCADORIAS E PRODUÇÃO DE MAIS-VALOR

Uma vez que a força de trabalho e os meios de produção estejam devidamente reunidos sob a supervisão do capitalista, eles são postos para funcionar num processo de trabalho que visa produzir uma mercadoria para venda. É aqui que o valor é produzido pelo trabalho na forma de uma nova mercadoria. O valor é produzido e sustentado por um movimento que vai de coisas (mercadorias) a processos (as atividades de trabalho que cristalizam valor nas mercadorias) a coisas (novas mercadorias).

O processo de trabalho implica a adoção de certa tecnologia cujo caráter determina o total quantitativo de força de trabalho, matéria-prima, energia e maquinaria que o capitalista adquiriu no mercado. É evidente que, à medida que a tecnologia muda, muda também a quantidade de cada um desses insumos no processo de produção. É evidente também que a produtividade da força de trabalho empregada na produção depende da sofisticação da tecnologia. Um pequeno número de trabalhadores utilizando uma tecnologia sofisticada pode produzir muito mais peças do que centenas de trabalhadores utilizando ferramentas primitivas. O valor por peça é muito menor no primeiro caso, com o uso de uma tecnologia mais sofisticada, do que no segundo.

Para Marx, a questão da tecnologia é de grande importância, assim como em quase todas as formas de análise econômica. A definição de Marx é ampla e abrangente. A tecnologia não se refere apenas a máquinas, ferramentas e sistemas de energia em movimento (o *hardware*, por assim dizer). Ela abrange também as formas de organização (divisão do trabalho, estruturas de cooperação, formas corporativas etc.) e o *software* de sistemas de controle, estudos de tempo e movimento, sistemas de produção *just-in-time*, inteligência artificial e similares. Em uma economia organizada competitivamente, a luta entre firmas em busca de vantagens tecnológicas produz um padrão de saltos inovadores nas formas tecnológicas e organizacionais. Por esse motivo (e outros que estudaremos adiante em detalhes), o capital se torna uma força permanentemente revolucionária na história do mundo. A base tecnológica da atividade produtiva está em constante transformação.

No entanto, há aqui uma contradição importante, que Marx faz questão de ressaltar. Quanto mais sofisticada é a tecnologia, menos trabalho é cristalizado em cada mercadoria individual produzida. E pior: é possível criar menos valor total se o montante da saída de mercadorias não aumentar o suficiente para compensar o valor menor de cada peça individual. Se a produtividade dobra, é preciso produzir e vender duas vezes mais mercadorias para manter constante o valor total disponível.

Mas acontece algo mais no processo de produção material de mercadorias. Para compreender isso, temos de voltar à teoria do valor-trabalho. O valor da força de trabalho, dissemos, equivalia aos custos das mercadorias necessárias para reproduzir o trabalhador em determinado padrão de vida. Esse valor pode variar de acordo com o lugar e o tempo, mas em um dado período contratual ele é sabido. Em determinado momento do processo de produção, o trabalhador consegue gerar o valor equivalente ao valor da força de trabalho. Ao mesmo tempo, o trabalhador realiza a transferência dos valores dos meios de produção para a nova mercadoria. Na notação de Marx, esse ponto ocorre na jornada de trabalho quando o trabalhador produz o equivalente a v (o valor da força de trabalho, que Marx denomina "capital variável") e transfere o valor de c (os meios de produção, que Marx denomina "capital constante") para a forma da nova mercadoria.

O trabalhador ou trabalhadora não para de trabalhar depois de chegar a esse ponto. Seu contrato determina que ele ou ela trabalhe dez horas para o capitalista. Se o valor da força de trabalho é atingido nas primeiras seis horas, o trabalhador acaba trabalhando de graça para o capital por mais quatro horas. Essas quatro horas de produção gratuita criam o que Marx denomina mais-valor (que ele designa como m). O mais-valor está na raiz do lucro monetário. O enigma que assombrou a economia política clássica – de onde vem o lucro? – é resolvido num instante. O valor total da mercadoria é $c + v + m$. As despesas do capitalista são $c + v$.

Repare que há algo importante aqui. O que foi produzido é uma mercadoria material. O valor e o mais-valor estão cristalizados na forma-mercadoria. Quando procuramos o valor supostamente em movimento, ele existe simplesmente como uma pilha de produtos no chão de fábrica. E não importa quanto eu cutuque e fure esses produtos, não verei nenhum sinal de valor em movimento. O único movimento que contará nesse ponto é a pressa do capitalista para colocar esses produtos no mercado e reconverter seu valor oculto em forma-dinheiro.

Antes de acompanharmos o "possuidor de dinheiro", como Marx costumava chamá-lo, até o mercado, precisamos admitir algo que ocorre na esfera oculta da produção. O que é produzido lá não é apenas uma nova mercadoria material, é também uma relação social de exploração da força de trabalho. A produção capitalista tem um duplo caráter. Implica não apenas a produção de mercadorias materiais para o uso mas também a produção de mais-valor para o benefício do capitalista. No fim do dia, os capitalistas se importam apenas com o mais-valor que será realizado na forma de lucro monetário. São indiferentes às mercadorias que produzem. Se há mercado para gás venenoso, eles produzirão gás venenoso. Esse momento na circulação do capital abarca não apenas a produção de mercadorias mas também a produção e reprodução da relação de classe entre capital e trabalho na forma de mais-valor. Enquanto a ficção da troca individualista de equivalentes no mercado (onde tudo é transparente) é mantida (o trabalhador recebe o valor justo da força de trabalho), um incremento de mais-valor é produzido para a classe capitalista num processo de trabalho que não é transparente e que o capitalista se empenha para manter longe de vista. De fora, tudo se passa como se o valor tivesse capacidade mágica de aumentar a si mesmo. A produção é o momento mágico em que ocorre o que Marx chama de "valorização" do capital. O capital morto (c, o capital constante) recebe um novo sopro de vida, enquanto a força de trabalho (v, o capital variável), o único meio de expandir o valor, é posto para trabalhar para produzir o que Marx denomina "mais-valor absoluto". A técnica é simples: estender a jornada de trabalho para além do ponto em que o valor da força de trabalho foi recuperado. Quanto maior a jornada de trabalho, maior a quantidade de mais-valor produzida para o capital.

O fato de isso ser uma característica central na história do capital é abundantemente ilustrado pela luta de mais de duzentos anos em torno da jornada de trabalho, da duração da semana e do ano de trabalho, e até dos anos de trabalho até a aposentadoria. Essa luta tem sido constante, com avanços e retrocessos em função do equilíbrio de poder entre as forças de classe. Nos últimos trinta anos, como o poder do trabalho organizado se esfacelou em muitos lugares, cada vez mais pessoas trabalham oitenta horas por semana (dois empregos) para garantir a sobrevivência.

Cada vez que o capital passa pelo processo de produção, ele gera um excedente, um incremento no valor. É por esse motivo que a produção capitalista implica crescimento perpétuo. É isso o que produz a forma espiralada do movimento do capital. Ninguém em sã consciência se daria ao trabalho de passar por todas as provas e problemas para organizar a produção se fosse para chegar ao fim do dia com a mesma quantia de dinheiro no bolso que tinha no início. O incentivo é o incremento representado pelo lucro monetário. E o meio é a criação de mais-valor na produção.

A REALIZAÇÃO DO VALOR NA FORMA-DINHEIRO

As mercadorias são levadas ao mercado para serem vendidas. No decurso de uma transação comercial bem-sucedida, o valor retorna à sua forma monetária. Para que isso aconteça, é preciso que haja uma vontade, uma necessidade ou um desejo pelo valor de uso da mercadoria, escorado na capacidade de pagamento (uma demanda efetiva). Tais condições não surgem naturalmente. Há uma longa e complexa história de criação de vontades, necessidades e desejos sob o capitalismo. Ademais, a demanda efetiva não independe dos fatos da distribuição monetária que abordaremos em breve. Marx denominava essa transição-chave na forma-valor "a realização do valor". Mas a metamorfose que ocorre quando o valor é transformado de forma-mercadoria em forma-dinheiro não acontece sem percalços. Se, por exemplo, ninguém quer, necessita ou deseja determinada mercadoria, ela não possui valor algum, não importa quanto tempo de trabalho tenha sido gasto em sua produção. Marx se refere, portanto, à "unidade contraditória" que deve prevalecer entre a produção e a realização para garantir a manutenção do fluxo de valor. É bom termos essa ideia em mente, pois ela é muito importante na exposição de Marx. Adiante, examinaremos mais de perto as possibilidades de ocorrência de crises no momento da realização.

Marx distingue duas formas de consumo envolvidas nesse momento de realização. A primeira é a que ele denomina "consumo produtivo". Diz respeito à produção e à venda dos valores de uso que o capital requer como meios de produção. Todas as mercadorias parcialmente acabadas de que os capitalistas necessitam para a produção precisam ser produzidas por outros capitalistas e esses bens caem diretamente no processo produtivo. Então parte da demanda efetiva total na sociedade é constituída por capital-dinheiro comprando meios de produção. As vontades, necessidades e desejos dos capitalistas por essas mercadorias estão em mudança perpétua em resposta à inovação tecnológica e organizacional. A entrada de mercadorias exigida para a fabricação de um arado é muito diferente da exigida para a fabricação de um trator, e esta, por sua vez, é diferente da requerida para fabricar um avião agrícola.

A segunda diz respeito ao consumo final, que inclui tanto os chamados "bens salariais" (exigidos pelos trabalhadores para a sua reprodução) quanto os bens de luxo (principalmente se não são consumidos exclusivamente por facções de classe no interior da burguesia), além dos bens exigidos para sustentar o aparato estatal. Com o consumo final, as mercadorias desaparecem da circulação, ao contrário do que ocorre com o consumo de meios de produção. Os últimos capítulos do Livro II de *O capital* são dedicados a um estudo detalhado das proporcionalidades que devem ser alcançadas na produção de bens salariais, produtos de luxo e meios de produção para garantir que o fluxo de valor continue incólume. Se tais proporcionalidades não forem observadas, algum valor terá de ser destruído para manter a economia em seu eixo de crescimento. É no contexto da realização e transformação em forma-dinheiro que Marx constrói sua teoria do papel da demanda efetiva para manter e, em alguns casos, impulsionar a circulação do valor como capital.

A DISTRIBUIÇÃO DO VALOR NA FORMA-DINHEIRO

Uma vez que os valores são transformados de forma-mercadoria em forma-dinheiro por meio da venda no mercado, o dinheiro é distribuído a uma série de participantes que, por um motivo ou outro, podem reivindicar uma parcela dele.

Trabalho assalariado

Os trabalhadores vão reivindicar seu valor na forma de salário em dinheiro. O estado da luta de classes é um dos fatores que determinam o valor da força de trabalho. Os trabalhadores podem elevar seu salário e melhorar suas condições de vida por meio da luta de classes. Inversamente, contra-ataques de uma classe capitalista organizada podem reduzir o valor da força de trabalho. Mas, se os bens salariais (o conjunto de bens de que os trabalhadores necessitam para sobreviver e se reproduzir) estiverem ficando mais baratos (por exemplo, em decorrência de importações baratas ou de novas configurações tecnológicas), uma participação decrescente no valor pode ser compatível com um padrão material ascendente de vida. Essa é uma característica central na história capitalista recente. Via de regra, os trabalhadores vêm recebendo uma parcela cada vez menor da renda nacional total, mas agora possuem telefones celulares e *tablets*. Enquanto isso, o 1% mais rico abocanha uma porção cada vez maior do valor total gerado. Isso não é, como Marx se esforça para demonstrar, uma lei natural, mas, na ausência de uma força contrária, é o que o capital tende a fazer. Enquanto o valor produzido é dividido *grosso modo* entre o capital e o trabalho, dependendo do poder de organização (ou desorganização) de um em relação ao outro, grupos individuais na força de trabalho são recompensados de maneira diferente conforme suas habilidades, seu status e sua posição, além das diferenças devidas a gênero, raça, etnia, religião e orientação sexual. No entanto, é preciso dizer também que, sempre que pode, o capital se apropria das habilidades, capacidades e poderes dos seres humanos como bens gratuitos. O conhecimento, o aprendizado, a experiência e as habilidades armazenados pela classe trabalhadora são atributos importantes da força de trabalho com que o capital frequentemente conta.

O dinheiro que flui para o trabalho na forma de salário retorna à circulação total do capital na forma de uma demanda efetiva por aquelas mercadorias produzidas na forma de bens salariais. A força dessa demanda efetiva depende do nível salarial e do tamanho da força de trabalho assalariada. Nesse retorno do dinheiro à circulação, no entanto, o trabalhador assume a *persona* de comprador, não de operário, e o capitalista se torna o vendedor. Há, portanto, certo grau de escolha do consumidor na forma como é expressa a demanda efetiva que emana dos trabalhadores. Se os trabalhadores têm o hábito do tabaco, diz Marx, então o tabaco é um bem salarial! Há aqui uma margem considerável para a expressão cultural e o exercício de preferências socialmente cultivadas na população, às quais o capital poderá atender, se considerar vantajoso e rentável.

Os bens salariais sustentam a reprodução social. A ascensão do capitalismo realizou uma separação entre a produção de valor e mais-valor na forma de mercadorias, por um lado, e atividades de reprodução social, do outro. Efetivamente, o capital depende dos trabalhadores e de suas famílias para cuidar de seus processos de reprodução (talvez com alguma assistência do Estado). Marx acompanha o capital e trata a reprodução social como uma esfera de atividade separada e autônoma que fornece uma dádiva gratuita ao capital na figura do trabalhador, que retorna ao local de trabalho tão capaz e disposto quanto possível. As relações sociais no interior da esfera de reprodução social e as formas de luta social que ocorrem em seu interior são um tanto diferentes daquelas envolvidas na valorização (na qual impera a relação de classe) e na realização (na qual se confrontam compradores e vendedores). Questões de gênero, patriarcado, parentesco, família, sexualidade etc. tornam-se mais patentes. As relações sociais na reprodução se estendem também à política da vida cotidiana, conforme orquestrada por uma série de arranjos institucionais como a Igreja, a política, a educação e várias formas de organização coletiva em bairros e comunidades. Embora trabalho assalariado seja contratado para fins domésticos e de cuidado, parte do trabalho feito aqui é voluntário e não remunerado[5].

Tributos e dízimos

Uma porção do valor e do mais-valor é apropriada pelo Estado na forma de tributos e tomada por instituições da sociedade civil na forma de dízimos (por exemplo, a Igreja) ou contribuições caritativas para sustentar instituições importantes (por exemplo, hospitais, escolas, creches e afins). Marx não faz uma análise detalhada de nenhum deles, o que no caso dos tributos não deixa de ser surpreendente, já que um dos principais alvos de sua crítica à economia política era a obra *Princí-*

---

[5] Nancy Fraser, "Behind Marx's Hidden Abode: For an Expanded Conception of Capitalism", *New Left Review*, 86, 2014.

pios de economia política e tributação, de David Ricardo. Suspeito que o motivo dessa negligência seja que Marx pretendia (de acordo com os planos delineados nos *Grundrisse*) escrever um livro sobre o Estado capitalista e a sociedade civil. É característico de seu método postergar qualquer consideração sistemática acerca de um tópico como a tributação até terminar uma obra. Como Marx nem sequer a começou, esse tópico é uma lacuna em sua teorização. Em diversos pontos de seus escritos, entretanto, o Estado é invocado como agente e elemento ativo na garantia da continuidade e a ampliação da circulação do capital. Ele garante, por exemplo, a base legal e jurídica da governança capitalista e de suas instituições de mercado, além de assumir funções regulatórias no que diz respeito a políticas trabalhistas (duração da jornada de trabalho e outras regulamentações trabalhistas), dinheiro (cunhagem e moedas fiduciárias) e arcabouço institucional do sistema financeiro. Este último problema tinha enorme interesse para Marx, de acordo com as anotações que Engels usou para escrever o Livro III de *O capital*.

O Estado exerce uma influência considerável por meio da demanda efetiva comandada por ele, adquirindo equipamento militar, meios de vigilância, gestão e administração burocrática. Também executa atividades produtivas, em particular no que diz respeito a investimentos em bens públicos e infraestrutura física coletiva, como estradas, portos e entrepostos, abastecimento de água e sistemas de esgoto. Em sociedades capitalistas avançadas, os Estados assumem todos os tipos de funções, como subsidiar pesquisa e desenvolvimento (em primeira instância, majoritariamente para fins militares) e, ao mesmo tempo, atuar como agente redistributivo, concedendo benefícios sociais por meio de educação, saúde, habitação etc. para os trabalhadores. As atividades do Estado podem ser tão extensas – em particular se segue uma política de nacionalização dos eixos centrais da economia – que alguns analistas preferem construir uma teoria específica do capitalismo monopolista de Estado. Esse tipo de capitalismo funciona segundo regras diferentes daquelas derivadas da concorrência perfeita, que Marx, seguindo Adam Smith, pressupunha em suas investigações sobre as leis do movimento do capital. O grau de envolvimento do Estado e os níveis de tributação associados a ele dependem em larga medida do balanço das forças de classe. Dependem também da disputa ideológica em torno das vantagens ou desvantagens das intervenções estatais na circulação do capital, assim como de seu poder e da posição geopolítica que ele deve exercer. Na esteira das grandes crises (como a Grande Depressão, na década de 1930), a exigência de uma maior intervenção estatal tende a aumentar. Sob condições de ameaça geopolítica (real ou imaginada), a demanda por uma crescente presença militar mais ampla, com as despesas associadas a ela, também tende a se elevar. O poder do complexo militar-industrial não é desprezível e a circulação do capital é claramente afetada pelo exercício desse poder.

O que é retirado da distribuição por meio de impostos sustenta gastos estatais que afetam a demanda por mercadorias. Isso contribui para a realização de valores no mercado. Estratégias de intervenção estatal para estimular a demanda efetiva (como prevê a teoria keynesiana) se tornam assim uma possibilidade real, em particular quando a circulação de capital parece enfrentar dificuldades ou demonstra falta de vigor. Uma resposta típica a uma situação em que taxas de lucro são baixas demais para incentivar investimentos privados no processo de valorização é criar um "pacote de estímulos", injetando uma demanda efetiva mais forte no interior da economia por meio de uma variedade de medidas geralmente orquestradas pelo Estado. Para isso, normalmente o Estado toma empréstimo de banqueiros e financistas (e, por meio deles, do público em geral).

Em outros casos, entretanto, esses fundos são diretamente reinvestidos em formas capitalistas de produção, ainda que sob domínio estatal. Na década de 1960, no Reino Unido, na França e no Japão, setores importantes da economia eram propriedade do Estado, como se dá na China hoje. Embora essas entidades sejam nominalmente independentes e autônomas em relação às políticas do poder estatal, a orientação delas como utilidade pública organizada para o bem público, em contraste com empresas com fins puramente lucrativos, altera a forma como elas se relacionam com a circulação do capital. Parte considerável da circulação do capital passa pelo aparato estatal e nenhuma análise do capital em movimento estaria completa sem a consideração desse fato. Infelizmente, Marx não tenta integrá-lo a sua teoria geral. Ao contrário, atém-se a um modelo de concorrência perfeita do funcionamento do capital e, na maior parte das vezes, deixa de lado as intervenções estatais.

Distribuição entre as diversas facções do capital

A parcela do valor e do mais-valor que resta depois que o trabalho e o Estado retiram suas partes respectivas é dividida entre as várias facções do capital. Capitalistas individuais recebem, por motivos que avaliaremos mais adiante*, uma parte do valor e do mais-valor total de acordo com o capital que eles adiantam, e não de acordo com o mais-valor que geram. Parte do mais-valor é absorvida pelos proprietários na forma de aluguel de terrenos e imóveis, ou como licenças e *royalties* por direitos de propriedade intelectual. Daí a importância das atividades de *rent-seeking* no capitalismo contemporâneo. Capitalistas comerciantes também retiram sua parte, assim como os banqueiros e os financistas, que formam o núcleo da classe dos capitalistas monetários e desempenham um papel decisivo tanto facilitando como promovendo a reconversão do dinheiro em capital-dinheiro.

---

* Vf. p. 43. (N. T.)

O capital completa o círculo e recai novamente no processo de valorização. Cada um dos agentes citados reivindica uma parcela do mais-valor na forma de lucro sobre o capital industrial, de lucro sobre o capital comercial, de renda sobre terras, imóveis e outras formas de direitos de propriedade e de juros sobre o capital-dinheiro.

Cada uma dessas formas de distribuição tem raízes antigas, que precedem a ascensão da forma de circulação que estamos descrevendo aqui. Em capítulos históricos, Marx reconhece claramente a importância das formas "antediluvianas" do capital, como as denomina. Sua abordagem para compreender essas categorias e demandas é singular. Ele indaga: como os "capitalistas industriais", os produtores de valor e mais-valor na forma de mercadoria, se dispõem a compartilhar parte do valor e do mais-valor que eles geram, uma vez que ele é monetizado, com esses outros requerentes? Qual, afinal, é a função indispensável dos comerciantes, dos proprietários de terras e dos banqueiros no capitalismo avançado? Essa pergunta necessariamente desemboca em outra. Como esses outros requerentes se organizam política e economicamente para se apropriar, sem nenhuma vergonha, do máximo de valor que puderem dos capitalistas industriais, muito mais do que se justificaria pelo desempenho de sua função indispensável? Disputas faccionais no interior da classe capitalista são evidentes por toda parte, e Marx reconhece esse fato em suas exposições preliminares sobre o sistema financeiro e bancário. Mas sua contribuição mais sólida aparece na forma como ele responde à primeira questão, deixando a nosso cargo as condições conjunturais e os balanços de poder normalmente envolvidos, quando se trata de fornecer uma resposta à segunda questão.

Há, no entanto, uma tendência a encarar a distribuição como o produto final passivo da produção de mais-valor. Mas a análise de Marx mostra que as coisas não são bem assim. Finanças e bancos não são meros receptores passivos de sua parcela da alíquota do mais-valor produzido na forma-dinheiro. Eles são intermediários ativos e agentes da circulação de dinheiro de volta à produção de mais-valor por meio da circulação de capital portador de juros. O sistema bancário, com o banco central no topo, é um cadinho de criação de dinheiro sem consideração pela criação de valor na produção. É por esse motivo que financistas e banqueiros são tanto impulsionadores da circulação de valor como beneficiários da produção anterior de mais-valor. A circulação de capital portador de juros que demanda um retorno baseado no direito de propriedade introduz uma dualidade no interior daquilo que tem sido conceitualizado até agora como um simples fluxo de valor em movimento. Os capitalistas industriais internalizam esse duplo papel: como organizadores da produção de mais-valor, eles se engajam em um conjunto de práticas; como proprietários de capital na forma-dinheiro, recompensam a si mesmos com o pagamento de juros sobre o dinheiro que eles próprios adiantam. Ou então tomam dinheiro emprestado para começar seus próprios negócios e pagam juros a terceiros.

Isso introduz na circulação do capital uma distinção cada vez mais importante entre propriedade e gestão. Os acionistas demandam um retorno sobre o investimento de capital-dinheiro, ao passo que a gestão demanda sua parcela por conta da organização ativa da produção de mais-valor na forma-mercadoria. Uma vez que a circulação de capital-dinheiro portador de juros adquire um estatuto autônomo dentro do conceito de capital, as dinâmicas do capital como valor em movimento se desagregam. Surge toda uma classe de acionistas e investidores (capitalistas monetários) em busca de ganhos monetários decorrentes dos investimentos de capital-dinheiro à sua disposição. Essa classe acelera e comprime a conversão do mero dinheiro em capital-dinheiro. Sem esse movimento, não pode haver valorização de capital na produção, não pode haver crescimento e não pode haver retorno sobre o capital-dinheiro. Ao mesmo tempo, ele implica uma orientação puramente monetária da parte de um segmento poderoso e influente do capital que facilmente pode buscar retorno sobre o seu dinheiro por meios que não são o da valorização no processo de produção. Se a taxa de ganho monetário for mais favorável a partir da especulação no mercado imobiliário ou de recursos naturais, ou em operações de capital comercial, então é lá que eles investirão. Se a compra de dívidas do governo render mais do que a produção, então o capital-dinheiro tenderá a escoar mais para esses setores do que para a valorização propriamente dita.

Marx reconhece tais possibilidades. Mas tende a desconsiderá-las com base no fato de que, se todo o mundo investir em renda imobiliária ou em atividades de capitalismo comercial e ninguém investir em produção de valor, a taxa de retorno sobre este último disparará até o capital retornar ao que Marx considera suas funções vitais legítimas. Na pior das hipóteses, Marx tende a conceder (ao menos nos casos do capital comercial e dos juros) que, com o passar do tempo, a taxa de lucro tenderá a se igualar entre o capital industrial e as outras formas distributivas. Ainda assim, o capital como valor em movimento perde sua estrutura simples singular e se estilhaça em fluxos de componentes que frequentemente se movem em relação antagônica entre si. Isso é semelhante ao que acontece no ciclo hidrológico, quando ocorre precipitação em várias formas diferentes. Nos últimos tempos, por exemplo, o fluxo de capital tendeu a diminuir em relação à produção de valor, à medida que o capital-dinheiro busca taxas de retorno maiores em outros lugares, como na especulação imobiliária ou fundiária. O efeito é exacerbar a estagnação a longo prazo na produção de valor que caracteriza boa parte da economia global desde a crise de 2007-2008.

O elemento contraditório é que a criação de endividamento dentro do sistema financeiro impulsiona persistentemente a acumulação futura. A busca frenética por lucro se soma à necessidade frenética de amortizar as dívidas. E parte dessa busca frenética precisa encontrar formas de aumentar a valorização do capital na produção. O valor não retorna às práticas de valorização que analisamos sob a mesma forma que tem quando inicia seu percurso. Ele evolui à medida que se movimenta e se expande à medida que evolui. Agora, porém, essa expansão abarca não apenas a busca por mais-valor mas também a necessidade adicional de amortizar as dívidas que se acumulam no interior da rede distributiva exigida para que a circulação do capital efetivamente funcione.

AS FORÇAS MOTRIZES DO VALOR EM MOVIMENTO

A visualização do fluxo de capital proposta aqui é, evidentemente, uma simplificação. Mas não se trata de uma simplificação gratuita. Ela representa quatro processos fundamentais no interior do processo geral de circulação do capital: o da valorização, em que o capital é produzido na forma de mais-valor na produção; o da realização, em que o valor é transformado novamente na forma-dinheiro por meio da troca mercantil das mercadorias; o da distribuição de valor e mais-valor entre os diversos requerentes; e, finalmente, o da captura de parte do dinheiro que circula entre os requerentes e sua reconversão em capital-dinheiro, a partir do qual ele continua o caminho pela valorização. Cada processo distinto é independente e autônomo em certos aspectos, mas todos estão integralmente ligados na circulação do valor. Essas distinções no interior da unidade do valor em movimento, como veremos em breve, desempenham um papel crucial na estruturação do texto de *O capital*. O Livro I se dedica à valorização, o Livro II à realização e o Livro III disseca as diversas formas de distribuição.

Ainda resta fazermos um breve comentário acerca da força motriz ou das forças motrizes que mantêm esse fluxo de capital em movimento. A força motriz mais evidente reside no fato de que nenhum capitalista monetário racional se daria a todo esse trabalho e enfrentaria todos os percalços da organização da produção de mercadorias e mais-valor se não terminasse com mais dinheiro no fim do processo de valorização do que tinha no início. Em poucas palavras, é o lucro individual que os move. É claro que podemos atribuir isso à ganância humana, mas na maior parte das vezes Marx se abstém de considerar isso um defeito moral. É algo socialmente necessário para a produção dos valores de uso de que precisamos para viver. Uma vez que a origem do lucro está na produção de mais-valor, o processo de valorização possui um incentivo para prosseguir indefinidamente com base na perpétua exploração de trabalho vivo na produção. No entanto, isso implica uma expansão perpétua da produção de mais-valor. O círculo de reprodução do capital se torna uma espiral de crescimento e expansão incessantes.

Marx descarta em geral a ideia de que uma força motriz possa estar vinculada ao processo de realização. Não há, porém, nenhum motivo para pensarmos que não esteja. Essa força motriz poderia derivar de mudanças públicas de vontades, necessidades e desejos de valores de uso. Enquanto Marx tendia a ver o estado das vontades, necessidades e desejos como "consumo racional", conforme definido pelo capital, pode haver circunstâncias em que o caso seja outro. Por exemplo, quando uma parte significativa da população (trabalhadores ou burgueses, não importa) expressa o desejo de estabelecer uma relação diferente com a natureza, em que a degradação ambiental, a extinção de hábitats e as mudanças climáticas que resultam das práticas capitalistas realmente existentes podem ser revertidas, o processo geral de acumulação de capital pode ser forçado a seguir caminhos alternativos. Se essas vontades, necessidades e desejos forem apoiados pela capacidade de pagar (e aqui os incentivos e subsídios estatais podem fazer a diferença), proteção ambiental e energias renováveis podem começar a substituir os combustíveis fósseis.

Marx não considerou questões desse tipo, mas a visão construída com base em seu pensamento pode ser facilmente adaptada para levar em conta questões como essas. Ademais, o Estado pode se tornar uma força motriz na acumulação, na medida em que tem uma influência poderosa sobre a demanda efetiva por equipamento militar, tecnologias de policiamento e vigilância e uma variedade de instrumentos de controle social, para não falar das demandas de administração e governança. Essa influência pode ser tão grande que, em certos períodos históricos, alguns analistas preferiram apontar o keynesianismo militar como a principal força motriz da acumulação. O Estado também tem cumprido um papel decisivo na promoção de inovações e mudanças tecnológicas. Lutas políticas e sociais acerca da realização de valores são abundantes, mas possuem estrutura e significado sociais um tanto diferentes dos das lutas clássicas em torno da valorização. Isso ocorre porque a relação social básica que prevalece no momento da realização se dá entre compradores e vendedores, não entre capital e trabalho, como ocorre no momento da valorização.

Da mesma forma, é difícil ignorar as lutas políticas e sociais que ocorrem no campo geral da distribuição. Mas, para levar a sério essa questão, devemos ir muito além de Marx, que confinou sua análise ao modo como essas formas distributivas poderiam e deveriam existir dentro de uma forma pura de capitalismo. Uma perspectiva mais dinâmica enxerga os capitalistas rentistas, comerciais e financeiros como blocos de poder distintos, agindo segundo seus próprios interesses, buscando apropriar-se do máximo de valor que puderem. A grande questão que se segue é esta: que incentivo comerciantes, financistas e proprietários de terras têm para reinvestir na valorização, se vivem muito bem de pernas para o ar, desfrutando de ganhos duvidosos, à custa dos que se dão ao trabalho de participar da produção? Por que alguém se preocuparia em participar da produção, se pudesse viver de renda fundiária?

É aqui que a forma particular tomada pela circulação do capital portador de juros desempenha um papel decisivo. Pela criação de endividamento – que inclui a criação de dinheiro pelos bancos de maneira totalmente independente da produção de valor –, o campo de distribuição internaliza um tremendo incentivo a que a circulação se perpetue por meio da valorização. Podemos dizer que o incentivo para amortizar dívidas desempenha um papel tão importante quanto a busca por lucro no impulso da produção futura de valor. Dívidas são reivindicações sobre a produção futura de valor e, como tais, incidem diretamente sobre o futuro da valorização. O não pagamento de dívidas inicia aquela que é a mãe de todas as crises para o sistema do fluxo do capital.

Observando o processo geral de circulação, constatamos múltiplos incentivos para manter o sistema intacto e em movimento, e não faltam forças motrizes para manter o valor em movimento. Mas também existem múltiplas ameaças e dificuldades para garantir a perpetuação do valor em movimento. Essa, no entanto, é uma questão que abordaremos mais adiante.

2. *O CAPITAL*

"A primeira condição da acumulação é que o capitalista tenha conseguido vender suas mercadorias e reconverter em capital a maior parte do dinheiro assim obtido. Em seguida [no Livro I de *O capital*], pressupõe-se que o capital percorra seu processo de circulação de modo normal. A análise mais detalhada desse processo pertence ao Livro II desta obra.

O capitalista que produz o mais-valor [...] é, decerto, o primeiro apropriador, porém de modo algum o último proprietário desse mais-valor. Ele tem ainda de dividi-lo com capitalistas que desempenham outras funções na totalidade da produção social, com o proprietário fundiário etc. O mais-valor se divide, assim, em diversas partes. Seus fragmentos cabem a diferentes categorias de pessoas e recebem formas distintas, independentes entre si, como o lucro, o juro, o ganho comercial, a renda fundiária etc. Tais formas modificadas do mais-valor só poderão ser tratadas no Livro III.

Aqui supomos, por um lado, que o capitalista que produz a mercadoria a vende pelo seu valor [...]. Por outro lado, tomamos o produtor capitalista como proprietário do mais-valor inteiro ou, se assim se prefere, como representante de todos os seus coparticipantes no butim."

O capital, Livro I, p. 639-40

Se o mapa da circulação do capital como um todo é uma representação racional da forma como Marx concebe o movimento de capital como valor, como situar os três livros d'*O capital* nesse mapa?

LIVRO I

Afora os três capítulos introdutórios, o Livro I se concentra quase exclusivamente no processo de valorização. Ele nos conduz do momento em que o dinheiro se torna capital-dinheiro até aquele em que o valor é realizado em sua forma-dinheiro no mercado. O fluxo de salários para comprar as mercadorias necessárias para reproduzir a força de trabalho, junto com o fluxo de lucro para alimentar o reinvestimento, são os únicos elos da cadeia externos ao movimento que vai do dinheiro às mercadorias, à produção, às mercadorias e novamente ao dinheiro. Marx considera que o restante do processo geral de circulação opera de "modo normal", e acredito que isso quer dizer que ele opera sem percalços. A pressuposição de que todas as mercadorias sejam trocadas por seu valor significa que não há problemas de realização do valor como dinheiro no mercado. A pressuposição de que a separação do mais-valor em quotas distribucionais não importe (a não ser a separação entre salários e lucros em geral) evita complicações. Talvez a pressuposição mais importante e de maior alcance de Marx seja a que diz respeito ao poder inconteste dos direitos da propriedade privada tanto na produção quanto na troca. É nesse contexto que ele pressupõe a concorrência perfeita no mercado[1]. Ele aceita a teoria da "mão invisível" de Adam Smith, embora insista que a mão invisível é a do trabalho, não a do capital. O poder monopólico não é considerado. Por que ele adotou tais pressuposições é uma questão interessante. Meu palpite é que a principal intenção de Marx em *O capital* era desconstruir a visão utópica do capitalismo de livre mercado que os economistas políticos da época defendiam. Ele tentou mostrar como as liberdades do mercado não produzem um resultado que é benéfico para todos, como Smith e outros pensavam, mas que produziria uma distopia de miséria para as massas e uma enorme riqueza para a classe proprietária capitalista.

Tendo limpado o caminho com essas pressuposições, Marx pode examinar a valorização em todos os seus detalhes e complexidades. Ele examina as formas de exploração de trabalho vivo na produção sob condições de igualdade na troca do livre mercado. Os capitalistas pagam aos trabalhadores o valor de sua força de trabalho e os usam para produzir mais valor do que eles recebem pela venda de sua força de trabalho por determinado período. Repare que a base da produção e da apropriação de mais-valor está na exploração da força de trabalho vivo no processo de produção, não no mercado. Em seguida, Marx elabora a distinção entre mais-valor absoluto e mais-valor relativo: o primeiro depende da extensão da jornada de trabalho além do necessário para reproduzir o valor equivalente da força de trabalho; a teoria do mais-valor relativo explica o dinamismo tecnológico e organizacional inerente a um modo de produção capitalista organizado com base em uma concorrência intercapitalista. Elevação na produtividade reduz o valor das mercadorias necessárias para a reprodução do trabalhador. Isso significa que o valor da força de trabalho diminui (assumindo-se que o padrão de vida é constante), deixando uma quantia maior de mais-valor para o capitalista.

A concorrência entre capitalistas por parcelas do mercado transforma o círculo da reprodução simples na forma espiralada da acumulação perpétua como fim em

---

[1] Karl Marx, *O capital*, Livro I, cit., cap. 2.

si mesma. Por fim, Marx elabora dois modelos dinâmicos do que ele denomina "a lei geral da acumulação capitalista": o primeiro se baseia na pressuposição de uma tecnologia constante, e o segundo incorpora as mudanças tecnológicas. As consequências para o trabalho são uma preocupação importante em todo o livro. No segundo modelo, vemos por que o capital não pode escapar do imperativo (estabelecido nos capítulos anteriores) de empobrecimento crescente do trabalhador, tanto dentro quanto fora do processo de produção. Isso culmina na produção de um exército industrial de reserva de trabalhadores desempregados e subempregados que ancora o enfraquecimento do poder do trabalhador. Ao mesmo tempo, confirma a capacidade do capital de maximizar a extração de mais-valor por meio da exploração crescente do trabalho vivo. A conclusão é a seguinte:

> no interior do sistema capitalista, todos os métodos para aumentar a força produtiva social do trabalho aplicam-se à custa do trabalhador individual; todos os meios para o desenvolvimento da produção se convertem em meios de dominação e exploração do produtor, mutilam o trabalhador, fazendo dele um ser parcial, degradam-no à condição de um apêndice da máquina, aniquilam o conteúdo de seu trabalho ao transformá-lo num suplício, alienam ao trabalhador as potências espirituais do processo de trabalho na mesma medida em que a tal processo se incorpora a ciência como potência autônoma, desfiguram as condições nas quais ele trabalha, submetem-no, durante o processo de trabalho, ao despotismo mais mesquinho e odioso, transformam seu tempo de vida em tempo de trabalho, arrastam sua mulher e seu filho sob a roda do carro de Jagrená do capital. Mas todos os métodos de produção do mais-valor são, ao mesmo tempo, métodos de acumulação, e toda expansão da acumulação se torna, em contrapartida, um meio para o desenvolvimento desses métodos. Segue-se, portanto, que, à medida que o capital é acumulado, a situação do trabalhador, seja sua remuneração alta ou baixa, tem de piorar. Por último, a lei que mantém a superpopulação relativa ou o exército industrial de reserva em constante equilíbrio com o volume e o vigor da acumulação prende o trabalhador ao capital mais firmemente do que as correntes de Hefesto prendiam Prometeu ao rochedo. Ela ocasiona uma acumulação de miséria correspondente à acumulação de capital. Portanto, a acumulação de riqueza num polo é, ao mesmo tempo, a acumulação de miséria, o suplício do trabalho, a escravidão, a ignorância, a brutalização e a degradação moral no polo oposto, isto é, do lado da classe que produz seu próprio produto como capital.[2]

Duas coisas podem ser ditas a respeito dessa conclusão. A primeira é que Marx mostra as consequências distópicas do capitalismo de livre mercado. Não há dúvida de que a história do capitalismo e das classes trabalhadoras, desde as suas origens

---

[2] Ibidem, p. 720-1.

na industrialização inglesa até os dias de hoje, digamos, nas fábricas de Bangladesh ou de Shenzhen, contém evidências profusas da recriação repetida das condições descritas por Marx, ao passo que a ênfase em políticas de livre mercado nos países capitalistas avançados ao longo dos últimos quarenta anos produziu níveis cada vez maiores de desigualdade de classe. Mas também abundam evidências para dizer que essa não é toda a história, e que há elementos de resgate nas dinâmicas do capital que apontam para uma direção diferente. Por exemplo, a expectativa de vida dos trabalhadores tem aumentado em diversas partes do mundo. O estilo de vida do trabalhador médio – ao menos em algumas partes do mundo – não é inteiramente de miséria apocalíptica. Em certos lugares, ele até parece reluzir sedutoramente em um universo de consumismo compensatório.

A conclusão de Marx no Livro I é inteiramente condicionada por suas pressuposições. Como em qualquer construção de um modelo, se os pressupostos forem alterados, os resultados também o serão. O Livro I oferece uma perspectiva da totalidade do ponto de vista da valorização. Como tal, tem uma importância inestimável. Porém é parcial.

LIVRO II

Marx pretendia que o Livro II fosse um estudo da circulação do capital que ocorre durante e depois da entrada deste no mercado. Ele retoma a história do valor em movimento a partir do ponto em que o Livro I se encerra. A metamorfose do valor de forma-mercadoria em forma-dinheiro é um momento crucial. Isso porque a realização do valor e do mais-valor na forma-dinheiro é o único momento em que a criação de valor pode ser mensurada e registrada. Só nesse momento temos uma prova material tangível de que foi produzido mais-valor.

O Livro II propõe uma perspectiva da circulação geral do capital tomada do ponto de vista da realização do valor e sua subsequente circulação. Marx persegue esse objetivo partindo de certas pressuposições. Primeiro, assume que há uma tecnologia constante, ignorando completamente as descobertas que fez no Livro I com suas investigações sobre as mudanças tecnológicas. "Partimos aqui do pressuposto não apenas de que as mercadorias são vendidas por seus valores, mas também de que isso ocorre em circunstâncias invariáveis. Não levamos em conta, portanto, as alterações de valor que podem ocorrer durante o processo cíclico."[3] Proceder como se a mudança na produtividade de valor não tivesse importância parece injustifica-

---

[3] Idem, *O capital: crítica da economia política*, Livro II: *O processo de circulação do capital* (trad. Rubens Enderle, São Paulo, Boitempo, 2014), p. 108.

damente fora da realidade. Ainda que comece dizendo que tomará isso como pressuposto por conveniência, ele afirma posteriormente que "as revoluções no valor, na medida em que são gerais e se distribuem de modo uniforme, não alteram em nada as relações entre os componentes de valor do produto total anual"[4]. Em segundo lugar, ele ignora os fatos da distribuição, que, com exceção dos salários e dos lucros brutos (os quais também aparecem no Livro I), ficam para o Livro III. Esse último pressuposto é particularmente irritante, porque ele assinala várias vezes no Livro II que os problemas de coordenação dos diferentes tempos de rotação e dos diferentes investimentos de capital fixo têm solução quando se recorre ao sistema de crédito, mas se recusa a elaborar tais soluções no Livro II porque ainda precisa desenvolver sua teoria de juros e finanças[5]. Contudo, mais estranha, dado seu interesse por questões relativas à realização de valor, é a pressuposição de que todas as mercadorias são comercializadas por seu valor. Ele parte desse princípio no Livro I, por isso é surpreendente que essa mesma suposição seja repetida aqui. No Livro II, entretanto, ela tem um papel bastante diferente. Ele parte do pressuposto de que tudo está em equilíbrio e, com base nisso, define o que teria de acontecer para que as coisas terminassem nesse estado. Os modelos inovadores dos esquemas de reprodução encontrados no fim do Livro II são vistos em geral como os precursores das modelagens econômicas que mais de meio século depois se tornaram a base da macroeconomia. Eles mostram matematicamente as proporcionalidades que teriam de ser estabelecidas entre a produção de bens salariais para os trabalhadores e a produção de bens de investimento e de luxo para os capitalistas para que o equilíbrio entre oferta e demanda seja garantido.

Esse feito significativo e, em certos aspectos, magnífico não pode esconder, no entanto, as limitações impostas pelo pressuposto sobre o qual se assenta. Curiosamente, uma pequena dose de mudança tecnológica é introduzida nesses modelos, mas apenas o suficiente para chegar a um crescimento equilibrado. Investigações posteriores revelaram que há um caminho de evolução tecnológica que poderia garantir um crescimento equilibrado no interior desses esquemas de reprodução, mas não há como o processo concorrencial por trás da produção de mais-valor relativo (como identificado no Livro I) se restringir a esse caminho. Portanto, é muito provável, se não inevitável, que ocorram crises de desproporcionalidade.

Os pressupostos limitantes não são o único problema do Livro II. Muito mais desagradável é o fato de a própria análise ser incompleta. O material a partir do qual Engels redigiu o Livro II d'*O capital* é difuso e, em muitos casos, mais uma reflexão preliminar do que um produto acabado. Não constitui uma análise defi-

---

[4] Ibidem, p. 497.
[5] Ibidem, p. 264.

nitiva da circulação do capital organizada a partir da perspectiva da realização e da transformação em forma-dinheiro. É necessário, portanto, reconstruir algumas ideias de Marx através do estudo de outros escritos relevantes. Os *Grundrisse*, por exemplo, estão cheios de ideias preliminares que precisam ser reunidas com as ideias preliminares do Livro II. Mas ideias preliminares somadas a ideias preliminares não produzem necessariamente um resultado definitivo. O melhor que podemos fazer é tentar adivinhar o que teria sido dito caso o livro tivesse sido concluído. É mais fácil descobrir o que acontece quando abandonamos as pressuposições de Marx do que tentar adivinhar o que está faltando na explanação.

O Livro II se inicia com uma decomposição da circulação do capital em três circuitos: capital produtivo, capital-mercadoria e capital-dinheiro, embora unificados no circuito maior que Marx denomina "capital industrial". Capitalistas industriais individuais precisam desempenhar as três funções, às vezes conflituosas, de produtor, comerciante e gestor de dinheiro. Isso prefigura a fragmentação do capital em diferentes facções (produtores, comerciantes e financistas em particular) do Livro III. O ponto principal da análise de Marx é demonstrar que as condições para a realização do valor na forma-dinheiro dependem do êxito da passagem do capital pelos momentos de valorização e produção de mercadorias. O mesmo vale para a reprodução do capital produtivo e para a reprodução do capital-mercadoria. Todos são interdependentes e interligados, mas ao mesmo tempo são formas autônomas. O capitalista industrial precisa cuidar de todos os três momentos do processo de circulação. Embora Marx não o diga, há uma série de exemplos de capitalistas que são geniais quando se trata de organizar a produção, mas que fracassam miseravelmente quando têm de compreender o dinheiro ou o lado comercial das coisas.

Os primeiros quatro capítulos enfatizam a necessidade de um fluxo contínuo de capital no decurso dos processos de valorização na produção e realização no mercado, seguidos do reinvestimento do capital-dinheiro. A tendência do capital a realizar revoluções tecnológicas e organizacionais torna-se uma força disruptiva. Talvez esse seja um dos motivos pelos quais Marx deixa as inovações de lado e pressupõe uma tecnologia constante. Teria sido muito difícil, se não impossível, estudar as condições de continuidade da produção e da circulação com as transformações tecnológicas exercendo uma força tão poderosa e imprevisível sobre tal continuidade. O efeito geral da análise de Marx é decompor o fluxo do capital em três cursos distintos (análogos às diferentes formas de precipitação no ciclo hidrológico) com características muito diferentes. Por exemplo, via de regra o dinheiro é mais geograficamente móvel do que mercadorias e ambos são mais geograficamente móveis do que a produção. Isso tem implicações importantes para a compreensão do papel da financeirização na globalização. Marx se refere ao dinheiro como a forma "borboleta" do capital (voa com facilidade e pousa onde quer). Podemos estender a metáfora e pensar a mercadoria como a sua forma "lagarta" e a produção como a "crisálida".

O restante do Livro II trata da circulação e realização no mercado. Marx analisa os problemas que surgem da circulação de capital fixo e da existência de tempos de rotação diferenciais. Ao fazê-lo, invoca frequentemente a necessidade de um sistema de crédito, mas posterga qualquer análise até o Livro III. Somos apresentados ao capital com diferentes períodos de trabalho (o tempo necessário para fabricar mercadorias diferentes, como um carro *versus* um par de sapatos), diferentes tempos de circulação (o tempo médio que um produto permanece no mercado antes de ser vendido) e uma medida geral do tempo médio de rotação do capital empregado. A concorrência intercapitalista dá ênfase considerável à aceleração dos tempos de rotação, e muita inovação é orientada para esse fim. Tempos de rotação mais rápidos aumentam os lucros gerais. A tendência de aceleração transborda das esferas da produção e da comercialização e altera fundamentalmente os ritmos da vida cotidiana. Aceleração na produção em determinado momento exige aceleração no consumo (daí a importância da moda e da obsolescência programada). Ao mesmo tempo, uma maior dependência em relação a investimentos de capital fixo para promover a elevação da produtividade tem o efeito de desacelerar o tempo de rotação de alguns investimentos. Isso é particularmente verdadeiro para investimentos em meio ambiente construído. Parte do tempo de rotação do capital desacelera na forma de capital fixo e infraestruturas para facilitar a aceleração no movimento do restante. Aqui também se torna decisivo o recurso ao sistema de crédito para garantir a liberação do montante de dinheiro necessário para construir, manter e repor investimentos de capital fixo graúdos e de longo prazo. A discussão sobre isso é postergada para o Livro III.

É difícil identificar qualquer conclusão unificadora no Livro II. Se há uma ideia dominante nas investigações substanciais de Marx, seria a de que há um incentivo poderoso para a aceleração perpétua na circulação do capital. Mas há também um contraste notável em relação à conclusão do Livro I:

> Contradição no modo de produção capitalista: os trabalhadores, como compradores de mercadorias, são importantes para o mercado. Mas, como vendedores de sua mercadoria – a força de trabalho –, a sociedade capitalista tem a tendência de reduzi-los ao mínimo do preço.
> Contradição adicional: as épocas em que a produção capitalista desenvolve todas as suas potencialidades mostram-se regularmente como épocas de superprodução, porquanto as potências produtivas jamais podem ser empregadas a ponto de, com isso, um valor maior poder não só ser produzido como realizado; mas a venda das

mercadorias, a realização do capital-mercadoria e, assim, também a do mais-valor, está limitada não pelas necessidades de consumo da sociedade em geral, mas pelas necessidades de consumo de uma sociedade cuja grande maioria é sempre pobre e tem de permanecer pobre.[6]

A demanda efetiva das classes trabalhadoras é implicada aqui na manutenção do equilíbrio do mercado, e essa demanda efetiva é perpetuamente ameaçada, segundo a análise do Livro I. É difícil introduzir essa questão na teorização marxista porque essa era uma das preocupações de Keynes e, ao comentá-la, corremos o risco de importar o keynesianismo para o interior do marxismo, quando, evidentemente, a influência é ao contrário. Mas aqui temos uma explicação do motivo de o destino das classes trabalhadoras ser afundar no consumismo compensatório: porque é assim que o capital mantém seu mercado intacto. Mas, como no caso do Livro I, essa conclusão depende dos pressupostos. No entanto, independentemente de como as analisamos, as descobertas do Livro II sobre essa questão contradizem as do Livro I. A pressão para reduzir salários que anima o Livro I solapa a capacidade da demanda efetiva dos trabalhadores para estabilizar a economia no Livro II. Isso assinala um ponto de contradição e instabilidade no interior da circulação do valor em movimento. O enfraquecimento do poder relativo da demanda efetiva dos trabalhadores ao longo das últimas quatro décadas de neoliberalismo contribuiu para a estagnação secular que boa parte do mundo capitalista experimenta hoje.

LIVRO III

O principal foco do Livro III é a distribuição. Engels também incluiu outros materiais importantes, como capítulos sobre a concorrência e sobre a crítica da chamada "fórmula trinitária" (terra, trabalho e capital), porque eram interessantes por si sós. Mas boa parte do texto se dedica à análise das diferentes formas de distribuição e suas consequências. Ao fazê-lo, ele despreza as questões da valorização e da realização analisadas nos outros dois livros. As dinâmicas das mudanças tecnológicas e organizacionais que sustentam o mais-valor relativo e contribuem para a formação do exército industrial de reserva não são consideradas. O método de Marx nesse volume, assim como nos outros dois, é tomar uma fase da circulação do valor e examiná-la detalhadamente, mantendo constantes todas as outras características do processo de circulação. Como nos mostra a citação que serve de

---

[6] Ibidem, p. 412.

epígrafe a este capítulo, Marx era bastante explícito quanto a esse procedimento. Com isso em mente, consideremos as principais formas em que o valor e o mais-valor são distribuídos entre os diversos requerentes, para além dos salários e tributos que já consideramos.

A) A DISTRIBUIÇÃO DO VALOR ENTRE CAPITALISTAS INDIVIDUAIS

Capitalistas individuais são impelidos pelas forças do mercado a competir para maximizar seu lucro. Consequentemente, a taxa de lucro tende a se equalizar. Isso produz um curioso efeito distributivo. O conjunto de mais-valor criado não é distribuído entre os capitalistas individuais de acordo com o mais-valor produzido por eles, e sim de acordo com o capital que eles adiantam. Marx se refere ironicamente a isso como "comunismo capitalista", já que a redistribuição do mais-valor entre os capitalistas individuais baseia-se no princípio "de cada capitalista segundo o trabalho que emprega e a cada capitalista segundo o capital que adianta"[7]. As razões técnicas por que isso ocorre são demasiadamente complicadas para nos determos nelas aqui. Há consequências importantes. A redistribuição do mais-valor acaba favorecendo indústrias capital-intensivas, que empregam menos trabalhadores, e penaliza indústrias trabalho-intensivas, que produzem efetivamente mais mais-valor. Na ausência de qualquer tendência contrária, a base para a produção de mais-valor (o emprego dos trabalhadores) tende a diminuir.

Se forem mantidas constantes a taxa de extração de mais-valor por trabalhador e a força total de trabalho, o total de mais-valor disponível para distribuição cai. A taxa de lucro tende a cair junto. O resultado é uma contradição crítica nas leis de movimento do capital. Capitalistas individuais perseguindo seus interesses sob condições de concorrência perfeita tendem a produzir um resultado que ameaça a reprodução da classe capitalista. Isso ocorre não porque os capitalistas individuais sejam burros, gananciosos ou loucos, mas porque são conduzidos pela mão

---

[7] Karl Marx e Friedrich Engels, *Selected Correspondence* (Moscou, Progress, 1955), p. 206. [Marx alude aqui ao princípio "de cada um segundo suas capacidades, a cada um segundo suas necessidades", notoriamente citado em uma das raras ocasiões em que ele se pronuncia sobre como seria uma sociedade comunista no texto *Crítica do programa de Gotha*: "Numa fase superior da sociedade comunista, quando tiver sido eliminada a subordinação escravizadora dos indivíduos à divisão do trabalho e, com ela, a oposição entre trabalho intelectual e manual; quando o trabalho tiver deixado de ser mero meio de vida e tiver se tornado a primeira necessidade vital; quando, juntamente com o desenvolvimento multifacetado dos indivíduos, suas forças produtivas também tiverem crescido e todas as fontes da riqueza coletiva jorrarem em abundância, apenas então o estreito horizonte jurídico burguês poderá ser plenamente superado e a sociedade poderá escrever em sua bandeira: 'De cada um segundo suas capacidades, a cada um segundo suas necessidades!'" (trad. Rubens Enderle, São Paulo, Boitempo, 2012, p. 31-2). (N. T.)]

invisível do mercado a perseguir a maximização do lucro, e não a maximização da produção de mais-valor. Em outras palavras, as leis de distribuição do mais-valor entre os capitalistas individuais são antagônicas às leis de produção do mais-valor. Há potencial para crises nesse antagonismo.

Talvez seja mais importante para Marx a forma pela qual a equalização da taxa de lucro "obscurece e mistifica por completo, desde o início, a verdadeira origem do mais-valor"[8]. A "figura medular interior" do capital se torna irreconhecível não apenas para os próprios capitalistas mas também para os economistas que tentam representá-lo.

> [...] *na concorrência, tudo aparece invertido*. As figuras acabadas das relações econômicas, tal como se mostram na superfície, em sua existência real e, por conseguinte, também nas representações por meio das quais os portadores e os agentes dessas relações procuram obter uma consciência clara dessas mesmas relações, são muito distintas e, de fato, invertidas, antitéticas a sua figura medular interior – essencial, porém encoberta – e ao conceito que lhe corresponde.[9]

É evidentemente a misteriosa e oculta "figura medular interior" que recebe a atenção de Marx.

b) Capitalistas industriais como fração de classe

Os capitalistas que contratam mão de obra com o propósito expresso de criar mais-valor na forma-mercadoria supostamente estariam em posição privilegiada para capturar para si próprios o mais-valor produzido por ela. Mas a equalização da taxa de lucro redistribui o mais-valor de maneira desigual entre eles conforme o capital que adiantam, e o fisco está sempre à espreita para abocanhar sua fatia. Esses capitalistas também são obrigados a repassar parte do valor e do mais-valor na forma de lucro para comerciantes, de aluguel para proprietários de terras e imóveis e de juros para banqueiros e financistas. Longe de serem apropriadores privilegiados do mais-valor, os "capitalistas industriais", como Marx os denomina, muitas vezes ficam apenas com o que sobrou depois de satisfazer as reivindicações de todos os outros.

---

[8] Idem, *O capital: crítica da economia política*, Livro III: *O processo global da produção capitalista* (trad. Rubens Enderle, São Paulo, Boitempo, 2017), p. 201.
[9] Ibidem, p. 245.

c) Capitalistas comerciais

O capital se perde e se desvaloriza se não estiver continuamente em movimento. O tempo necessário para levar o produto ao mercado e fechar uma venda é tempo perdido, e tempo é dinheiro. É por isso que os capitalistas industriais preferem passar imediatamente a mercadoria para os comerciantes. O capitalista comercial organiza a venda de maneira eficiente e a baixo custo (cronicamente explorando a força de trabalho no processo). A criação de armazéns, lojas de departamentos e serviços de entrega (cada vez mais *online*) produz economias de escala na comercialização. Capitalistas comerciais também utilizam estratégias de *marketing* e técnicas de persuasão (por exemplo, a publicidade) que afetam o estado das vontades, necessidades e desejos de uma população. Por todas essas razões, os produtores industriais têm um forte incentivo para passar suas mercadorias aos comerciantes por uma fração do valor total antes do momento da realização. No esquema elaborado por Marx, esse desconto é a fonte do lucro do capitalista comercial. *Grosso modo*, os comerciantes não chegam a criar valor propriamente dito (há algumas exceções importantes, como a logística de transporte até o mercado). Eles se apropriam de parte do valor já produzido pelo capital industrial em troca de tornar mais eficientes, rápidas e seguras a realização e a monetização do valor.

d) Proprietários e renda

A terra é um meio básico de produção e excluir sistematicamente o trabalho do acesso à terra por cercamento e privatização é algo absolutamente vital para a perpetuação da mão de obra assalariada. Somente assim é possível garantir que os trabalhadores terão de ser assalariados para sobreviver. Quando a fronteira dos Estados Unidos foi aberta, a escassez de mão de obra na região industrial da Costa Leste forçou a elevação dos salários, exceto quando a entrada de imigrantes foi suficientemente volumosa para forçá-los para baixo. A implicação é que a terra não cultivada se torna uma mercadoria que pode ser trocada por um preço, ainda que não tenha valor (na medida em que nenhum trabalho foi aplicado na sua produção). Isso leva à questão de como compreender e analisar a circulação de capital em mercados fundiários.

A concorrência entre produtores capitalistas fundiários encontra vantagens diferenciais, conforme a fertilidade ou a localização da terra, em comparação com outras formas de atividade econômica. Essas diferenças (que Marx estuda pela investigação detalhada do que ele denomina "rendas diferenciais") podem ser atribuídas em primeira instância à natureza, mas com o passar do tempo são produzidas cada vez mais por investimentos em melhorias fundiárias e imobiliárias (culminando, é claro, na construção de cidades). Igualmente importantes são as revoluções nas relações espaciais (por meio de investimentos) e as inovações nas áreas de transporte e comunicações. Vantagens de localização são relativas, não absolutas. Terrenos em regiões remotas, que comercialmente não valiam nada, tornam-se valiosos de repente em razão da construção de um sistema ferroviário ou rodoviário.

Proprietários fundiários ou imobiliários que extraem renda dessas vantagens diferenciais prestam um grande serviço ao capital em geral: eles equalizam as condições para a concorrência perfeita entre capitalistas industriais (nesse caso, agrícolas) que trabalham com ou na terra. Se o produtor industrial X obtivesse permanentemente uma taxa de lucro muito mais alta que a do produtor Y em virtude de ocupar uma localização superior ou de possuir um terreno mais fértil, a força motriz da concorrência intercapitalista estaria permanentemente embotada e as leis de movimento do capital estariam permanentemente prejudicadas. De fato, o capital faz um pagamento paralelo aos proprietários, impedindo o acesso do trabalho à terra e aplanando o caminho para a concorrência perfeita entre os espaços desiguais de um mercado nacional ou mesmo mundial.

Marx está interessado sobretudo na forma distintamente capitalista de propriedade e renda fundiária. Em seus escritos históricos, no entanto, ele reconhece que a posse da terra e a renda são formas sociais que representam relações sociais de tipos muitos diferentes numa variedade de situações pré-capitalistas. A erradicação dos resíduos feudais, por exemplo, até hoje não foi totalmente concluída, mesmo após anos de esforço capitalista. Na Grã-Bretanha, a Igreja, a Coroa e um pequeno número de famílias aristocratas ainda detêm grandes extensões de terra. O que Marx demonstrou, no entanto, foi que o capitalismo não pode funcionar sem uma forma distinta de renda fundiária. O que ele não previu foi que novas formas de renda capitalista pudessem desenvolver-se no interior das estruturas evolutivas do capitalismo e que a prática do *rent-seeking* pudesse ir muito além do que ele considerava necessário e funcional, bem como politicamente tolerável para uma forma madura de desenvolvimento capitalista. O *rent-seeking* pela especulação no mercado imobiliário e de recursos naturais (como poços de petróleo) já é suficientemente deplorável. Mas o que dizer do *rent-seeking* sobre a propriedade intelectual? Isso é um exemplo de um desdobramento que Marx não previu, mas que nós, analistas contemporâneos, temos de enfrentar. Da mesma forma que os comerciantes, como bloco faccional de poder, vão com frequência muito além da competência que Marx originalmente atribuiu a eles como atores necessários do funcionamento adequado do capital, os rentistas tendem a fazer o mesmo nos mercados fundiário, imobiliário e de ativos de todos os tipos.

e) Instituições bancárias e financeiras

Essa é de longe a categoria distribucional mais complicada e problemática. A maneira como é representada é muito importante para compreender a circulação do capital como um todo. Em tempos recentes, recebeu muita atenção por causa da influência aparentemente determinante da financeirização sobre os fluxos de capital. Marx escreveu abundantemente sobre ela, sem chegar a uma conclusão clara de como integrar no conceito de capital como valor em movimento muitas das atividades com as quais se deparou (como especulação financeira e circulação de capital portador de juros). Mas o que ele descobriu coloca sérios problemas para a sua teoria geral. Daremos atenção a eles à medida que avançarmos.

Há muitos motivos para que os capitalistas industriais (e outros) se comprometam com as finanças e o sistema bancário. Coordenar as entradas e saídas de uma forma específica de produção de mercadoria significa mediar tempos de rotação radicalmente diferentes na produção de entradas e saídas. A indústria algodoeira, por exemplo, requer abastecimento diário de algodão, mas a colheita ocorre somente uma vez ao ano (a vantagem do mercado mundial, com muitos fornecedores em localizações diversas e períodos de colheita diferentes, é amenizar um pouco esse problema). Os produtores de algodão recebem pela colheita apenas uma vez no ano, mas precisam de dinheiro tanto para produzir como para o seu sustento diário durante o ano inteiro. Sem um banco ao qual recorrer, o produtor de algodão teria de entesourar o dinheiro proveniente da venda e retirá-lo pouco a pouco do colchão até a venda seguinte. Enquanto isso, alguém precisa armazenar a mercadoria algodão a fim de liberá-la para a produção nas fiações. Para Marx, todo aquele valor entesourado na forma-dinheiro ou na forma-mercadoria é capital morto e desvalorizado. Durante boa parte do ano, ele fica parado, inutilizado e improdutivo.

Esse problema se torna mais significativo quando consideramos a circulação do capital fixo. Uma máquina custa caro à vista, mas dura muitos anos. O valor inicial da máquina pode ser recuperado por meio de pagamentos anuais de depreciação. Mas a máquina precisa ser substituída ao final da sua vida útil. O capitalista precisa ter economizado (entesourado) dinheiro suficiente todos os anos para comprar uma substituta. O resultado é um vasto tesouro de capital morto e desvalorizado, parado nos cofres dos capitalistas. A segurança desse tesouro acumulado cria um problema, porque sempre há ladrões à espreita. O sistema capitalista de bancos e crédito é uma resposta a esses problemas. Os capitalistas podem depositar com segurança (assim esperam) os fundos excedentes acumulados em um banco em troca de juros e o banco pode emprestá-los a terceiros cobrando juros (ligeiramente) maiores. Ou então os capitalistas industriais podem tomar emprestado o dinheiro necessário para comprar a máquina e quitar a dívida com depreciações anuais. Em ambos os casos, o capital morto e desvalorizado é ressuscitado pela circulação ativa. Evidentemente, à medida que o capital se torna mais complicado com relação às cadeias de valor e divisões de trabalho que se entrecruzam e mais dependente de grandes quantidades de capital fixo (para não falar da demanda crescente de infraestrutura e construções urbanas), cresce também a demanda de um sistema de crédito e financiamento mais sofisticado. Ou todo o sistema de circulação de capital travaria com cada vez mais capital entesourado para lidar com esses problemas temporais.

Da mesma maneira que o arrendamento abrange uma grande diversidade de problemas nas dimensões geográfica e espacial das atividades capitalistas, o sistema de crédito lida com as múltiplas temporalidades envolvidas na organização das atividades produtivas. O sistema de crédito abarca uma variedade praticamente infinita de temporalidades que atuam na organização diária da produção capitalista e as reduz a uma única métrica: a taxa de juros ao longo do tempo. É claro que essa métrica varia conforme as condições de oferta e demanda por dinheiro – não apenas como capital mas como qualquer outra coisa (por exemplo, consumo privado e empréstimos para proprietários). O sistema de crédito introduz no capitalismo dimensões completamente novas para o fluxo de capital. Da mesma maneira que a renda fundiária repousa na ficção de que a terra é uma mercadoria que pode ter preço, mas não tem valor, o sistema de crédito repousa na ficção de que o dinheiro é uma mercadoria que possui um preço. O efeito é insinuar que o próprio dinheiro, representante ou expressão do valor, possui um valor, o que seria claramente ridículo. Mas o dinheiro possui de fato um preço: o juro.

Banco e finanças têm diversas funções. Eles absorvem bolsões de dinheiro inativo onde quer que estejam e os convertem em capital-dinheiro ao emprestá-los a qualquer um que esteja interessado em aproveitar oportunidades lucrativas de investimento. Na posição de intermediárias, as instituições financeiras agem como o "capital comum de uma classe [a capitalista]"[10]. Elas desempenham um papel decisivo na aceleração da equalização da taxa de lucro, retirando fundos daqueles que trabalham com setores econômicos de baixa rentabilidade e redirecionando-os para onde quer que a taxa de lucro seja mais alta. Também têm certo poder de criação de dinheiro, independentemente de qualquer aumento na vazão de valor. A independência e a autonomia do sistema financeiro, além do poder inerente de criação de dinheiro, podem ser subsumidas no processo de circulação de capital como valor em movimento, mas não sem impactos importantes.

Bancos e instituições financeiras trabalham com dinheiro como mercadoria, e não com produção de valor. Emprestam para o que dê uma taxa de lucro maior,

---

[10] Ibidem, p. 416.

não necessariamente para atividades produtivas: se for possível obter lucro da especulação imobiliária, os bancos concederão empréstimos para a compra de terrenos e imóveis (como fizeram no atacado entre 2001 e 2007 nos Estados Unidos). "Aqui se completam a forma fetichista do capital e a ideia do fetichismo do capital."[11] O que Marx quer dizer com isso é que o sistema financeiro responde necessariamente aos sinais de dinheiro e lucro nos diferentes campos de distribuição que podem desviar a atividade capitalista da criação de valor e orientá-la para canais não produtivos. Bancos podem emprestar para outros bancos, para empresas imobiliárias ou fundiárias, capitalistas comerciais e consumidores (burgueses ou classe trabalhadora, não importa), bem como ao Estado (a dívida pública é enorme).

O resultado é um mundo daquilo que Marx denomina circulação de "capital fictício"[12]. Bancos alavancam financeiramente seus depósitos para emprestar ativos que eles de fato possuem. Esses empréstimos podem ser três vezes ou, em períodos de "exuberância irracional", até trinta vezes maiores do que os ativos depositados. Isso é criação de dinheiro acima e além da quantia necessária para dar conta da produção e da realização de valor. Essa criação de dinheiro assume a forma de dívida, e dívidas são uma reivindicação sobre a produção futura de valor. Uma acumulação de dívidas ou é liquidada por uma produção futura de valor ou é desvalorizada no decurso de uma crise. Toda a produção capitalista é especulativa, é claro, mas no sistema financeiro essa característica é exacerbada, transformando-se em fetiche supremo. Os financistas, diz Marx, possuem "o agradável caráter híbrido de vigaristas e profetas"[13]. O capital fictício pode ser realizado ou não pela valorização e realização em data posterior. No topo do sistema financeiro e monetário global estão os bancos centrais, com o poder aparentemente infinito de criar dinheiro, independentemente do estado da produção de valor. Como isso se encaixa na teoria da circulação e acumulação do capital e na exigência de valorização e realização?

Crédito e dívida possuem inúmeras formas pré-capitalistas, porém, como no caso dos comerciantes e dos proprietários de terras, Marx está interessado na forma particular que os instrumentos de crédito assumem na circulação do capital. A ascensão do capitalismo revolucionou os conceitos de crédito e dívida (uma revolução que David Graeber não assinala em sua história da dívida)[14]. Na época de Marx, essa forma distinta estava crescendo e se modificando rapidamente. Empresas de capital aberto e novos instrumentos de crédito ainda estavam em formação.

---

[11] Ibidem, p. 442.
[12] Ibidem, cap. 25.
[13] Ibidem, p. 500.
[14] David Graeber, *Debt: Updated and Expanded – The First 5,000 Years* (ed. atual. e ampl., Brooklyn, Melville Books, 2014).

Nos dias de hoje, inovações no campo das finanças e dos bancos levaram as coisas a um outro patamar.

Ver a distribuição como um polo passivo do processo de circulação é, como dissemos anteriormente, um tremendo equívoco. Distribuição na forma-dinheiro constitui uma etapa de transição distinta no movimento do capital. Mas como isso está relacionado com a valorização e a realização do capital? É difícil dar uma resposta segura a essa questão, mas uma das descobertas de Marx fornece uma pista importante de como avançar para chegar ao menos a uma conclusão preliminar.

f) A circulação do capital portador de juros

O Livro III de fato reconhece uma estrutura para se compreender como dinheiro pode ser reinjetado no círculo de valorização e realização. O poder autônomo de criação de crédito que reside no sistema bancário e financeiro (com os bancos centrais no topo) libera na circulação um fluxo de capital portador de juros. Nenhuma necessidade impele o capital portador de juros a escoar para a valorização. Ele tem múltiplas opções, desde crédito ao consumidor até empréstimos para capitalistas comerciais, proprietários de terras e especuladores imobiliários, Estados em guerra ou potências estrangeiras. A circulação do capital portador de juros não reivindica sua parte do mais-valor com base na sua contribuição para a produção ativa, mas como puro direito de propriedade. Esse direito é dado pela posse do dinheiro como mercadoria, cujo valor de uso é poder ser usado para fazer mais dinheiro.

Uma nova dimensão é introduzida aqui no quadro da circulação. Essa dimensão é prefigurada no Livro II, onde Marx vê a circulação de capital-dinheiro como uma forma particular. Quando capitalistas industriais realizam valor como dinheiro, eles passam a deter uma mercadoria cujo preço é o juro. Os capitalistas têm uma escolha: podem investir em uma produção futura de valor ou aplicar os recursos no mercado de dinheiro para render juros. A fim de se manter no negócio, os capitalistas industriais precisam arrecadar mais do que a taxa de juros vigente. Caso contrário, todos os percalços e esforços para organizar a produção deixam de fazer sentido econômico. O fluxo de capital nas mãos dos capitalistas industriais se divide de fato em dois caminhos: como detentor de dinheiro, o capitalista recebe juros sobre o dinheiro depositado; como produtor, lucra com a exploração do trabalho na produção. O capitalista "pode optar por usar seu capital [...] emprestando-o como capital portador de juros ou valorizando-o diretamente como capital produtivo"[15]. Os capitalistas industriais podem tomar emprestado o dinheiro de que precisam para dar início aos seus empreendimentos e pagar juros sobre o empréstimo, pro-

---

[15] Karl Marx e Friedrich Engels, *O capital*, Livro III, cit., p. 426.

curando reter o restante do lucro para si mesmos. Marx, por sinal, considera isso uma virtude singular das finanças capitalistas no sentido de sustentar o poder e a legitimidade da classe capitalista burguesa. É uma maneira de compensar o poder da riqueza herdada e permitir que empreendedores e arrivistas tenham a possibilidade de romper as barreiras de classe que, caso contrário, obstruiriam seu caminho. A força política e psicológica da classe capitalista é reforçada pela incorporação desses novos elementos nas classes dominantes.

Esse duplo papel produz, como Marx assinala, a distinção entre posse e gestão. Os acionistas exigem um retorno sobre o seu investimento de capital-dinheiro, e a gestão reivindica a sua parte, em troca da organização ativa da produção. Uma classe de acionistas e investidores (capitalistas monetários) procura ganhos monetários decorrentes dos investimentos de capital-dinheiro à sua disposição. Essa classe acelera e comprime a conversão do mero dinheiro em capital-dinheiro. Mais ativo ainda é o capital fictício que é criado no sistema bancário e emprestado a terceiros como capital portador de juros circulante[16].

O capital se estilhaça em fluxos de componentes que frequentemente se movem em relação antagônica entre si. Nos últimos tempos, por exemplo, o fluxo de capital tendeu a diminuir em relação à produção de valor, à medida que o capital-dinheiro busca taxas de retorno maiores em outros lugares. O efeito foi exacerbar a estagnação a longo prazo na produção de valor que caracteriza boa parte da economia global desde a crise de 2007-2008.

Marx não podia prever a situação atual, em que uns poucos bancos poderosos – considerados *too big to fail* [grandes demais para quebrar] – investem irresponsavelmente em condições de risco moral criadas por um Estado que lhes garante que os contribuintes compensarão as perdas se eles quebrarem. A circulação do capital portador de juros exerce uma tremenda pressão sobre a valorização e a realização. Satura e, em alguns casos, pode corromper todo o sistema do capital em movimento. No entanto, há boas razões para Marx descrever a circulação do capital portador de juros como algo que representa os interesses da classe capitalista como um todo. Para começar, ela reduz uma imensa variedade de temporalidades a uma única medida: a taxa de juros. Introduz uma fluidez na valorização e na realização que, do contrário, não existiria. Os empréstimos aos consumidores alavancam a demanda efetiva, que, por sua vez, estimula a realização. No mercado imobiliário, por exemplo, os financistas financiam a construção de moradia pelas incorporadoras e ao mesmo tempo concedem empréstimos aos consumidores para realizar o

---

[16] Sobre a importância do capital fictício, ver David Harvey, *Para entender O Capital: Livros II e III* (trad. Rubens Enderle, São Paulo, Boitempo, 2014); Cédric Durand, *Fictitious Capital: How Finance is Appropriating our Future* (Londres, Verso, 2017).

valor da moradia no mercado. A circulação de capital portador de juros estabelece a harmonia da unidade contraditória de valorização e realização. Marx reconhece claramente essa distinção. Os empréstimos para facilitar a valorização (ou seja, a capitalistas industriais para montar a produção) são muito diferentes dos empréstimos voltados para facilitar a realização (como o desconto de títulos de crédito, que era um procedimento comum no tempo de Marx), ainda que sejam evidentemente interligados.

Mas isso traz um perigo. A palavra em inglês *foreclosure* tem aqui um duplo sentido muito conveniente. Se os consumidores não conseguirem pagar a hipoteca, perderão suas casas por *foreclosure* [execução hipotecária]; por outro lado, se conseguirem, seu futuro estará em muitos sentidos *foreclosed upon* [encerrado ou comprometido de antemão], porque estarão condenados a uma servidão por dívida de trinta anos. É claro que eles têm a liberdade de vender o imóvel a qualquer momento. Mas, se os preços caírem, eles podem se "afogar", devendo mais pela casa do que ela vale realmente. Além do mais, se venderem a casa para quitar a dívida, terão de arranjar outro lugar para morar.

Essa é, a meu ver, a conclusão cabível para esse aspecto da circulação do capital pelos mercados financeiros. Há obviamente muito mais a ser dito e muito mais pesquisa a realizar, mas o ponto crítico são os papéis ativos que as diferentes formas de distribuição desempenham na promoção da circulação futura de capital. Nisso, o aspecto financeiro tem importância fundamental, pois lida diretamente com o capital-dinheiro, o crédito e as formas fictícias do capital criadas no sistema financeiro. Torna-se um dos motores mais persistentes da acumulação futura pelo imperativo do resgate da dívida por meio da expansão da produção de valor. A busca frenética por lucro se soma à necessidade frenética de quitar as dívidas. Preferivelmente, a valorização realizará ambos os objetivos simultaneamente. A visualização do valor como capital em movimento precisa ser ajustada e modificada em conformidade.

A TOTALIDADE DO CAPITAL

Em diversas ocasiões, Marx menciona sua ambição de retratar o capital como uma totalidade. O mapa dos fluxos de capital que construímos aqui é uma maneira simplificada de visualizar aquilo com que essa totalidade pode parecer-se. Cada volume d'*O capital* oferece uma perspectiva definida da totalidade observada de um ponto de vista particular. É como assistir a vídeos do que está acontecendo em uma manifestação em praça pública (Tahrir ou Taksim, por exemplo) gravados de três janelas diferentes. Cada vídeo contará uma história e será fiel apenas à sua própria perspectiva, mas a totalidade do que está acontecendo na praça pública será mais bem capturada se assistirmos aos três vídeos juntos. Na leitura que se faz d'*O capital* há uma forte tendência a favorecer o ponto de vista da valorização, conforme articulado no Livro I, em detrimento dos pontos de vista da realização e da distribuição, conforme analisados e descritos nos outros dois livros. Essa ênfase tendenciosa conduz a sérios equívocos, em minha opinião. O intuito de considerar o capital como uma totalidade é precisamente reconhecer como as diferentes fases pressupõem e prefiguram as demais. Embora cada fase seja autônoma e independente, todas as fases são subsumidas no movimento da totalidade. A linguagem que emprego aqui é a mesma que Marx usa explicitamente na caracterização do capital financeiro e do movimento de sua ramificação portadora de juros.

Os diferentes momentos do processo de circulação do capital se casam e se correlacionam de maneira frouxa, não são perfeitamente encaixados numa união funcional.

> Como totalidade, esse próprio sistema orgânico tem seus pressupostos, e seu desenvolvimento na totalidade consiste precisamente em subordinar a si todos os elementos da sociedade, ou em extrair dela os órgãos que ainda lhe faltam. É assim que devém uma totalidade historicamente. O vir a ser tal totalidade constitui um momento de seu processo, de seu desenvolvimento.[17]

Ou, como ele coloca em outro lugar:

> O resultado a que chegamos não é que produção, distribuição, troca e consumo são idênticos, mas que todos eles são membros de uma totalidade, diferenças dentro de uma unidade. A produção tanto se estende para além de si mesma na determinação antitética da produção como se sobrepõe sobre os outros momentos. É a partir dela que o processo sempre recomeça. É autoevidente que a troca e o consumo não podem ser predominantes. Da mesma forma que a distribuição como distribuição dos produtos. No entanto, como distribuição dos agentes da produção, ela própria é um momento da produção. Uma produção determinada, portanto, determina um consumo, uma troca e uma distribuição determinados, bem como *relações determinadas desses diferentes momentos entre si*. A produção, por sua vez, certamente é também determinada, *em sua forma unilateral*, pelos outros momentos. P. ex., quando o mercado se expande, *i.e.*, a esfera da troca, a produção cresce em extensão e subdivide-se mais profundamente. Com mudança na distribuição, modifica-se a produção; p. ex., com a concentração do capital, com diferente distribuição da população entre cidade e campo etc. Finalmente,

---

[17] Karl Marx, *Grundrisse*, cit., p. 217.

as necessidades de consumo determinam a produção. Há uma interação entre os diferentes momentos. Esse é o caso em qualquer todo orgânico.[18]

A totalidade aqui não é a de um organismo único como o corpo humano. Trata-se de uma totalidade ecossistêmica com múltiplas espécies de atividades concorrentes ou colaborativas, com uma história evolutiva aberta a invasões, novas divisões de trabalho e novas tecnologias, um sistema em que algumas espécies e subsistemas desaparecem, enquanto outros se formam e florescem, ao mesmo tempo que os fluxos de energia criam mudanças dinâmicas que apontam para toda sorte de possibilidades evolutivas. Marx apreciava analogias e metáforas científicas, mas as analogias orgânicas e evolutivas têm proeminência em sua obra. Como ele assinala no prefácio à primeira edição do Livro I d'*O capital*, seu "ponto de vista [...] apreende o desenvolvimento da formação econômica da sociedade como um processo histórico-natural"[19]. Grande admirador de Darwin, Marx busca fazer para as ciências sociais e históricas aquilo que Darwin fez nas ciências naturais com sua teoria da evolução.

Dissecar plenamente essa totalidade orgânica exigiria no mínimo uma fusão da perspectiva dos três livros d'*O capital* em uma teoria holística. Marx jamais tentou fazer isso. Os vários planos de pesquisa esboçados nos *Grundrisse* indicam que outros volumes sobre temas como concorrência, Estado (e provavelmente tributos), mercado mundial e crises seriam necessários para concluir o projeto[20]. Marx não chegou nem perto de realizar esse objetivo. Mas reconheceu os complexos caminhos em que instabilidades entrelaçadas e entrecruzadas no ecossistema orgânico que constitui o capital provavelmente produziriam crises. "As contradições existentes na produção burguesa", escreveu, "são reconciliadas por um processo de ajuste que se manifesta ao mesmo tempo, entretanto, na forma de crises, [em que ocorre] a *fusão violenta de fatores desconexos operando independentemente uns dos outros, embora correlacionados*."[21]

NOTA SOBRE A RELEVÂNCIA POLÍTICA

Evidentemente alguém me perguntará em algum momento sobre a relevância política dessa visualização. Minha resposta é que ela ajuda a situar questões e propostas no contexto de certa compreensão da circulação do capital e, com isso, permite

---

[18] Ibidem, p. 53.
[19] Idem, *O capital*, Livro I, cit., p. 53.
[20] Para uma discussão sistemática dos diversos planos que Marx elaborou, ver Roman Rosdolsky, *The Making of Marx's Capital*, cit.
[21] Karl Marx, *Theories of Surplus Value*, Part 3 (Londres, Lawrence and Wishart, 1972), p. 120.

uma avaliação da probabilidade de as propostas políticas terem êxito. Dou um exemplo simples.

Durante a campanha do Partido Democrata, Bernie Sanders insistiu muito para incluir um salário mínimo de 15 dólares por hora como parte fundamental de seu programa político. Em agosto de 2016, a coalizão em torno do movimento Black Lives Matter publicou um documento que propunha um programa de renda básica como proposta política fundamental (visando em primeiro lugar a população negra, como parte de um pacote de reparação histórica). Em ambos os casos, a ideia era que a qualidade de vida associada à reprodução da força de trabalho poderia melhorar radicalmente por um aumento da demanda efetiva da população empregada (Sanders) ou de todos os que tivessem sofrido historicamente com a escravidão, empregados ou não (Black Lives Matter). Ambas as propostas aumentavam o equivalente do salário monetário. Esse aumento efetivo da demanda deveria significar um aumento também nos bens e serviços recebidos pelas populações envolvidas. Mas tal impacto presume que nada aconteça na etapa da realização para reduzir a possibilidade desse efeito. E, pela análise da circulação do capital, sabemos que boa parte da apropriação de valor por meio de predação ocorre na etapa da realização. Aumentar o salário mínimo ou criar uma renda básica terá um efeito nulo se fundos *hedge* comprarem casas hipotecadas e patentes farmacêuticas e aumentarem os preços (astronomicamente, em alguns casos) para garantir que seus próprios bolsos não sejam afetados pelo aumento da demanda efetiva da população. Mensalidades crescentes nas universidades, taxas usurárias em cartões de crédito e toda sorte de cobranças ocultas em telefonia celular e seguros de saúde poderiam acabar com os benefícios. Talvez fosse mais proveitoso para a população uma rígida intervenção regulatória para controlar as despesas básicas e limitar a extensa apropriação de riqueza que ocorre na etapa da realização. Não nos espanta que os capitalistas de risco do Vale do Silício apoiem fortemente as propostas de renda básica. Eles sabem que a tecnologia que desenvolvem está tirando milhões de pessoas de seus empregos e que esses milhões de pessoas não formarão um mercado para os seus produtos se não tiverem renda. Localizando essas propostas na visualização oferecida aqui, podemos ver que barreiras a implementação pode encontrar e que motivações ocultas podem estar em jogo. A visualização também fornece um mapa das potenciais barreiras à continuidade da circulação de capital. Ela mostra os pontos nos quais os bloqueios podem provocar crises. Cada ponto de metamorfose do valor, por exemplo, é um possível local de formação de crises.

A visualização também lança uma luz interessante sobre as diferentes formas de lutas sociais que possam reverberar sobre a totalidade. Lutas situadas na etapa da valorização têm inevitavelmente um caráter de classe (amplamente conhecido e teorizado). As da etapa da realização se concentram nas figuras do comprador e do vendedor e suscitam batalhas contra as práticas predatórias e a acumulação por espoliação na esfera do mercado (*i.e.*, contra a gentrificação e as execuções hipotecárias). Tais lutas não estão suficientemente teorizadas. No campo da reprodução social, questões de hierarquia social, gênero, sexualidade, parentesco, família etc. tornam-se predominantes e o foco político primário desloca-se do processo de trabalho para a qualidade da vida cotidiana. Essas lutas são frequentemente ignoradas na literatura marxista. Lutas em torno da distribuição exigem análise de relações muitas vezes antagonistas entre diferentes facções do capital e o aparato estatal. Estas, juntamente com as lutas entre capital e trabalho na esfera do mercado em torno da taxa salarial, completam o mapa preliminar dos diferentes *loci* possíveis de luta política na e em torno da circulação do capital como um todo. Segue-se, portanto, que as lutas políticas e sociais contra o poder do capital na totalidade da circulação do capital assumem diferentes formas e exigem diferentes tipos de aliança estratégica para ter sucesso. Movimentos tradicionais de "esquerda" nem sempre reconhecem a importância dessas alianças e os compromissos necessários para fazê-las funcionar. Além disso, há todas aquelas lutas que ocorrem no campo contextual em que se dá a circulação do capital. A questão não apenas do que é a natureza humana, mas do que ela pode vir a ser, tem enorme importância política. A natureza humana que se revela nos defensores de Donald Trump, Geert Wilders, Marine Le Pen, Recep Tayyip Erdoğan, Narendra Modi, Viktor Orbán e Vladimir Putin é muito diferente da dos seguidores de Mahatma Gandhi, do arcebispo Desmond Tutu, de Nelson Mandela e Evo Morales, que é muito diferente, por sua vez, daquela dos seguidores de Vladímir Lênin, Fidel Castro, Gamal Abdel Nasser, Hugo Chávez, Frantz Fanon, Léopold Senghor e Amílcar Cabral. Talvez seja um clichê comum na política dizer que o coração e a mente das pessoas têm de ser mobilizados, moldados e capturados antes de se perseguir qualquer projeto político-econômico, porém não deixa de ser verdade que as lutas políticas em torno do que podemos chamar talvez de "natureza" da natureza humana estarão certamente na base das preocupações que surgirão das questões econômicas da circulação do capital. Mas, como evidencia de forma muito clara, penso eu, a visualização do capital em movimento, as relações entre o valor que circula como capital e a construção e reconstrução perpétua dos valores políticos, culturais e estéticos são por si sós uma questão de grande importância. Contudo, aqueles que priorizam o pensamento e a luta ativa em torno destas últimas precisam reconhecer que o fazem no contexto da circulação do capital que tanto constrange quanto facilita certas formas de pensamento e ação. Na medida em que o capital está perpétua e necessariamente envolvido na construção e reconstrução de vontades, necessidades e desejos, ele cria uma ponte vital entre o que pode parecer dois domínios distintos da ação humana. Margaret Thatcher, no fim das contas, propôs-se não apenas a mudar a economia como também a "mudar a alma", e nisso ela teve certo êxito. Muitas pessoas acabaram aceitando sua máxima: "Não há alternativa". Esse mesmo conjunto de preocupações conflituosas se estende ao vasto campo das lutas políticas e culturais em torno das relações existentes e futuras com uma "natureza" em perpétua evolução que, em muitos aspectos, foi reconstituída como uma "segunda natureza" através de uma longa história de transformações ambientais. O modo como estamos produzindo a natureza é uma questão altamente contestada que, mais uma vez, não pode ser abordada independentemente da compreensão do funcionamento da circulação e expansão do capital.

Não presumo que essas lutas estejam subsumidas naquelas que se vinculam à perpetuação do valor em movimento. Pelo contrário, se há relação de subsunção entre esses termos, ela é justamente a inversa. Contudo, o que o estudo do valor em movimento propicia é uma compreensão muito melhor do que é que deve ser subsumido nessa política mais ampla, e boa parte não é nada fácil de digerir.

3. O dinheiro como representação do valor

Boa parte dos argumentos teóricos de Marx ao longo d'*O capital* são expressos em termos de valor. Os dados econômicos do mundo e boa parte dos exemplos reais de Marx são expressos em termos de dinheiro. Devemos assumir, portanto, que o dinheiro é uma representação precisa e não problemática do valor? Se não, por quê? E que consequências isso tem? Dada a história das formas representacionais, é possível que o dinheiro seja fundado em distorções sistêmicas do valor que ele deveria representar? As projeções cartográficas são conhecidas por representar com precisão certas características da superfície terrestre e distorcer outras. Não deveríamos nos preocupar com a possibilidade de distorções semelhantes no caso do dinheiro em relação ao valor?

O valor é uma relação social. Como tal, é "imaterial, porém objetivo". A "objetividade fantasmagórica" do valor surge porque "na objetividade de seu valor [das mercadorias] não está contido um único átomo de matéria natural". O estatuto das mercadorias como valor contrasta com a "objetividade sensível e crua dos corpos-mercadorias [...]. Por isso, pode-se virar e revirar uma mercadoria como se queira, e ela permanece inapreensível como coisa de valor [*Wertding*]"[1]. O valor das mercadorias é, como muitas outras características da vida social (poder, reputação, status, influência ou carisma), uma relação social imaterial, porém objetiva, que anseia por uma expressão material. No caso do valor, essa necessidade é satisfeita por aquilo que Marx denomina a "ofuscante forma-dinheiro".

Marx é muito cuidadoso com a linguagem. Ele se refere ao dinheiro quase exclusivamente como a "forma de expressão" ou a "representação" do valor. E evita

---

[1] Karl Marx, *O capital*, Livro I, cit., p. 125.

escrupulosamente a ideia de que o dinheiro seria o valor encarnado, ou um símbolo arbitrário imposto por convenção às relações de troca (uma concepção muito disseminada na economia política da época). O valor não pode existir sem o dinheiro como sua forma de expressão[2]. Por outro lado, por mais autônomo que pareça, o dinheiro não pode cortar o cordão umbilical que o une ao que ele representa. Devemos pensar o dinheiro e o valor como autônomos e independentes em relação um ao outro, mas dialeticamente interligados. Esse tipo de relação tem uma longa história. É assim que Marx a concebe:

> No decorrer da nossa exposição ficou evidenciado como o valor, que apareceu como uma abstração, só se torna possível [...] quando é posto o dinheiro; a circulação do dinheiro, por outro lado, leva ao capital, ou seja, só pode estar plenamente desenvolvida sobre a base do capital, da mesma forma que somente sobre a base do capital a circulação pode se apoderar de todos os momentos da produção. Por essa razão, no desenvolvimento manifesta-se não somente o caráter histórico das formas, como o capital, que pertencem a uma determinada época histórica; mas tais determinações que, como o valor, aparecem em termos puramente abstratos, mostram o fundamento histórico do qual são abstraídas, e que, por isso, é o único fundamento sobre o qual podem se manifestar [...] e tais determinações que pertencem "mais ou menos" a todas as épocas, como o dinheiro, mostram a modificação histórica que sofrem.[3]

Para Marx, todas as principais categorias em *O capital*, tomadas em conjunto, são abstrações ancoradas na experiência histórica e nas práticas do capitalismo. "O conceito econômico do valor não ocorre entre os antigos. [...] O conceito de valor pertence completamente à economia mais moderna, porque é a expressão mais abstrata do próprio capital e da produção baseada nele."[4] As categorias que possuem uma história mais longa, como renda, juros e lucro sobre o capital comercial, foram adaptadas com o tempo às exigências de um modo de produção capitalista. É o que ocorre com o dinheiro. O problema é como distinguir entre as características do dinheiro específicas do capitalismo e as várias formas de dinheiro (como as conchas de cauri ou as contas *wampum*) que existiam antes dele. Essa questão se torna duplamente importante quando analisamos o crédito.

A *permanente continuidade* do processo [de circulação], a passagem desimpedida e fluente do valor de uma forma à outra, ou de uma fase do processo à outra, aparece

---

[2] Idem, *Grundrisse*, cit, p. 97 e 179.
[3] Ibidem, p. 651.
[4] Idem.

como condição fundamental para a produção fundada sobre o capital em um grau muito diferente do que em todas as formas de produção precedentes. [...]. Em consequência, para a produção fundada no capital aparece como algo contingente se [essa] sua condição essencial é criada ou não [...]. O *crédito* é a superação dessa contingência pelo próprio capital. [...]. Razão pela qual o *crédito*, em qualquer forma desenvolvida, não aparece em nenhum modo de produção anterior. Em estados anteriores também havia tomar e conceder empréstimo, e a usura é até mesmo a mais antiga das formas antediluvianas do capital. Todavia, emprestar e tomar emprestado não constitui o *crédito*, da mesma maneira que trabalhar não constitui o *trabalho industrial* ou o *trabalho assalariado livre*. Como relação de produção essencial e desenvolvida, o crédito só aparece *historicamente* na circulação fundada sobre o capital ou sobre o trabalho assalariado. (O próprio *dinheiro* é uma forma de abolir a desigualdade do tempo requerido nos diversos ramos de produção, visto que tal desigualdade obstrui a circulação.)[5]

A qualidade particular tanto do dinheiro quanto do crédito em um modo de produção capitalista é garantir a continuidade do movimento do capital como valor em movimento. Inversamente, a necessidade de garantir essa continuidade reúne as categorias de dinheiro, crédito e valor em uma configuração histórica específica.

O primeiro capítulo d'*O capital* é uma lição prática de como estudar questões desse tipo. Marx observa que os economistas políticos clássicos se baseiam em um passado ficcional, o do mito de Robinson Crusoé, para "naturalizar" suas categorias como se brotassem de um estado de natureza (e, por isso, fossem imutáveis, eternas e inabaláveis). Marx prefere examinar as sociedades pré-capitalistas, para ressaltar que as categorias estão inseridas em processos históricos reais, não sendo derivadas de narrativas ficcionais. "Saltemos, então, da iluminada ilha de Robinson para a sombria Idade Média europeia"[6], escreve. Ele examina brevemente as relações e categorias sociais típicas do trabalho feudal: a corveia e a "indústria rural e patriarcal de uma família camponesa". Mas em seguida faz uma triangulação, por assim dizer, sobre as especificidades do capital hoje, imaginando como seriam essas categorias no capitalismo transcendido. Ele usa o passado pré-capitalista e o *futur antérieur* do comunismo como pontos de apoio para compreender a natureza particular do capital (bem como as qualidades do dinheiro e do crédito) hoje. O *futur antérieur* não é um imaginário utópico sobre o que poderá acontecer, mas uma especificação daquilo que é preciso ocorrer para chegarmos ao comunismo. "Por fim, imaginemos uma associação de homens livres, que trabalham com meios de produção coletivos e que conscientemente despendem suas forças de trabalho

---

[5] Ibidem, p. 441-2.
[6] Idem, *O capital*, Livro I, p. 152.

individuais como uma única força social de trabalho."[7] Sob tais condições desalienadas, as "relações sociais dos homens com seus trabalhos e seus produtos de trabalho permanecem aqui transparentemente simples, tanto na produção quanto na distribuição"[8]. Nesse mundo não há mão invisível do mercado nem leis de movimento por trás de nós limitando nossas liberdades, e certamente não há comando estatal. É a partir da perspectiva do antes e do depois que Marx vai além do "véu" do que ele denomina os "fetichismos" que permeiam não apenas os escritos dos economistas políticos mas também as representações deturpadas do senso comum sobre a troca de mercadorias em mercados com mecanismos de determinação de preços. O dinheiro é o exemplo supremo de tal fetichismo. Acreditamos que o dinheiro possui poder social sobre nós e sobre os outros e, evidentemente, em certo sentido ele de fato o possui (e esse é o ponto-chave da teoria do fetichismo de Marx: ele é real, mas equivocado).

Então como devemos compreender a relação dialética entre o valor e sua representação como dinheiro? Essa era uma questão política muito controversa no tempo de Marx. No fim da década de 1840, muito antes de elaborar muitas das ideias centrais d'*O capital*, Marx se viu politicamente em desacordo não apenas com os socialistas ricardianos na Inglaterra mas sobretudo com a imponente figura de Proudhon, que tinha muitos seguidores entre os artesãos franceses. Proudhon e seus seguidores levantaram a seguinte questão, perfeitamente razoável: como é que os capitalistas são tão ricos e as classes trabalhadoras são tão pobres, se os principais economistas políticos da época – em especial David Ricardo – insistiam que o valor econômico era produzido exclusivamente pelo trabalho?

Proudhon concluiu que a culpa estava na forma pela qual o valor do trabalho era representado no mercado. A irracionalidade do dinheiro e da troca mercantil seria o xis da questão. O que era preciso, sugeria, era uma forma alternativa de mensurar o valor do trabalho e determinar os preços, uma forma que repousasse diretamente sobre o tempo que os trabalhadores efetivamente despendiam produzindo um produto. Os trabalhadores deveriam ser pagos em bônus-horários, horas de trabalho ou até mesmo moedas que designassem a quantidade de horas de trabalho efetivamente cumpridas. O movimento proudhonista pretendia reestruturar o sistema monetário, organizar a oferta de crédito gratuito, reformar o sistema bancário central e criar instituições de crédito mútuo para resolver o problema da desigualdade social e restaurar os direitos do trabalho.

Marx contestou veementemente essas ideias em *A miséria da filosofia* (publicado em 1847). A primeira parte dos *Grundrisse*, os manuscritos inéditos de

---

[7] Ibidem, p. 153.
[8] Idem.

1857, é uma longa refutação das ideias monetárias de Alfred Darimon, um discípulo de Proudhon[9]. A controvérsia de Marx com Proudhon e seus discípulos era a incapacidade que eles tinham de lidar com as relações sociais que definiam o valor. Sob o regime capitalista, o que conta é o tempo de trabalho socialmente necessário, e não o simples tempo de trabalho efetivo. Esse "socialmente necessário" implica a existência de uma "mão invisível" ou "lei de movimento" à qual tanto o capitalista quanto o trabalhador são subservientes. Desde os *Manuscritos econômico-filosóficos*, de 1844, Marx já havia concluído que, sob o regime capitalista, o valor era trabalho alienado explorado pelo capital na produção, assegurado pela propriedade privada e pela troca de mercadorias em mercados dotados de mecanismos próprios de determinação de preços. Essas eram as condições que produziam as degradações e desigualdades sociais a que os trabalhadores estavam sujeitos, mesmo estando envolvidos no processo de valorização do capital. O objetivo da revolução socialista era transformar radicalmente as relações sociais sob as quais os trabalhadores operavam. Sem essa transformação seria impossível criar um mundo em que trabalhadores associados tomassem as decisões e em que os tempos reais de trabalho, e não os tempos socialmente necessários, pudessem se tornar a medida do valor.

Trabalho alienado dominado por um poder externo de classe era o cerne do problema. O dinheiro, na visão de Marx, representava valor de trabalho (alienado). Seguia-se que "tentar eliminar a irracionalidade da formação de preços no mercado mas manter intactas as relações de produção é uma estratégia inerentemente contraproducente, na medida em que ignora a própria irracionalidade da produção de valor da qual a formação de preços é a expressão"[10]. Era isso o que estava errado com a posição de Proudhon.

Buscar um modo melhor de representação do trabalho alienado (como o bônus-horário) sem fazer uma crítica das relações sociais sobre as quais a lei capitalista do valor se assenta era duplicar a alienação. Era o que Marx acreditava que involuntariamente estavam fazendo Proudhon e seus discípulos, além de muitos socialistas ricardianos. É por isso que a imagem do *futur antérieur* do comunismo no Livro I d'*O capital* é tão importante. Ela descreve trabalhadores associados (um conceito que Proudhon abominava) com meios de produção em comum, tomando decisões conscientes, portanto não alienadas, de forma plenamente transparente, sem necessidades sociais ditadas pelas relações de dominação capital-trabalho nem intervenções de nenhum poder externo (como o Estado ou o mercado).

---

[9] Idem, *Grundrisse*, cit., p. 67-181; *A miséria da filosofia* (trad. José Paulo Netto, São Paulo, Boitempo, 2017).
[10] Peter Hudis, *Marx' Concept of the Alternative to Capitalism* (Chicago, Haymarket, 2012), p. 107.

O universo manufatureiro do qual Proudhon extraiu suas categorias era o das oficinas parisienses dos anos 1840[11]. Estas consistiam tipicamente em empresas de pequena escala geridas por artesãos que controlavam o próprio processo de trabalho em locais onde havia uma oficina nos fundos e uma loja na frente. A principal forma de capital era a dos comerciantes que compravam das oficinas e depois consolidavam a venda em seus armazéns de secos e molhados (precursores das lojas de departamento que surgiram na década de 1850). Os artesãos não reclamavam dos processos de trabalho porque tinham controle sobre eles. De seu ponto de vista, o trabalho não era alienado na etapa da produção. As principais reclamações eram os baixos preços oferecidos pelos comerciantes e a crescente dominação exercida por parte destes últimos através de um sistema de subcontratação, também denominado sistema *putting-out*, em que os comerciantes faziam o pedido e especificavam a natureza do produto final – e, em algumas instâncias, forneciam a matéria-prima e adiantavam crédito (com frequência a taxas usurárias). Numa situação como essa, é compreensível a demanda de pleno reconhecimento das horas de trabalho realizadas, diante da recompensa monetária insignificante oferecida pelos comerciantes. O valor do trabalho dos artesãos era expropriado (alienado) no mercado. Os argumentos de Proudhon sobre dinheiro e mercado faziam certo sentido intuitivo para esse público. Não era à toa que era visto como um herói dos direitos trabalhistas.

Marx escrevia no contexto de um sistema fabril, em que os capitalistas controlavam o processo de trabalho e o trabalho alienado imperava na etapa da produção. Para nós, é difícil imaginar quão grande essa diferença parecia naquele momento histórico. Engels, que tinha familiaridade com sistemas de trabalho artesanal na Alemanha, registrou o assombro e o horror que sentiu ao conhecer o sistema fabril e o industrialismo capitalista na Inglaterra. Ele foi um dos primeiros comentadores a descrever esse processo em *A situação da classe trabalhadora na Inglaterra**, de 1844. Havia um mundo de diferenças entre esses dois sistemas industriais no que dizia respeito aos processos de trabalho. Marx ficou impressionado com o relato de Engels sobre o trabalho fabril. Ele tendia a ver o sistema fabril teleologicamente como o futuro do capital. É a esse futuro que o Livro I d'*O capital* é dedicado, e foi desse mundo que Marx derivou suas categorias[12].

As características que distinguem Proudhon de Marx refletem os sistemas de trabalho que cada um abordou. Segue-se disso que talvez tenhamos de reavaliar nossas próprias categorias para que elas também reflitam as práticas atuais de traba-

---

[11] David Harvey, *Paris, capital da modernidade* (trad. Magda Lopes, São Paulo, Boitempo, 2015), cap. 8.
* Trad. B. A. Schumann, São Paulo, Boitempo, 2008. (N. E.)
[12] Karl Marx, *O capital*, Livro I, cit.

lho. O trabalho fabril que Marx acreditava ser o futuro do capitalismo, por exemplo, diminuiu muito nos países capitalistas avançados, e a teleologia que Marx, de modo geral, presumia não se desenvolveu da maneira que ele imaginava. O capital é constituído hoje por uma impressionante mistura de sistemas de trabalho muito diferentes em diferentes lugares e tempos. O trabalho fabril ainda é dominante em algumas partes do mundo (por exemplo, na Ásia oriental), mas na América do Norte e na Europa é bastante limitado e foi substituído por outros sistemas de trabalho (trabalho digital e afins).

Intervenções monetárias de cunho proudhoniano, com moedas locais, compartilhamento de tempo e formas de dinheiro que representam diretamente tempo de trabalho, vêm despertando grande interesse como alternativa aos modos convencionais de troca de bens e serviços[13]. Alguns movimentos políticos têm associado isso às tentativas de reabilitar os sistemas de produção descentralizados e em pequena escala (de preferência sob o controle dos trabalhadores). Estes se tornaram possíveis graças às novas tecnologias e formas organizacionais de especialização flexível e de produção em pequena escala que surgiram nos anos 1980. Naquela época, Piore e Sabel, no influente livro *The Second Industrial Divide*, leram isso como uma oportunidade para a esquerda realizar o sonho proudhoniano do mutualismo. Os sistemas autogeridos de produção em pequenos lotes surgiram na Toscana e se tornaram um modelo de futuro socialista nos anos 1980. Infelizmente, esse sistema de trabalho se revelou uma armadilha neoliberal, desmantelando o poder organizado do trabalhador e ampliando a exploração em sistemas de trabalho baseados na insegurança e na precariedade descentralizada. A especialização flexível se tornou acumulação flexível para as empresas capitalistas[14]. Por outro lado, o sistema fabril de massa continua vivo na Ásia oriental e no Sudeste Asiático, enquanto os padrões de emprego do trabalho digital e da microfinança são altamente descentralizados, embora cada vez mais organizados em configurações de autoexploração tão opressivas quanto o trabalho industrial tradicional[15].

Seria um imenso equívoco presumir que as relações sociais expressas na teoria do valor do trabalho possam ser reconstruídas com reformas no sistema monetário.

---

[13] Anitra Nelson, *Marx's Concept of Money* (Nova York, Routledge, 2014); Thomas H. Greco Jr., *The End of Money and the Future of Civilisation* (White River Junction, Chelsea Green, 2009).

[14] Michael Piore e Charles Sabel, *The Second Industrial Divide: Possibilities for Prosperity* (Nova York, Basic Books, 1986); David Harvey, *The Condition of Postmodernity* (Oxford, Blackwell, 1989) [ed. bras.: *Condição pós-moderna: uma pesquisa sobre as origens da mudança cultural* (trad. Adail Ubirajara Sobral e Maria Stela Gonçalves, São Paulo, Loyola, 1992].

[15] Michel Bauwens, "Towards the Democratisation of the Means of Monetisation", mimeo., Bruxelas, 21 out. 2013; Ursula Huws, *Labor in the Digital Economy* (Nova York, Monthly Review Press, 2014).

O "mal da sociedade burguesa não pode ser remediado por meio de 'transformações' dos bancos ou da fundação de um 'sistema monetário' racional"[16].

> Como é impossível suprimir as complicações e contradições derivadas da existência do dinheiro ao lado das mercadorias particulares por meio da modificação da forma do dinheiro (muito embora as dificuldades pertencentes a uma forma inferior possam ser evitadas por uma forma superior), é igualmente impossível suprimir o próprio dinheiro enquanto o valor de troca permanecer a forma social dos produtos. É preciso compreender isso claramente para não se colocar tarefas impossíveis e para conhecer os limites no interior dos quais as reformas monetárias e as transformações da circulação podem fornecer uma nova configuração para as relações de produção e as relações sociais sobre elas fundadas.[17]

A única solução, ao menos para Marx, é abolir totalmente o valor de troca, o que, é claro, implica abolir o valor como tempo de trabalho socialmente necessário, deixando o intercâmbio organizado de valores de uso como o único resquício das categorias que ele derivou do capitalismo[18].

Ao elaborar a crítica a Darimon, Marx levantou duas questões básicas. "[As] relações de produção existentes e suas correspondentes relações de distribuição podem ser revolucionadas pela mudança no instrumento de circulação – na organização da circulação?" A resposta de Marx é um sonoro "não!". "Pergunta-se ainda: uma tal transformação da circulação pode ser implementada sem tocar nas relações de produção existentes e nas relações sociais nelas baseadas?" Marx é inicialmente ambíguo.

> Haveria de [se] investigar, ou caberia antes à questão geral, se as diferentes formas civilizadas do dinheiro – dinheiro metálico, dinheiro de papel, dinheiro de crédito e dinheiro-trabalho (este último como forma socialista) – podem realizar aquilo que delas é exigido sem abolir a própria relação de produção expressa na categoria dinheiro, e se, nesse caso, por outro lado, não é uma pretensão que se autodissolve desejar, mediante transformações formais de uma relação, passar por cima de suas determinações essenciais.[19]

Mas torna a dizer que:

> as distintas formas de dinheiro podem corresponder melhor à produção social em diferentes etapas, uma elimina inconvenientes contra os quais a outra não está à altura; mas

---

[16] Karl Marx, *Grundrisse*, cit., p. 85.
[17] Ibidem, p. 95.
[18] Ibidem, p. 728-9.
[19] Ibidem, p. 74-5.

nenhuma delas, enquanto permanecerem formas do dinheiro e enquanto o dinheiro permanecer uma relação social essencial, pode abolir as contradições inerentes à relação do dinheiro, podendo tão somente representá-las em uma ou outra forma.[20]

Da mesma maneira que:

[n]enhuma forma do trabalho assalariado, embora uma possa superar os abusos da outra, pode superar os abusos do próprio trabalho assalariado [...] [uma forma de dinheiro] pode ser mais prática, mais apropriada, e envolver menos inconvenientes do que outras. Mas os inconvenientes que resultam da existência de um instrumento de troca particular, de um equivalente particular e ainda assim universal, teriam de se reproduzir em qualquer forma, ainda que de modo diferente.[21]

A ascensão e adaptação do sistema de crédito é um exemplo manifesto daquilo de que Marx está falando aqui. Inicialmente, práticas de longa data foram adaptadas para lidar com o problema do entesouramento excessivo ligado a tempos muito diferentes de rotação do capital, formação de capital fixo e investimentos de longo prazo em meios de consumo coletivos. Mais recentemente, o capital portador de juros se tornou uma força motriz independente e poderosa de acumulação por conta própria. O resultado não foi a emancipação humana da vontade e da necessidade, mas uma eficiência crescente da circulação e da produção de mais-valor, à custa de índices cada vez maiores de servidão por endividamento e alienação progressiva na política da vida cotidiana.

As tecnologias das formas e usos do dinheiro foram revolucionadas diversas vezes ao longo da história do capital. Isso coloca de fato alguns problemas interpretativos. Como fica, por exemplo, a teoria do valor do trabalho quando os bancos centrais praticam a flexibilização quantitativa ou quando a criação de crédito no sistema bancário parece tão fora de controle? Em uma economia especulativa, como fica a disciplina supostamente imposta pelos valores sobre as formas do dinheiro? Tecnologias bancárias eletrônicas e dispositivos de *blockchain* (o pioneiro foi o bitcoin, mas outros estão sendo ativamente desenvolvidos pelos bancos) indicam que revoluções na forma monetária podem estar ocorrendo e, por mais que não mudem as relações de valor subjacentes, devemos monitorá-las para compreender suas implicações para as relações sociais[22]. Marx reconheceu a existência de tais problemas. Para chegar a uma resposta, ele retornou aos alicerces de suas investigações.

---

[20] Ibidem, p. 75.
[21] Ibidem, p. 75 e 78.
[22] Anitra Nelson e Frans Timmerman (orgs.), *Life Without Money: Building Fair and Sustainable Economies* (Londres, Pluto, 2011).

Quando a troca de mercadorias se torna um ato social normal, uma ou duas mercadorias se cristalizam para desempenhar o papel de equivalente geral. Na era capitalista, o ouro e a prata se tornaram a forma preferida de expressão do valor. Mas isso leva imediatamente a certas contradições. O valor de uso do ouro (uma mercadoria sensível) "se torna a forma de manifestação de seu contrário, do valor"[23]. O trabalho físico concreto embutido na produção do ouro se torna o modo de expressão "de seu contrário, trabalho humano abstrato"[24]. O "trabalho privado" envolvido na produção do ouro converte-se "na forma de seu contrário, trabalho em forma imediatamente social"[25]. Por fim, e talvez o mais importante de tudo, "o dinheiro é, ele próprio, uma mercadoria, uma coisa externa, que pode se tornar a propriedade privada de qualquer um. Assim, a potência social torna-se potência privada da pessoa privada"[26].

As distorções estabelecidas aqui são sistêmicas e maiores, e não contingentes e menores. O dinheiro se torna uma medida de riqueza e poder individuais, um objeto supremo de desejo. Forma uma base singular para o poder e o domínio de classe. Mais importante ainda, torna-se um meio de produção vital para que a valorização prossiga. Esse poder social, no entanto, é sistemicamente limitado sempre que os metais preciosos estão na base do sistema monetário. Com a proliferação e complexidade crescente da divisão social do trabalho e das relações de troca, "cresce o poder do *dinheiro*", de forma que:

> a relação de troca se fixa como um poder externo frente aos produtores e deles independente. O que aparecia originariamente como meio para o fomento da produção converte-se em uma relação estranha aos produtores. Na mesma proporção com que os produtores se tornam dependentes da troca, a troca parece tornar-se independente deles.[27]

O dinheiro é introduzido como um servo da circulação, mas logo se torna um mestre despótico. A "mão invisível" de Adam Smith começa a assumir o controle. Os produtores se tornam receptores de preços, em vez de fazedores de preços: "parece crescer o abismo entre o produto como produto e o produto como valor de troca. O dinheiro não gera essas contradições e antíteses; ao contrário, o desenvolvimento dessas contradições e antíteses gera o poder aparentemente transcendental do dinheiro"[28]. É esse poder transcendental que agora nos cerca de todos os lados.

---

[23] Karl Marx, *O capital*, Livro I, cit., p. 133.
[24] Ibidem, p. 135.
[25] Idem.
[26] Ibidem, p. 205-6.
[27] Idem, *Grundrisse*, cit., p. 95.
[28] Ibidem, p. 96.

Tais contradições ecoam em todos os escritos de Marx. Sua exposição da teoria do valor do trabalho própria do capital está inextricavelmente enredada nelas. O tópico se complica à medida que Marx mergulha cada vez mais fundo nas múltiplas funções do dinheiro. O dinheiro pode funcionar como medida de valor, uma forma de economia, um padrão de preços, um meio de circulação, ou pode funcionar como unidade de conta, dinheiro de crédito e, por fim, mas não menos importante, meio de produção para produzir capital[29].

Diversas dessas funções são incompatíveis. Embora o ouro seja excelente como medida de valor, padrão de preços e veículo de economia (porque é um metal que não oxida), é péssimo como meio de circulação. Esta última função é mais bem cumprida por símbolos de dinheiro, como moedas, moedas fiduciárias emitidas pelo Estado e, finalmente, dinheiro eletrônico. Essas formas de dinheiro não podem existir sem a garantia de suas qualidades em relação à base metálica.

> Assim como a determinação do padrão dos preços, também a cunhagem de moedas é tarefa que cabe ao Estado. Nos diferentes uniformes nacionais que o ouro e a prata vestem, mas dos quais voltam a se despojar no mercado mundial, manifesta-se a separação entre as esferas internas ou nacionais da circulação das mercadorias e a esfera universal do mercado mundial.[30]

Surge então a questão das inter-relações entre essas formas radicalmente diferentes de expressão do valor (por exemplo, ouro *versus* moedas *versus* dinheiro de bancos centrais e instrumentos monetários nacionais *versus* internacionais). Aqui, o paralelo com as projeções cartográficas é útil. Algumas projeções mantêm a precisão da direção, mas distorcem todo o resto, ao passo que outras representam com precisão áreas, formas ou distâncias, em detrimento de todas as outras características. E assim é com as diferentes formas de dinheiro. Diferentes representações servem a diferentes propósitos. Espera-se que as coisas não funcionem para outros fins além dos originais, mas evidentemente elas o fazem com regularidade. O dinheiro usado de determinada maneira (como meio de economia, por exemplo) pode repentinamente assumir o papel de meio de circulação e vice-versa. Como Marx assinala ironicamente, se estivermos interessados apenas em dinheiro como meio de circulação de mercadorias, então moedas e notas falsas servem tão bem quanto moedas fiduciárias endossadas pelo Estado[31].

---

[29] Idem, *O capital*, Livro I, cit., cap. 3.
[30] Ibidem, p. 198.
[31] Idem, *Grundrisse*, cit., p. 156.

A ironia é que a necessidade de encontrar uma representação material física para valores sociais levou à adoção de uma base metálica incontestável (ouro e prata) para o dinheiro que era tão disfuncional para o uso diário que exigiu representações simbólicas de si (papel-moeda e dinheiro eletrônico) para ser efetiva. O dinheiro simbólico se tornou gradualmente dominante à medida que o comércio se expandia. O corte do lastro do dinheiro com sua base metálica no início dos anos 1970 produziu dois sistemas simbólicos – valor e dinheiro –, em um estranho abraço dialético*.

Parte da estranheza decorre daquilo que Marx denomina uma "incongruência quantitativa entre preço e grandeza de valor", que "reside [...] na própria forma-preço". Os preços propostos e realizados no mercado (independentemente de serem estabelecidos em ouro, moedas fiduciárias ou mesmo tempo de trabalho) podem flutuar, mas é exatamente isso o "que faz dela a forma adequada a um modo de produção em que a regra só se pode impor como a lei média do desregramento que se aplica cegamente"[32]. Somente assim oferta e demanda podem entrar em equilíbrio e é o preço resultante desse equilíbrio que chega mais perto do valor.

Mais inquietante ainda é o fato de que:

[a forma-dinheiro] pode abrigar uma contradição qualitativa, de modo que o preço deixe absolutamente de ser expressão de valor [...]. Assim, coisas que em si mesmas não são mercadorias, como a consciência, a honra etc. podem ser compradas de seus possuidores com dinheiro e, mediante seu preço, assumir a forma-mercadoria, de modo que uma coisa pode formalmente ter um preço mesmo sem ter valor.[33]

Em alguns casos, esses preços, "como o preço do solo não cultivado, que não tem valor porque nele nenhum trabalho humano está objetivado, pode[m] abrigar uma relação efetiva de valor ou uma relação derivada desta última"[34].

Aparentemente, isso é preocupante para a teoria do valor-trabalho, porque, como se queixaram desde cedo os economistas neoclássicos, se acontece tanta coisa com o preço fora da esfera do valor, então por que não analisar apenas os preços de mercado e seus movimentos e ignorar completamente a questão do valor? A desvantagem desse procedimento é evidente: se desconsiderarmos a relação dialética entre preços e valores, não teremos ponto de apoio sobre o qual erguer uma crítica das representações

---

* O autor refere-se às medidas políticas e econômicas de 1971, conhecidas como "choque Nixon", em que os Estados Unidos interromperam a convertibilidade do dólar estadunidense em ouro, efetivamente invalidando o sistema de Bretton Woods e inaugurando um regime de câmbio flutuante. (N. T.)

[32] Idem, *O capital*, Livro I, cit., p. 177.
[33] Idem.
[34] Idem.

monetárias do trabalho social que os trabalhadores realizam para os outros quando executam um trabalho assalariado para o capital. Ficaríamos sem recursos para explicar de onde vem o aspecto monetário das crises e por que elas em geral são expressas na forma monetária. Marx se esforça para explicar isso no Livro I de *O capital*.

"Na crise, a oposição entre a mercadoria e sua figura de valor, o dinheiro, é levada até a contradição absoluta." Mas de onde vem essa contradição? Ela é "imanente", diz Marx, à "função do dinheiro como meio de pagamento".

> Na medida em que os pagamentos se compensam, ele funciona apenas idealmente, como moeda de conta [*Rechengeld*] ou medida dos valores. Quando se trata de fazer um pagamento efetivo, o dinheiro não se apresenta como meio de circulação [...], mas como a encarnação individual do trabalho social [...]. Essa contradição emerge no momento das crises de produção e de comércio, conhecidas como crises monetárias. Ela ocorre apenas onde a cadeia permanente de pagamentos e um sistema artificial de sua compensação encontram-se plenamente desenvolvidos. Ocorrendo perturbações gerais nesse mecanismo, venham elas de onde vierem, o dinheiro abandona repentina e imediatamente sua figura puramente ideal de moeda de conta e converte-se em dinheiro vivo. Ele não pode mais ser substituído por mercadorias profanas. O valor de uso da mercadoria se torna sem valor, e seu valor desaparece diante de sua forma de valor própria. Ainda há pouco, o burguês, com a típica arrogância pseudoesclarecida de uma prosperidade inebriante, declarava o dinheiro como uma loucura vã. Apenas a mercadoria é dinheiro. Mas agora se clama por toda parte no mercado mundial: apenas o dinheiro é mercadoria! Assim como o cervo brame por água fresca, também sua alma brame por dinheiro, a única riqueza.[35]

Esse é o tipo de análise que é possibilitado pelo reconhecimento do movimento dialético e fluido do dinheiro em relação aos valores. Mas o poder dessa dialética também precisa reconhecer que o valor não permanece intocado pelos movimentos que acabamos de descrever. Se o valor surge pela proliferação da troca mercantil mediada pelo dinheiro, então as qualidades do dinheiro e do que é mensurado por ele devem ter implicações para as qualidades sociais do valor. A incongruência qualitativa entre preços e valores não pode ser ignorada[36].

Antes de abandonar a base metálica, Marx detectou a existência não apenas de diferentes dinheiros para diferentes finalidades mas também de uma interessante hierarquia no interior do sistema monetário. A base metálica era quase literalmente

---

[35] Ibidem, p. 210-1.
[36] Pierre Bourdieu, *A distinção: crítica social do julgamento* (trad. Daniela Kern e Guilherme F. Teixeira, São Paulo/Porto Alegre, Edusp/Zouk, 2007); Adam Arvidsson e Nicolai Peitersen, *The Ethical Economy: Rebuilding Value After the Crisis* (Nova York, Columbia University Press, 2013).

o padrão-ouro do valor precisamente por suas qualidades materiais, que permaneciam constantes ao longo do tempo; além disso, as quantidades da base metálica aumentavam muito lentamente em relação à reserva de ouro retirada da terra. Essa forma de dinheiro rigidamente contida contrastava com a efervescência do sistema de crédito. Marx fala dela da seguinte maneira:

> O sistema monetário é essencialmente católico; o sistema de crédito, essencialmente protestante. *The Scotch hate gold* [os escoceses odeiam dinheiro]. Como papel, a existência monetária das mercadorias é puramente social. É a *fé* que salva. A fé no valor monetário como espírito imanente das mercadorias, a fé no modo de produção e sua ordem predestinada, a fé nos agentes individuais da produção como meras personificações do capital que se valoriza a si mesmo. Porém, assim como o protestantismo não se emancipa dos fundamentos do catolicismo, tampouco o sistema de crédito se emancipa da base do sistema monetário.[37]

Em tempos favoráveis, o crédito, "que é também uma forma social da riqueza, expulsa o dinheiro e usurpa seu lugar", de modo que

> a forma-dinheiro dos produtos apareça como algo evanescente, ideal, mera representação. Tão logo o crédito é abalado [...] pretende-se que toda a riqueza real seja efetiva e subitamente convertida em dinheiro, em ouro e prata; uma pretensão disparatada, decerto, mas que emana necessariamente do próprio sistema. Todo o ouro e toda a prata de que se deve dispor para atender a essas enormes pretensões limitam-se a alguns poucos milhões nos cofres do banco.[38]

O valor das mercadorias precisa então ser sacrificado "para assegurar a existência imaginária e autônoma desse valor no dinheiro". Esse sacrifício é "inevitável na produção capitalista e constitui uma de suas belezas"[39].

"A existência de certa quantidade de metal, insignificante em comparação com a produção total, é reconhecida como pivô do sistema." A estrutura é a seguinte: "O banco central é o pivô do sistema de crédito. A reserva metálica é, por sua vez, o pivô do banco"[40]. É "inevitável" que, "nos momentos críticos", o sistema de crédito desabe sobre o monetário. Consequentemente, a base metálica constitui um "limite a um só tempo material e fantástico da riqueza e de seu movimento". É

---

[37] Karl Marx, *O capital*, Livro III, cit., p. 652.
[38] Ibidem, p. 633-4.
[39] Ibidem, p. 574.
[40] Ibidem, p. 633 e 632.

inevitável que "a produção capitalista se esfor[ce] por suprassumir continuamente essa barreira metálica [...], mas acab[e] sempre quebrando a cabeça contra el[a]"[41]. Marx era da opinião de que essa barreira nunca poderia ser superada. Mas ele estava errado. Agora que a base metálica foi abandonada e o capital não precisa mais quebrar a cabeça contra ela, a única barreira que resta são as políticas e os regulamentos dos bancos centrais e dos Estados. Isso coloca a questão da qualidade e da quantidade (bem como da forma) do dinheiro em mãos sociais, em oposição à dependência em relação às qualidades físicas imutáveis e fixas da reserva de ouro como uma limitação externa.

O abandono da base metálica pelo sistema monetário no início dos anos 1970 permitiu que a circulação de capital portador de juros assumisse o controle como principal condutor, sem as restrições da acumulação infindável de capital. A análise desse fenômeno exige um olhar mais atento à posição do sistema bancário e financeiro no campo da distribuição de modo geral.

Antes de mais nada, é preciso dizer que há interações imensamente complicadas no campo da distribuição como um todo. Financistas podem canalizar dinheiro e investimentos para a especulação fundiária e imobiliária, dando suporte às atividades das classes proprietárias à custa de todo o resto. Proprietários fundiários usam suas terras como garantia para tomar empréstimos. Na Grã-Bretanha, muitos aristocratas se tornaram banqueiros dessa forma. Com frequência, capitalistas comerciais crescem e dependem de crédito. Em diversas partes do mundo, os salários dos trabalhadores são inflados pelo uso de cartões de crédito. Trabalhadores podem se integrar à circulação de capital portador de juros iniciando um financiamento com a esperança de adquirir sua casa própria. Isso é algo que, conforme assegura o Banco Mundial, confere estabilidade social ou, segundo o velho ditado: "Enquanto não quitar o financiamento, dono de casa própria não faz greve". Às vezes os trabalhadores são obrigados a depositar suas economias em fundos de pensão, que têm de investir em algum lugar para explorar outros trabalhadores em troca de lucro. Financistas emprestam a governos, enquanto os governos usam os tributos para garantir e afiançar as atividades de instituições de crédito. Enquanto isso, bancos superavitários emprestam a bancos deficitários e, quando preciso, ambos recorrem a bancos centrais. Os papéis se embaralham e muitas vezes são internamente contraditórios. Empresas automobilísticas mantêm mecanismos de venda que concedem crédito aos consumidores para que adquiram seus carros, e muitas vezes é difícil saber se os lucros da empresa vêm da atividade de valorização, de realização ou de distribuição. Financistas emprestam aos incorporadores para que construam casas e aos trabalhadores para que comprem essas casas, internalizando oferta e demanda numa única operação sob o

---

[41] Ibidem, p. 634.

seu comando. Trabalhadores exigem aumentos salariais que podem fazer despencar as ações de companhias em que seus fundos de pensão estão investidos. Sindicatos podem ser compelidos a investir na dívida das empresas que os empregam. Quando a Enron quebrou, a pensão de sua força de trabalho escorreu pelo ralo. Na crise fiscal de 1970, em Nova York, os sindicatos municipais foram forçados a investir seus fundos de pensão na dívida pública municipal, com consequências previsíveis. Governos armam sistemas de participação nos lucros para que depois os empregados tenham interesse em reprimir suas próprias demandas salariais.

Os fluxos e contrafluxos que ocorrem no interior daquilo que pode ser denominado o "campo distributivo" (terreno do Livro III d'*O capital*) têm se tornado, como ilustram os exemplos acima, cada vez mais complexos e volumosos, ao mesmo tempo que as categorias e os papéis se embaralham e se sobrepõem uns aos outros. Em algumas partes do mundo, o volume de transações e a rotação do capital que atravessa e permeia o campo distribucional ultrapassam consideravelmente as atividades de valorização. O mercado de câmbio é enorme, se comparado com o reinvestimento em manufatura. O mais difícil de discernir é quanto dessa atividade é apenas movimentação especulativa ou ruído transacional, que não tem nada a ver com a criação de valor.

Marx percebe claramente que a centralização no sistema financeiro de fundos excedentes na forma-dinheiro implica que o desembolso desses fundos desempenhará necessariamente um papel-chave na condução das dinâmicas de reinvestimento do dinheiro como capital. Essa é uma questão à qual retornaremos à guisa de conclusão. O sistema financeiro forma de fato um bolsão de ativos líquidos, de modo que bancos e finanças contêm e representam o capital comum da classe capitalista. Esse capital comum é inflado algumas vezes por alavancagem – empréstimo de capital fictício. Isso equivale a criar dinheiro dentro do sistema bancário. Por vezes, essa criação de dinheiro pode se tornar excessiva (quando os bancos emprestam, digamos, trinta vezes a quantidade de dinheiro efetivamente depositado que possuem). O sistema financeiro também funciona como câmara de compensação para toda sorte de transações. É, de fato, o sistema nervoso central do capital em geral, orquestrando os fluxos de capital-dinheiro para e por uma vasta gama de atividades, onde quer que a taxa de rentabilidade seja potencialmente ou realmente mais alta.

Por trás disso, surge uma classe de investidores – indivíduos, instituições, organizações e corporações – que buscam desesperadamente taxas de retorno sobre seu capital-dinheiro[42]. Trata-se de uma classe particular de proprietários – uma "aristocracia financeira" – que impulsiona a circulação de capital portador de juros para receber uma taxa de retorno sem mover um dedo sequer[43]. Fundos de pensão

---

[42] Idem, *O capital*, Livro III, cit.
[43] Idem.

querem retorno sobre o seu capital (e, de fato, têm o dever fiduciário de fazê-lo), assim como instituições sem fins lucrativos (como universidades privadas) e indivíduos ricos com portfólios de investimento poderosos.

Também sabemos, a partir da brilhante dissecação que Marx faz da circulação do capital nas formas mercadoria, dinheiro e produtivo no Livro II d'*O capital*, que, do ponto de vista da circulação do capital-dinheiro, os processos de valorização e realização são encarados como meras inconveniências no caminho da realização dos lucros. Se o capital portador de juros conseguisse encontrar um modo de se autovalorizar sem passar pela valorização e pela realização, ele certamente o faria. É exatamente isso o que permitem as movimentações especulativas que ocorrem no campo distributivo. Bancos concedem empréstimos a outros bancos, e o que poderia ser mais fácil do que tomar emprestado do Federal Reserve a 0,5% e comprar títulos do tesouro de dez anos que rendem 2%? São muitos os incentivos para que o capital-dinheiro simplesmente se furte de investir na valorização, em particular quando a taxa de lucro é baixa ou as dinâmicas trabalhistas são atribuladas. A esperança é que deixar de investir nesses setores venha a criar escassez suficiente para elevar preços e taxas de lucro, estimulando o capital-dinheiro a escoar de volta para a valorização. Mas, no meio dessa movimentação especulativa, surgem fundos *hedge* e de participação privada que lucram diretamente com todo e qualquer tipo de movimento do mercado, subidas ou descidas, bruscas ou não. A justificativa que dão para as suas atividades é que elas ajudam os mercados a equilibrar de maneira mais eficiente a oferta e a demanda; no entanto, quando são bem-sucedidas (o que geralmente é o caso), elas fazem isso sugando vastos ganhos monetários da circulação do capital em geral. A tendência de Marx de recorrer a imagens de vampiros em seus textos parece tão apropriada aqui como o é para se referir à esfera da produção.

Marx tinha de fato algumas coisas relevantes a dizer sobre a circulação de capital portador de juros, mesmo em sua época. Com o capital portador de juros, escreveu, o "capital aparece como fonte misteriosa e autocriadora [...] de seu próprio incremento". É aqui que a relação do capital produz "em toda sua pureza esse fetiche automático do valor que se valoriza a si mesmo, do dinheiro que gera dinheiro". "Aqui se completam a forma fetichista do capital e a ideia do fetichismo do capital." Trata-se da "mistificação capitalista em sua forma mais descarada"[44]. Essa é a grande traição do valor por meio de sua monetização. Esse é o ápice da distorção que o dinheiro inflige à forma-valor, que ele supostamente deveria representar.

Os efeitos são muito mais profundos do que apenas a espuma superficial da atividade especulativa em mercados instáveis. Marx não sabia muito bem como avaliar as transformações institucionais que acompanharam a crescente centralização

---

[44] Ibidem, p. 442.

dos fluxos de capital no interior do sistema financeiro. O surgimento de empresas de capital aberto e de instituições bancárias de relativamente grande porte nos anos 1860 indicava uma ruptura entre a posse e a gestão das empresas. Admirador que era das ideias associacionistas de Henri de Saint-Simon, Marx procurou em vão uma consequência progressista da associação de capitais e chegou a sugerir que isso poderia significar "a suprassunção do modo de produção capitalista no interior do próprio modo de produção capitalista". Tratava-se, portanto, de uma mera "fase de transição para uma nova forma de produção"[45]. Mas, à luz da mobilização contrarrevolucionária das ideias saint-simonianas na Paris do Segundo Império, incorporando a construção de novas instituições de crédito e patrocínio estatal de megaprojetos capitalistas, Marx logo mudou de opinião.

> Em certas esferas, [o sistema de crédito] estabelece o monopólio e, com isso, provoca a ingerência estatal. Produz uma nova aristocracia financeira, uma nova classe de parasitas sob a forma de projetistas, fundadores e diretores meramente nominais; todo um sistema de especulação e de fraude no que diz respeito à fundação de sociedades por ações e ao lançamento e comércio de ações. É produção privada, sem o controle da propriedade privada.[46]

Não apenas o capital foi redefinido como "comando sobre o dinheiro dos outros", como também criou um espaço totalmente fora do controle das relações de valor.

> Desaparecem aqui todas as bases explicativas mais ou menos justificadas no interior do modo de produção capitalista. O que o comerciante atacadista especulador arrisca é a propriedade social, e não a *sua própria*. Não menos absurda torna-se a frase segundo a qual o capital tem origem na poupança, pois o que esse especulador exige é justamente que *outros poupem para ele*.[47]

Daí a eterna pressão para transformar o Sistema de Seguridade Social dos Estados Unidos, baseado na repartição simples [*pay as you go*], em fundos de pensão do mercado de ações!! Os efeitos certamente não seriam benignos nem nos tempos de Marx.

> Ideias que numa fase menos desenvolvida da produção ainda podiam ter algum sentido agora perdem toda sua razão de ser. Os triunfos e os fracassos levam aqui simultaneamente

---

[45] Ibidem, p. 496.
[46] Idem.
[47] Ibidem, p. 497.

à centralização dos capitais e, portanto, à expropriação na escala mais alta. A expropriação se estende, então, desde os produtores diretos até os próprios capitalistas pequenos e médios. Tal expropriação forma o ponto de partida do modo de produção capitalista [...]. No interior do próprio sistema capitalista, porém, essa expropriação se apresenta como figura antagônica, como apropriação da propriedade social por poucos, e o crédito confere a esses poucos indivíduos cada vez mais o caráter de simples aventureiros.[48]

A economia da expropriação e da acumulação por espoliação entra nesse quadro de maneira disruptiva, orquestrada por meio do sistema de dívida e crédito, apenas para se intensificar à medida que aumentam as dificuldades dos caminhos convencionais da acumulação de capital, como tem ocorrido desde a década de 1970. Marx percebeu claramente que, de todos os futuros perigos que a reprodução do capital enfrentava, esse provavelmente se revelaria fatal. E a ironia é que a contradição central nesse caso não se dá entre o capital e o trabalho: reside na relação antagonista entre as diferentes facções de capital.

---

[48] Ibidem, p. 498.

4. Antivalor: a teoria da desvalorização

As linhas finais do primeiro item do primeiro capítulo do Livro I d'*O capital* enunciam: "nenhuma coisa pode ser valor sem ser objeto de uso. Se ela é inútil, também o é o trabalho nela contido, não conta como trabalho e não cria, por isso, nenhum valor"[1]. Com essa afirmação incisiva, Marx introduz a ideia de que a circulação de capital é vulnerável, pode sofrer uma interrupção abrupta; e de que, nessa circulação, há sempre a ameaça da desvalorização, de perda de valor. Ademais, o valor dos meios de produção incorporado na mercadoria também se perde com a parte do valor acrescida pelo trabalho. A transição da forma-mercadoria para a representação monetária do valor é uma passagem cheia de perigos.

Ao longo do Livro I, como vimos, Marx deixa de lado questões de realização para se concentrar no processo de produção de mercadorias materiais e mais-valor. Ele sabe muito bem, é claro, que a "circulação de capital é *realizadora de valor*, assim como o trabalho vivo é *criador de valor*"[2]. A unidade que necessariamente prevalece entre a produção e a realização é, entretanto, uma "unidade contraditória". Daí a advertência logo no início do Livro I: "a mercadoria ama o dinheiro, mas '*the course of true love never does run smooth*' [em tempo algum teve um tranquilo curso o verdadeiro amor]*"[3].

Seria de fato estranho que alguém como Marx formulasse um conceito-chave como o valor sem incorporar em seu interior a possibilidade de sua negação. Certas leituras de Marx dão muito peso à influência da "negação da negação" hegeliana em seu pensamento. Ele certamente não era contra "flertar" (como ele mesmo disse)

---

[1] Karl Marx, *O capital*, Livro I, cit., p. 119.
[2] Idem, *Grundrisse*, cit., p. 448.
* Referência à fala de Lisandro em William Shakespeare, "Sonho de uma noite de verão", em *Comédias* (tra. Carlos Alberto Nunes, Rio de Janeiro, Agir, 2008), ato I, cena 1. (N. E.)
[3] Idem, *O capital*, Livro I, cit., p. 181.

com as formulações hegelianas. A mente burguesa da época, assim como hoje, considerava a dialética um "escândalo", um "horror", porque a dialética "inclui, ao mesmo tempo, a intelecção de sua negação, de seu necessário perecimento. Além disso, apreende toda forma desenvolvida no fluxo do movimento, portanto, incluindo o seu lado transitório"[4].

O valor em Marx existe apenas em relação ao antivalor. Embora essa formulação possa soar estranha, vale lembrar que os físicos de hoje se respaldam na relação entre matéria e antimatéria para interpretar processos físicos fundamentais. Marx cita com frequência paralelos entre seus esquemas teóricos e aqueles encontrados nas ciências naturais. Se essa analogia estivesse disponível na época, ele provavelmente se teria valido dela. As leis evolutivas do capital repousam sobre o desdobramento da relação entre valor e antivalor de maneira semelhante à forma como as leis da física repousam sobre as relações entre matéria e antimatéria. Essa oposição existe até mesmo no ato de troca, na medida em que uma mercadoria precisa ser valor de uso para o comprador e um não valor de uso para o vendedor. Ou, como Marx afirma mais filosoficamente nos *Grundrisse*: "Como constitui a base do capital e, portanto, necessariamente só existe por meio da troca por *equivalente*, o valor repele necessariamente a si mesmo [...]. A repulsão recíproca dos capitais já está contida no capital como valor de troca realizado"[5].

Não há nada místico nem obscuro na negação do valor no momento da realização. Todos os capitalistas sabem que o sucesso de sua empreitada só está garantido quando a mercadoria foi vendida por um valor monetário mais elevado do que aquele gasto com salários e meios de produção. Se não conseguirem isso, deixam de ser capitalistas. O valor que imaginavam ter após colocar trabalhadores assalariados para fabricar uma mercadoria não se materializaria. Mas o conceito de antivalor tem um papel mais onipresente do que esse. No mundo de Marx, o antivalor não é um acidente infeliz, o resultado de um erro de cálculo, e sim uma caraterística intrínseca e profunda da própria natureza do capital: "se por meio do processo de produção o capital é reproduzido como valor e valor novo, ele é ao mesmo tempo posto como *não valor*, como algo que primeiro tem de *ser valorizado pela troca*"[6]. Tanto a perspectiva quanto a realidade do antivalor estão sempre lá. O antivalor precisa ser superado – resgatado, por assim dizer – para que a produção de valor sobreviva às fainas da circulação.

O capital é valor em movimento, e uma pausa ou redução na velocidade desse movimento, por qualquer razão que seja, significa uma perda de valor, que pode

---

[4] Ibidem, p. 91; Fred Moseley e Tony Smith (orgs.), *Marx's Capital and Hegel's Logic: A Reexamination* (Chicago, Haymarket, 2015).
[5] Karl Marx, *Grundrisse*, cit., p. 345.
[6] Ibidem, p. 328.

ser ressuscitada em parte ou *in toto* somente quando o movimento do capital é retomado. Quando o capital assume uma "figura particular" – como um processo de produção, um produto à espera de ser vendido, uma mercadoria circulando nas mãos de capitalistas comerciais ou dinheiro à espera de ser transferido ou reinvestido –, o capital é "potencialmente desvalorizado". Capital "em repouso" em qualquer um desses estados é denominado de várias maneiras: "negado", "em pousio", "dormente" ou "fixado". Ou: "Enquanto permanece fixado em sua figura de produto acabado, o capital não pode atuar como capital, é capital negado". Essa "desvalorização potencial" é superada ou "suspensa" tão logo o capital retoma seu movimento. Fica claro a partir dessa colagem de afirmações de Marx que ele não considerava o antivalor uma ameaça externa "pairando" sobre o valor em movimento, mas sim uma força permanentemente disruptiva nas próprias entranhas da circulação do capital[7].

A vantagem de conceber a desvalorização como um momento necessário do processo de valorização é nos permitir enxergar imediatamente a possibilidade de uma desvalorização geral do capital – uma crise. Qualquer falha na manutenção da velocidade de circulação do capital nas diversas fases de produção, realização e distribuição produzirá dificuldades e transtornos. Somos obrigados a reconhecer a importância da continuidade e da velocidade constante. Qualquer desaceleração do valor em movimento acarreta uma perda de valor. Inversamente, acelerar o tempo de rotação do capital é um elemento fundamental para alavancar a produção de valor. Essa é uma das principais conclusões implícitas no Livro II d'*O capital*. São esses elementos, no entanto, que o pressuposto do Livro I, de que tudo é trocado por seu valor, evita. Há crise se os estoques se amontoam, se o dinheiro permanece ocioso por mais tempo do que o estritamente necessário, se mais estoques ficarem muito tempo parados durante a produção, e assim por diante. A "crise ocorre não apenas porque uma mercadoria é invendável, mas porque ela não é vendável em determinado intervalo de tempo"[8]. Esse mesmo princípio se aplica com igual força ao tempo de trabalho despendido na produção: se as fábricas coreanas conseguem produzir um carro na metade do tempo das fábricas de Detroit, então o tempo a mais despendido nestas últimas não conta para nada.

> Enquanto persiste no processo de produção, [o capital] não é capaz de circular; e [é] potencialmente desvalorizado. Enquanto persiste na circulação, não é capaz de produzir [...]. Enquanto não pode ser lançado no mercado, é fixado como produto; enquanto

---

[7] Karl Marx, *Grundrisse*, cit., p. 518-9, 451, 628, 699. Ver também David Harvey, *Os limites do capital* (trad. Magda Lopes, São Paulo, Boitempo, 2014).

[8] Karl Marx, *Theories of Surplus Value*, Part 2 (Londres, Lawrence and Wishart, 1969), p. 514.

tem de permanecer no mercado, é fixado como mercadoria. Enquanto não pode ser trocado pelas condições de produção, é fixado como dinheiro.[9]

Os capitalistas estão presos, portanto, em uma perpétua batalha não apenas para produzir valores mas para combater sua potencial negação. A passagem da produção à realização é um ponto-chave na circulação do capital em geral, onde a batalha é magnificamente travada.

Que circunstâncias poderiam impossibilitar a realização do valor no mercado? Para começar, se ninguém quiser, precisar ou desejar um valor de uso em particular, oferecido em determinado lugar e momento, isso significa que o produto não possui valor[10]. Não é nem sequer digno de ser chamado de mercadoria. Compradores em potencial também precisam ter uma quantidade suficiente de dinheiro para pagar pelo valor de uso em questão. Se uma dessas duas condições não se cumprir, o resultado é valor nulo. Adiante examinaremos de maneira mais detalhada por que essas duas condições podem não se cumprir. Mas, de modo geral, a produção e a gestão de novas vontades, necessidades e desejos é algo que tem um enorme impacto na história do capitalismo, transformando aquilo que se costuma chamar de natureza humana em algo necessariamente mutável e maleável, ao invés de constante e dado. O capital mexe com nossa cabeça e nossos desejos.

Mas há um elemento de grande interesse no momento da realização. A relação social fundamental envolvida na realização se dá entre compradores e vendedores. Até mesmo o trabalhador mais humilde entra no mercado com o sagrado direito de escolha do consumidor[11]. Isso é muito diferente da relação capital-trabalho que impera no processo de valorização. É certo que o encontro entre capital e trabalho no mercado é um encontro em que as leis da troca mercantil se aplicam formalmente (embora o capital tenha poder sobre as condições tanto de oferta quanto de demanda da força de trabalho por meio das transformações tecnológicas e da produção de um exército industrial de reserva). Mas, no caso da valorização, o que importa é o que ocorre na esfera oculta da produção – a relação de classe entre capital e trabalho conforme experimentada no processo de trabalho. Não há nada equivalente no processo de realização. Neste último, os compradores de mercadorias (não importa de qual classe) exercem determinado grau de escolha de consumidor (seja individual, seja coletiva). Embora seja verdade que as vontades, as necessidades e os desejos dos

---

[9] Idem, *Grundrisse*, cit., p. 519.
[10] Idem, *O capital*, Livro I, cit.; *Grundrisse*, cit.
[11] Idem, *O capital*, Livro II, cit.; "The Results of the Immediate Process of Production", em *Capital: A Critique of Political Economy*, Volume 1 (Londres, New Left Review, 1976), p. 1.033 [ed. bras.: *O capital, Livro I, capítulo VI (inédito)*, São Paulo, Livraria Editora Ciências Humanas, 1978].

consumidores são manipulados de todas as formas, diretas e indiretas, para que se conformem aos padrões do "consumo racional" definido pelo capital, sempre houve grupos e às vezes movimentos sociais inteiros que resistiram a tais artimanhas. As escolhas coletivas podem ser exercidas de várias maneiras, inclusive por meio de políticas de Estado no que diz respeito a benefícios sociais obtidos por pressão de movimentos políticos de longa data. Há resistências morais, políticas, estéticas, religiosas e até filosóficas. Em alguns casos, a resistência é à própria ideia de mercadorização e restrição de acesso a bens e serviços básicos (como educação, saúde e água potável) por meio de mecanismos de mercado. Muitos consideram tais bens direitos humanos básicos, jamais mercadorias que podem ser compradas e vendidas. O antivalor que surge de panes e falhas técnicas na circulação do capital se metamorfoseia em antivalor ativo da resistência política à privatização e à mercadorização.

O antivalor define desse modo um campo ativo de luta anticapitalista. Boicotes de consumidores, embora raramente bem-sucedidos, são um sinal desse tipo de ação política, mas todos os movimentos contra o consumismo conspícuo ou compensatório constituem uma ameaça política à realização. Os capitalistas precisam se organizar para conter essa ameaça. Mas a existência de múltiplas lutas e disputas em torno da política de realização é inegável. Lutas, resistências e agitações organizadas em torno de questões relativas à vida cotidiana são lugar-comum, independentemente de serem explicitamente anticapitalistas ou não. Marx não chega a analisar essas questões. Apenas as assinala de passagem. Mas aqui é evidente a virtude do quadro geral que ele constrói para representar a circulação do capital.

O valor realizado pode permanecer capital somente se circular de volta para a produção e for "valorizado" por meio da aplicação do trabalho na produção. É nesse momento da valorização – quando o dinheiro retorna para refinanciar o processo de trabalho – que o capital encontra outra ameaça persistente de negação ativa, na figura do trabalhador alienado e recalcitrante. A classe trabalhadora (como quer que seja definida) é a corporificação do antivalor. É com base nessa concepção de trabalho alienado que Tronti, Negri e os autonomistas italianos constroem sua teoria de luta de classes e resistência do trabalho no ponto da produção[12]. A recusa de trabalhar é o antivalor personificado. Essa luta de classes ocorre na esfera oculta da produção. Implica uma política um tanto diferente em relação à política entre compradores e vendedores que impera no momento da realização. Ao produzir mais-valor, o trabalhador produz capital e reproduz o capitalista. Ao recusar-se a trabalhar, o trabalhador se recusa a ambas as coisas.

---

[12] Mario Tronti, "Our Operaismo", *New Left Review*, 73, 2012; Antonio Negri, *Marx além de Marx: ciência da crise e da subversão. Caderno de trabalho sobre os Grundrisse* (São Paulo, Autonomia Literária, 2016).

Da mesma maneira que Marx evoca a ideia de uma unidade contraditória entre a produção e a realização do ponto de vista da acumulação contínua de capital, há uma necessidade paralela de que os movimentos anticapitalistas reconheçam a unidade contraditória entre as lutas em torno da produção e as lutas travadas em torno da realização. Na superfície, a política da realização tem uma estrutura social e uma forma organizacional muito diferente daquela da valorização. Por esse motivo, a esquerda as trata com frequência como duas lutas completamente separadas, dando prioridade às travadas em torno da valorização. No entanto, essas duas modalidades de luta são subsumidas no interior da lógica e do dinamismo gerais da circulação do capital como totalidade. Assim sendo, por que sua unidade contraditória não deveria ser reconhecida e abordada por movimentos anticapitalistas?

O estudo dessa unidade contraditória revela muito sobre as contradições que surgirão em qualquer ordem pós-capitalista em que o trabalho social – o trabalho que fazemos para os outros – seja uma característica fundamental. Qualquer sociedade anticapitalista terá de surgir do útero do capitalismo contemporâneo, a partir daquele mundo em que, como diz Marx, tudo está "prenhe de seu oposto"[13]. Na medida em que toda economia se reduz à economia de tempo[14]:

> posteriormente à abolição do modo de produção capitalista, porém mantendo-se a produção social, continuará a predominar a determinação do valor no sentido de que a regulação do tempo de serviço e a distribuição do trabalho social entre os diferentes grupos de produção – e, por último, a contabilidade relativa a isso – se tornarão mais essenciais do que nunca.[15]

Isso ocorreria, por exemplo, se trabalhadores associados, no comando de seus próprios processos de trabalho e meios de produção, coordenassem suas capacidades com as dos outros, satisfazendo suas vontades, necessidades e desejos com a ajuda desses outros. Há uma perpétua disputa nos textos de Marx entre o que o valor é e o que ele pode vir a ser em um mundo anticapitalista[16]. O objetivo, parece-me, não é abolir o valor (embora haja quem prefira colocá-lo desse modo), mas transformar seu conteúdo e significado. E, nessa disputa, o antivalor é constantemente invocado. Nesse sentido, o antivalor constitui o solo subterrâneo do qual o anticapitalismo pode florescer, tanto na teoria quanto na prática.

---

[13] Karl Marx, "The Civil War in France", em Robert C. Tucker, *The Marx-Engels Reader* (2. ed., Nova York, Norton, 1978), p. 636.
[14] Idem, *Grundrisse*, cit., p. 119.
[15] Idem, *O capital*, Livro III, cit. p. 914.
[16] Ver George Henderson, *Value in Marx*, cit.

Embora Marx tenha toda a razão em considerar a luta contra o capital na esfera oculta da produção uma modalidade diferente e, portanto, com um significado político mais profundo do que as lutas na esfera do mercado, fica claro agora que a produção não é o único lugar em que o antivalor tem importância. O valor e o antivalor se relacionam de diversas maneiras na circulação do capital. O papel do antivalor nem sempre é de oposição. Ele também possui um papel-chave na definição e garantia do futuro do capital. A luta contra o antivalor mantém o capital sempre alerta, por assim dizer. A necessidade de resgatar o antivalor é uma grande força propulsora em direção à produção de valor.

A ECONOMIA DO ENDIVIDAMENTO

Isso nos traz ao estudo do papel da dívida como forma crucial de antivalor. As questões que Marx levanta são como e por que surge o endividamento e qual seria seu papel em um modo de produção capitalista em perfeito funcionamento. Consideremos o caso de investimentos de longo prazo em capital fixo. O capital é usado para adquirir uma máquina, que possui uma vida útil relativamente longa. A proporção do valor da máquina que é recebida de volta a cada ano ao longo de sua vida útil precisa ser entesourada (economizada) para que uma nova máquina seja adquirida e possa substituí-la depois do fim de sua vida útil. O dinheiro entesourado, entretanto, é capital morto e desvalorizado. Antivalor, na forma de capital negado, acumula-se anualmente até atingir a quantia de dinheiro necessária para se adquirir uma nova máquina no momento certo[17]. As economias feitas por consumidores para comprar itens caros como carros e casas são estruturadas de maneira semelhante. Grandes quantidades de capital morto (ou de economias em pousio debaixo do colchão, no caso dos consumidores) são acumuladas. A acumulação de economias monetárias entesouradas aumenta com a mecanização crescente e o consumo crescente de bens duráveis. O sistema de crédito vem como resgate. O dinheiro entesourado para qualquer finalidade pode ser depositado em um banco e emprestado para outros capitalistas em troca de juros. O capitalista industrial tem escolha: ele pode contrair um empréstimo para adquirir uma máquina e quitar a dívida em prestações ao longo da vida útil dessa máquina, ou pode comprar a máquina à vista e aplicar a depreciação anual no mercado de dinheiro para render juros até que seja necessário substituir a máquina.

Em ambos os casos, o dinheiro emprestado – a dívida contraída – torna-se uma forma de antivalor que circula no sistema de crédito como capital portador

---

[17] Karl Marx, *O capital*, Livro II, cap. 8.

de juros. O comércio de títulos de dívida torna-se um elemento ativo no sistema financeiro. Isso cria maior liquidez e ajuda a contornar os entraves à circulação contínua que são criados por capitais com tempos de rotação radicalmente diferentes. O dinheiro pode continuar a circular suavemente, ainda que a produção de mercadorias seja desajeitadamente irregular e frequentemente descontínua. É isso o que faz do sistema de crédito um elemento tão especial em um modo de produção capitalista, diferenciando-o de todas as construções anteriores. "A contraposição entre tempo de trabalho e tempo de circulação contém toda a teoria do crédito", assinala Marx. "A antecipação dos frutos futuros do trabalho não é de forma alguma [...] uma consequência das dívidas do Estado etc., em suma, não é nenhuma invenção do sistema de crédito. *Ela tem sua raiz no modo específico de valorização, de rotação, de reprodução do capital fixo*."[18] O sistema de crédito se forma na circulação do capital. Ele não é imposto de fora.

O papel imediato da intervenção do crédito é ressuscitar o capital-dinheiro entesourado, portanto "morto", e tonar a pô-lo em movimento. Mas a dívida é uma reivindicação sobre a futura produção de valor que só pode ser efetivamente resgatada pela produção de valor. Se a futura produção de valor for insuficiente para resgatar a dívida, há uma crise. Colisões entre valor e antivalor provocam crises monetárias e financeiras periódicas. A longo prazo, o capital tem de enfrentar reivindicações cada vez maiores sobre os valores futuros para resgatar o antivalor que se acumula na economia da dívida e do sistema de crédito. Ao invés de uma acumulação de valores e de riqueza, o capital produz uma acumulação de dívidas que precisam ser resgatadas. O futuro da produção de valor é comprometido.

O antivalor da dívida torna-se um dos principais estímulos e alavancas para garantir a futura produção de valor e mais-valor. A visão tradicional e convencional acerca da origem da energia que move a circulação de capital é sempre a de que ela vem da busca de capitalistas individuais pelo lucro (ganância). Decerto, a figura do pequeno empresário ou do bravo empreendedor amarrado pelas regulações do governo surge com frequência como a imagem heroica daquilo que supostamente faz do capitalismo um sistema tão dinâmico. Essa evocação é provavelmente muito mais uma máscara retórica do que uma realidade. Mas a busca por maximizar o lucro não leva à maximização da produção de mais-valor. Os indicadores de lucro são enganosos, se não pura e simplesmente errados. Marx mostra que segui-los pode conduzir a quedas na taxa de lucro e a crises. Duas soluções emergem aqui: a centralização do capital em grandes corporações para reduzir a concorrência e/ou intervenções estatais para incentivar a acumulação pela criação de demanda efetiva e manipulação das condições de realização. O financiamento por venda de títulos

---

[18] Idem, *Grundrisse*, cit., p. 552 e 612.

de dívida, estatal e privada, torna-se um importante meio de sustentar a continuidade da produção de valor. Foi o que ocorreu entre 1945 e 1980 em boa parte do mundo capitalista. O capitalismo competitivo cedeu terreno ao capitalismo monopolista estatal, e políticas estatais keynesianas criaram incentivos ao mercado em linhas bastante diferentes, focando a demanda efetiva agregada financiada por endividamento. Esse sistema enfrentou duas dificuldades. Em primeiro lugar, segmentos importantes da classe trabalhadora se fortaleceram, e os sentimentos anticapitalista e antivalor se tornaram evidentes no decorrer dos anos 1960. Em segundo lugar, a mudança para uma dependência cada vez maior de financiamentos baseados em endividamento significou um aumento do poder do antivalor com o crescimento dos fluxos de capital portador de juros no processo de circulação de capital. O efeito foi o de selar de antemão boa parte do futuro da produção de valor e comprometer alternativas, a não ser que uma grande ruptura abra uma brecha para anular a dívida por meio de um calote. Daí a crise da dívida que se criou a partir de meados dos anos 1970 (iniciada com a falência técnica da cidade de Nova York em 1975 e proliferando para a crise mundial da dívida, que vem se desenrolando desde 1982, com o México).

A valorização, a realização e a distribuição sempre estiveram em jogo como "momentos" (como Marx gostava de denominá-los) independentes, mas interligados no interior da totalidade da circulação do capital. A importância relativa desses momentos tem mudado, porém, conforme as circunstâncias. A mobilização maciça de antivalor no sistema financeiro para assegurar a produção futura de valor é algo relativamente novo. Houve também mudanças geográficas. Até muito recentemente, a acumulação de capital na China era dominada por investimentos estatais no consumo produtivo (infraestruturas físicas), mas está em curso uma transformação dramática, que pode levar à liberação do sistema financeiro. Transformações desse tipo colocam problemas para a oposição anticapitalista. Torna-se cada vez mais difícil dar rosto ao inimigo de classe, à medida que os tentáculos do endividamento se espalham, envolvendo qualquer um que tenha um cartão de crédito em mãos.

Inicialmente o capital criou o endividamento como antivalor para solucionar problemas específicos, como o perigo do entesouramento excessivo quando se lida com diferentes tempos de rotação do capital em diferentes indústrias. O poder do antivalor foi usado para liberar todo o valor dormente e garantir a continuidade tanto quanto fosse possível.

> Esse impulso absoluto de enriquecimento, essa caça apaixonada ao valor é comum ao capitalista e ao entesourador, mas, enquanto o entesourador é apenas o capitalista insano, o capitalista é o entesourador racional. O aumento incessante do valor, objetivo que

o entesourador procura atingir conservando seu dinheiro fora da circulação, é atingido pelo capitalista, que, mais inteligente, lança sempre o dinheiro de novo em circulação.[19]

E isso ele só pode realizar se houver um sistema de crédito ativo e um mercado de dinheiro aberto. Marx toca levemente nesse problema no Livro I d'*O capital*: "O papel de credor ou devedor resulta [...] da circulação simples de mercadorias". Essa relação está implícita na troca mercantil. Logo em seguida, porém, Marx faz uma alusão sinistra ao fato de que esse papel "reflete aqui apenas o antagonismo entre condições econômicas de existência mais profundas"[20]. Não fica claro no texto o que seria esse antagonismo mais profundo. Estaria Marx se referindo à dialética oculta da relação entre valor e antivalor? Gosto de pensar que sim.

Relações entre devedores e credores precedem em muito a ascensão do capital como modo de produção dominante. No entanto, a questão para Marx, e para nós, assim como nos casos da renda e do lucro do capital comercial, é compreender como essa relação dívida-crédito é perpetuada e transformada em força motriz do valor em movimento, e com quais consequências para a história do capital. O desenvolvimento da microfinança na Índia, por exemplo, gerou cerca de 12 milhões de indivíduos obrigados a produzir todo valor que puderem para saldar empréstimos. Se não conseguirem liquidá-los, ou se ativamente se recusarem a pagá-los por convicções políticas, seus bens (em geral terrenos e imóveis) sofrem execuções hipotecárias (o famoso truque do *subprime*)[21]. Sobrecarregar com dívidas populações vulneráveis e marginalizadas é, em suma, uma maneira de disciplinar os mutuários para que se tornem trabalhadores produtivos ("produtivo" definido aqui como tudo o que produz valor passível de ser apropriado pelo capital na forma de taxas de juros exorbitantes). Mais perto de nós, as liberdades futuras de estudantes ou proprietários que tomaram empréstimos para pagar seus estudos ou comprar uma casa própria estão seriamente comprometidas. Não é por acaso que essa forma de obter produção de valor surgiu num momento em que o capital enfrenta cada vez mais dificuldades para organizar a produção de valor segundo os meios convencionais. Retornaremos a essa questão na conclusão.

Por outro lado, meu próprio fundo de pensão está investido em dívida com a crença de que essa dívida será paga[22]. Mas, se esse futuro não se materializar, então o valor (fictício) de meu fundo de pensão desaparecerá no buraco negro do anti-

---

[19] Idem, *O capital*, Livro I, cit., p. 229.
[20] Ibidem, p. 208 e 209.
[21] Ananya Roy, *Poverty Capital: Microfinance and the Making of Development* (Nova York, Routledge, 2011).
[22] Robin Blackburn, *Banking on Death: Or Investing in Life* (Londres, Verso, 2004).

valor. Leia sobre a situação dos fundos de pensão no mundo atual e verá uma crise iminente de passivos a descoberto prolongando-se interminavelmente no futuro. As dívidas nacionais se mostram ainda mais intimidantes. Da mesma maneira que indivíduos são controlados por suas dívidas, também os Estados são sujeitados pelo antivalor empunhado pelos seus credores. Há o perigo de que o sistema econômico entre em colapso sob o peso morto do antivalor. O que aconteceu com a Grécia após 2011 é um exemplo em pequena escala disso. Quando a dívida se torna tão grande que não há perspectiva de que a produção futura de valor a resgate, impera a servidão por dívida. Celebramos a Atenas do passado como o berço da democracia. A Atenas de hoje é a epítome da antidemocrática servidão por dívida.

A formação e circulação de capital portador de juros é um efeito da circulação do antivalor. Pode ser estranho pensar nos principais centros financeiros do capitalismo global de hoje, como a City, Wall Street, Frankfurt, Xangai e afins, como centros de criação de antivalor, mas é isso o que de fato representam todas essas usinas de engarrafamento de dívidas que dominam o horizonte dessas cidades globais. O perigo, que Marx aponta em seus escritos sobre a formação dos bancos, das finanças e do capital fictício, é que o capital se degenere a ponto de se tornar um enorme esquema Ponzi, em que dívidas do ano anterior são quitadas com empréstimos ainda maiores contraídos no ano presente. Os bancos centrais estão criando quantidades de dinheiro novo suficientes para sustentar valores de ativos e ações na bolsa em benefício de uma oligarquia no aqui e no agora. E isso, por sua vez, cria um problema para o banco central: como liquidar as dívidas acumuladas em seu balanço? O cenário de crescente desigualdade social que Marx descreveu na conclusão do Livro I d'*O capital* se agravará ainda mais, embora provocado por outros mecanismos de exclusão e manipulação financeira. Os ricos enriquecem cada vez mais com manipulações financeiras, enquanto os pobres empobrecem cada vez mais pela necessidade de pagar suas dívidas (e isso vale para empréstimos tanto individuais quanto coletivos e estatais). Enquanto isso, a valorização parece estar completamente em segundo plano, relegada a ser enfrentada pelos países mais pobres do planeta.

O conceito de antivalor encontra seu apogeu nas desvalorizações maciças que ocorrem no momento das grandes crises. No Livro I d'*O capital*, Marx fornece um exemplo concreto de como isso funciona. Ele contesta a Lei de Say (aceita por Ricardo), que afirma que, na medida em que cada venda implica uma compra, segue-se que vendas e compras devem estar sempre em equilíbrio. Aceitar essa "lei" implica afirmar a impossibilidade da ocorrência de crises gerais[23]. Isso valeria em uma economia de escambo pura. Já em uma economia monetizada, a circulação

---

[23] Karl Marx, *O capital*, Livro I, cit.

toma a forma de mercadoria, dinheiro, mercadoria e volta novamente. Não há nada que leve alguém que vendeu uma mercadoria por dinheiro a usar imediatamente esse dinheiro para adquirir outra mercadoria. Se todos os agentes econômicos decidirem por alguma razão (por exemplo, no caso de uma falência generalizada da crença no sistema) reter e poupar dinheiro, a circulação cessa e a economia entra em colapso, na medida em que o valor é negado. É o que Keynes denominou posteriormente a "armadilha da liquidez". O antivalor prevalece sobre o valor, porque o valor só pode permanecer como tal se estiver em movimento contínuo. A perda cumulativa (desvalorização) do valor dos ativos nos Estados Unidos na crise de 2007-2008 foi da ordem de 15 trilhões de dólares (quase o valor de mercado do saldo total de bens e serviços em um ano).

A importância do emparelhamento entre valor e antivalor no pensamento de Marx, quando não é ignorada, recebe pouca atenção em apresentações sobre o assunto. No entanto, uma formulação dialética baseada na negação do valor (formulação que as correntes econômicas clássica e neoclássica, dadas suas inclinações positivistas, não têm como apreender) é fundamental para compreender a tendência do capital à crise. Até que ponto o próprio Marx compreendeu todas as implicações disso é uma questão interessante. A investigação extensa, e muitas vezes confusa, do sistema financeiro inglês no Livro III mostra que ele compreendia muito bem que "uma acumulação de capital-dinheiro de modo geral não significa nada mais do que uma acumulação de [...] reivindicações à produção"[24]. Banco e crédito estavam se tornando o "meio mais poderoso de impulsionar a produção capitalista para além de seus próprios limites", e também "um dos mais eficazes promotores das crises e da fraude"[25]. Uma acumulação irrestrita de capital fictício poderia implicar que se apaga "até o último rastro toda a conexão com o processo real de valorização do capital". O efeito seria o de reforçar a ilusão "do capital como um autômato que se valoriza por si mesmo"[26]. Deposito dinheiro em uma caderneta de poupança e ele gera juros de maneira exponencial. Parece mágico. Não faço nada e ele aumenta!! Mas agora parece que toda a economia deveria crescer dessa maneira. Não é à toa que Marx considerava o sistema financeiro o ápice das tendências fetichistas do capitalismo.

O sistema de crédito é uma "forma imanente do modo de produção capitalista" e um dos poderes-chave que movem a acumulação infindável de capital.

> [A] valorização do capital, baseada no caráter antagônico da produção capitalista, só consente até certo ponto em seu desenvolvimento real, livre, pois na realidade constitui

---

[24] Fred Moseley, *Marx's Economic Manuscript of 1864-1865* (Chicago, Haymarket, 2017), p. 560.
[25] Idem, *O capital*, Livro III, cit., p. 669.
[26] Ibidem, p. 526.

um entrave e um limite imanentes à produção, que são constantemente rompidos pelo sistema de crédito. Por conseguinte, o crédito acelera o desenvolvimento material das forças produtivas e a instauração do mercado mundial [...]. O crédito acelera ao mesmo tempo as erupções violentas dessa contradição, as crises e, com elas, os elementos da dissolução do antigo modo de produção.
Tais são as duas características intrínsecas ao sistema de crédito: por um lado, ele desenvolve a mola propulsora da produção capitalista, o enriquecimento mediante a exploração do trabalho alheio, até convertê-la no mais puro e colossal sistema de jogo e fraude e limitar cada vez mais o número dos poucos indivíduos que exploram a riqueza social; por outro lado, estabelece a forma de transição para um novo modo de produção. É essa duplicidade que confere aos principais porta-vozes do crédito [...] o agradável caráter híbrido de vigaristas e profetas.[27]

Infelizmente, os "mestres do universo" da atualidade, como frequentemente são denominados os operadores de Wall Street, têm se saído muito melhor como vigaristas, ainda que cultivem a arte da falsa profecia para justificar suas vigarices. E, lamentavelmente, há poucos sinais de que a evolução do sistema de crédito e o poder nitidamente crescente da circulação do capital portador de juros de ditar futuros constituam um trampolim para o aparecimento de um novo modo de produção. De fato, o imaginário que nos resta é o de uma manada de investidores instavelmente gananciosos, com bolsos suficientemente fundos para subornar quase qualquer oposição séria, empurrando goela abaixo do resto do mundo uma dieta indigesta de dinheiro de crédito.

Por que os financistas deveriam celebrar as irrupções violentas de crises? À primeira vista, isso parece um contrassenso. Mas, quando se trata da circulação de antivalor, a crise é um momento de triunfo para as forças do antivalor, ainda que cause desespero em todos os envolvidos na produção e realização do valor. "Em uma crise", disse o banqueiro Andrew Mellon na década de 1920, "os ativos retornam a seus devidos proprietários", isto é, a ele[28]. Normalmente as crises deixam em seu alvorecer uma massa de ativos desvalorizados que podem ser comprados a preço de banana por quem tem dinheiro (ou contatos privilegiados) para pagar por eles. Foi o que aconteceu em 1997-1998 na Ásia oriental e no Sudeste Asiático. Empresas perfeitamente viáveis foram obrigadas a declarar falência por falta de liquidez, foram compradas por bancos estrangeiros e vendidas de volta alguns anos depois com um enorme lucro.

---

[27] Ibidem, p. 666, p. 499-50.
[28] Robert Wade e Frank Veneroso, "The Asian Crisis: The High Debt Model versus the Wall Street-Treasury-IMF Complex", *New Left Review*, v. 228, 1998, p. 3-232.

Nas crises, Marx evoca a possibilidade de: (1) *destruição* física e degradação dos valores de uso; (2) *depreciação* monetária forçada dos valores de troca; e (3) uma *desvalorização* concomitante dos valores como única maneira "racional" de superar a irracionalidade da superacumulação[29]. Repare na linguagem. Cada uma das formas envolvidas – valor de uso, valor de troca e valor – é sujeita a uma forma específica de negação, e uma forma não implica automaticamente a outra. A desvalorização e a depreciação dos valores de troca não significam necessariamente a destruição física dos valores de uso. Estes últimos podem se tornar recursos gratuitos para se reavivar a acumulação capitalista. Essa é uma das maneiras pelas quais o antivalor funciona para restaurar as condições da produção de valor. Um sistema metroviário foi à falência (desvalorizando o metrô e depreciando o capital dos investidores) e deixou para trás o valor de uso dos túneis – que ainda usamos quando nos deslocamos pelo metrô de Londres. A depreciação dos valores da moradia na crise de 2007-2008 nos Estados Unidos deixou um imenso estoque de valores de uso imobiliários que fundos de participações e fundos *hedge* puderam adquirir em massa por uma mixaria e aproveitar de maneira rentável. Marx tinha plena consciência de tais possibilidades. Ele comenta como o capital "faz *investimentos* que não são rentáveis e que só dão lucro quando são *desvalorizados* em um certo grau", daí "os inúmeros empreendimentos em que a primeira *aplicação de capital* é a fundo perdido, em que os primeiros empresários vão à falência – e somente se valorizam em segunda ou terceira mão, em que o capital investido foi reduzido pela *desvalorização*"[30]. Da mesma maneira, uma rápida apreciação de valores de troca (por exemplo, nos mercados fundiário e imobiliário) não implica necessariamente uma elevação de valor e pode não significar uma melhoria substancial dos valores de uso.

O PESO MORTO DO TRABALHO IMPRODUTIVO

A teoria do antivalor precisa abarcar uma gama de atividades que não produzem valor, embora sejam essenciais e necessárias para o funcionamento do capital. Isso nos traz à densa questão do trabalho improdutivo, que foi discutida extensivamente por Adam Smith.

Marx concordava que os trabalhadores empregados na circulação (por exemplo, em *marketing*) não produzem valor (caso contrário, teria de admitir que o valor poderia ser produzido na esfera da troca). No entanto, eles não deixam de ser uma fonte de mais-valor. São como máquinas que não podem produzir valor, mas

---

[29] Karl Marx, *Theories of Surplus Value*, Part 2, cit., p. 495-6.
[30] Idem, *Grundrisse*, cit., p. 438-9. Ver também *O capital*, Livro III, cit., p. 144.

cujo uso pode contribuir para aumentar o mais-valor relativo graças à redução dos custos dos bens salariais, diminuindo assim o valor da força de trabalho e gerando uma maior quantidade de mais-valor para o capitalista. Marx argumenta que as despesas envolvidas na circulação e na administração estatal deveriam ser consideradas deduções da produção de valor e mais-valor[31]. Os custos da circulação no mercado (além dos custos de transporte e logística), sejam eles pagos pelo capitalista industrial, sejam eles pagos pelo capitalista comercial, são considerados deduções necessárias do valor em potencial que já passou pelo processo de produção. O que se consegue economizar dessas despesas de circulação e otimizar nos tempos de circulação culmina, diz Marx, na "redução da negação dos valores criados". Contudo, se menos é deduzido por conta de um aumento da taxa de exploração do trabalho improdutivo, então sobra uma quantidade maior de mais-valor para o capitalista. Atividades improdutivas, porém socialmente necessárias (como contabilidade, comércio varejista, regulação estatal e aparelhos de aplicação da lei) não são inerentemente anticapitalistas.

Mas, se todos tentassem ganhar a vida por esses meios e ninguém se dedicasse à produção, o capital se extinguiria. Prevaleceria o antivalor. A conclusão que se impõe é evidente: a absorção excessiva (em oposição à socialmente necessária) da força de trabalho na circulação (que não produz valor), somada à hiperburocratização, que não produz valor algum (tanto nas empresas como no setor estatal), é uma ameaça à reprodução do capital, mesmo que não seja explicitamente anticapitalista na forma ou na intenção. Essa é uma das maneiras acidentais pelas quais o valor em movimento pode emperrar. Despesas infladas e ineficiências crescentes na circulação, na regulação e no suporte burocrático (inclusive policiamento) podem absorver improdutivamente grandes quantidades de valor. Se, como defendem alguns economistas convencionais, grande parte da economia estadunidense vem se dedicando a atividades "concorridas, mas inúteis", isso funciona como um peso sobre o ritmo de produção e circulação de valor e mais-valor. Essa seria a explicação para a "grande estagnação" do capitalismo contemporâneo, segundo certas hipóteses. É lugar-comum em quase todas as críticas de direita ao Estado que excesso de burocracia e regulação são o grande inimigo das liberdades do mercado e, portanto, do pleno desenvolvimento do capitalismo, que supostamente beneficia a todos. O mais notável feito de Marx foi, é claro, ter demonstrado definitivamente no Livro I d'*O capital* que o capitalismo de livre mercado sem nenhuma regulação não beneficiaria a todos, apenas concentraria cada vez mais riqueza e poder nas mãos do 1% de cima. Mas a crítica de direita tem razão ao enfatizar os efeitos deletérios do apelo excessivo ao trabalho improdutivo sobre a produção e a circulação de valor.

---

[31] Idem, *O capital*, Livro II, cit., cap. 6.

Portanto, poupança e eficiência crescente nos custos necessários da circulação são cruciais, defendia Marx, para que o trabalho improdutivo não se torne um *locus* ainda maior – embora involuntário – de antivalor. Um resultado previsível é que as condições de exploração do trabalho vivo nessas atividades improdutivas podem ser tão cruéis quanto na produção (e em alguns casos até mais).

É difícil definir o limite entre o trabalho improdutivo socialmente necessário e o excessivo. Boa parte do debate político sobre o ambiente regulatório gira em torno justamente da busca de normas adequadas. Nesse ponto, a discussão de Marx sobre a regulação da duração da jornada de trabalho fornece um modelo interessante. A concorrência intercapitalista feroz pelo mais-valor absoluto leva a jornadas e intensidades de trabalho tão grandes que põe em risco a vida, a saúde e a capacidade de trabalhar dos trabalhadores. Portanto, é necessário, até mesmo do ponto de vista do capital, instituir formas coletivas de regulação para estabelecer um limite, por assim dizer, à concorrência para proteger o capital dos efeitos destrutivos, sobre a força de trabalho, de uma concorrência ruinosa. Mas, se o poder organizado do trabalho, aliado a outros interesses, se tornar cada vez mais forte e conseguir restringir dramaticamente a extensão da jornada de trabalho, isso passará a constituir uma ameaça anticapitalista no sentido oposto. A adjudicação entre os direitos do trabalho e os direitos do capital no que diz respeito às horas de trabalho depende do equilíbrio das forças de classe: "Entre direitos iguais, quem decide é a força"[32]. Da mesma maneira, o equilíbrio entre o trabalho produtivo e o trabalho improdutivo, em qualquer formação social capitalista, é definido em função do desenrolar dos processos e lutas sociais e políticas.

A POLÍTICA DIRETA DO ANTIVALOR

Atividades e políticas anticapitalistas, baseadas na elaboração de maneiras alternativas de viver fora da produção e troca de mercadorias, são generalizadas, embora com frequência de pequena escala. Se, como insiste Bertell Ollman, valor é trabalho alienado, segue-se que a busca política de uma existência não alienada implica a negação ativa e consciente da lei capitalista do valor em nossa vida individual e coletiva. A política do antivalor tem várias formas. Economias solidárias e comunidades intencionais, por exemplo, podem tentar garantir sua reprodução para além do alcance da produção de valor[33]. Suas relações de troca, tanto internas quanto externas, não serão necessariamente baseadas em mecanismos de mercado.

---

[32] Idem, *O capital*, Livro I, cit., p. 309.
[33] Peter Hudis, *Marx's Concept of the Alternative to Capitalism*, cit.

Comunas anarquistas, comunidades religiosas e ordens sociais indígenas constituem espaços heterotópicos nos interstícios do sistema capitalista, mas fora do domínio da lei do valor. Há sempre o perigo de que as atividades não produtivas de valor ou sejam apropriadas pelo capital como base para a produção de valor (por exemplo, apropriadas ou tomadas como uma dádiva da natureza humana) ou funcionem como uma espécie de estoque para a reprodução do exército industrial de reserva, constituído por trabalhadores cada vez mais redundantes e descartáveis.

O capital cria espaços para políticas de oposição enquanto circula e se expande. Mobilizando a força da arte, da ciência e da tecnologia, o capital, a despeito de si próprio, cria uma oposição entre a regra do valor como tempo de trabalho socialmente necessário e o tempo de trabalho disponível ou "tempo de não trabalho". A tendência do capital "é sempre, por um lado, *de criar tempo disponível, por outro lado, de convertê-lo em trabalho excedente*. Quando tem muito êxito, o capital sofre de superprodução e, então, o trabalho necessário é interrompido porque não há *trabalho excedente para ser valorizado pelo capital*"[34]. A incapacidade de realizar valor torna-se assim uma barreira insuperável.

> Quanto mais se desenvolve essa contradição, tanto mais se evidencia que o crescimento das forças produtivas não pode ser confinado à apropriação do trabalho excedente alheio, mas que a própria massa de trabalhadores tem de se apropriar do seu trabalho excedente. Tendo-o feito [...], o desenvolvimento da força produtiva social crescerá com tanta rapidez que [...] cresce o *tempo disponível* de todos. Pois a verdadeira riqueza é a força produtiva desenvolvida de todos os indivíduos. Nesse caso, o tempo de trabalho não é mais de forma alguma a medida da riqueza, mas o tempo disponível.[35]

Os trabalhadores podem recuperar aquele senso imensurável de valor que perderam no contrato de trabalho assalariado original (ficcional) com o capital que os condenou a uma existência alienada, em que a valorização do capital é seu destino singular.

Aqui nos deparamos com alguns paradoxos políticos interessantes. A preocupação dos comentários críticos recentes é em grande parte com a incorporação do conhecimento e da ciência, do trabalho doméstico não remunerado e das "dádivas gratuitas da natureza" no cálculo do valor. Afinal, eles não são uma fonte de valor?

---

[34] Karl Marx, *Grundrisse*, cit., p. 590. A respeito da questão do tempo em Marx, ver Daniel Bensaïd, *Marx for our Times: Adventures and Misadventures of a Critique* (Londres, Verso, 2002) [ed. bras.: *Marx, o intempestivo: grandezas e misérias de uma aventura crítica*, trad. Luiz Cavalcanti de M. Guerra, Rio de Janeiro, Civilização Brasileira, 1999]; Stavros Tombazos, *Time in Marx: The Categories of Time in Marx's Capital* (Chicago, Haymarket, 2014).

[35] Karl Marx, *Grundrisse*, cit., p. 590-1.

A resposta de Marx é que eles são análogos às máquinas: não podem ser uma fonte de valor como definido pelo capital, mas são fonte de mais-valor relativo para a classe capitalista, na medida em que contribuem para a produtividade da força de trabalho. Há hoje uma vontade generalizada de incorporar ao regime capitalista de produção e circulação de valor tudo aquilo que "não é valorizado". A estratégia é compreensível (em parte pelas conotações positivas que possui um termo como valor e pela demanda compreensível de reconhecimento do que muitas vezes é ignorado). Mas, politicamente, ela acaba produzindo o efeito oposto. Ela deixa de compreender a função dialética do não valor ou antivalor (e do trabalho não alienado e do tempo disponível) na política de oposição. É a partir dos espaços de não valor e de trabalho não alienado que se pode elaborar uma crítica profunda e disseminada ao modo de produção capitalista, de sua forma particular de valor e de suas alienações. E é também a partir desses lugares que é possível identificar melhor os contornos de uma possível economia pós-capitalista. Ser um produtor de valor e de mais-valor no modo de produção capitalista "não é", comenta Marx, "uma sorte, mas um azar"[36].

Conhecimento, informação, atividades culturais e afins são sempre passíveis de serem transformados em mercadoria e integrados ao capitalismo. Ao mesmo tempo, seu potencial para atividades não alienadas e livres forma uma espécie de vanguarda para a política anticapitalista. A partir dessa posição contraditória, produtores culturais de todos os tipos constituem um bloco potencial significativo para a ação política radical. A busca dos produtores culturais por uma vida não alienada, em face da apropriação de seus produtos por uma classe rentista parasitária, é um ponto de tensão crescente. No mais das vezes, porém, sua política gira em torno das condições de realização, embora as condições de produção sejam um terreno contestado de controle capitalista.

Da mesma maneira, o fato de o trabalho doméstico realizado no interior da esfera familiar não ser computado no cálculo de valor indica que esse seria outro possível lugar para se articular uma política anticapitalista (supondo que as alienações e contradições internas quanto a gênero, patriarcado, sexualidade e criação de filhos possam ser resolvidas). Ainda que cada vez mais atividades domésticas sejam mercantilizadas e integradas ao mercado (desde marmitas até corte de cabelo e de unhas), o tempo de trabalho despendido nos domicílios cresce, apesar (alguns diriam *justamente por conta*) do advento de tecnologias que poupam e otimizam o trabalho doméstico (máquinas de lavar e aspiradores de pó robotizados). Mas o trabalho para os outros nos domicílios, atravessando solidariedades sociais mais amplas em torno da produção e proteção dos bens e recursos comuns, pode se tornar

---

[36] Idem, *O capital*, Livro I, cit., p. 578.

um poderoso antídoto ao domínio da produção capitalista de mercadorias e suas correspondentes relações sociais. Pagar salário por tarefas domésticas (se fosse uma proposta realista, o que por sorte não o é) simplesmente reafirmaria que os afazeres domésticos podem, em princípio, se integrar ao modo de produção capitalista (e ganhar o status de trabalho alienado). A campanha *"wages for housework"* ("salários para as tarefas domésticas"), lançada por feministas na década de 1970, foi uma intervenção brilhante sobre a enorme negligência com as questões de gênero na tradição marxista; contudo, as soluções políticas que propunha se mostraram completamente equivocadas (como alguns proponentes admitiram depois)[37]. Isso não teria ocorrido, em minha opinião, se tivesse havido uma apreciação mais completa da relação entre valor e antivalor em um modo de produção capitalista.

Existem movimentos paralelos para integrar as dádivas "gratuitas da natureza" à cadeia de produção de valor por meio de dispositivos arbitrários de valoração (por exemplo, os propostos pelos economistas ambientais). Isso equivale a nada mais do que um sofisticado *greenwashing** e à mercadorização de um espaço do qual se poderia armar um ataque feroz à hegemonia do modo de produção capitalista e sua (nossa) relação alienada com a natureza por meio da mercadorização. Todos esses espaços são espaços típicos a partir dos quais se pode elaborar uma crítica anticapitalista. E, no entanto, o movimento político predominante em tempos recentes tem sido por sua integração à teoria do valor! Se o valor no capitalismo consiste na produção de trabalho alienado e na alienação do trabalhador, por que diabos um progressista faria campanha para ser subsumido em tal regime?

Por último, a desvalorização também pode atingir o trabalhador enquanto portador da mercadoria força de trabalho. Os salários caem e a saúde e o bem-estar do trabalhador são ameaçados, mesmo quando os trabalhadores mantêm suas habilidades e capacidades de trabalho. Durante a nacionalização da General Motors em 2008, por exemplo, surgiu uma estrutura dual de emprego em que os antigos trabalhadores mantinham salários e benefícios e os novos eram contratados com salários muito mais baixos e benefícios muito inferiores. Quando prolongadas ou aprofundadas, a desvalorização da força de trabalho e a depreciação do seu valor podem levar à destruição física da população trabalhadora, ainda que, por motivos óbvios, o capital não chegue a tanto. Mas nada disso acontece sem alguma resposta política por parte dos trabalhadores (tanto individual quanto coletiva).

---

[37] Susan Himmelweit e Simon Mohun, "Domestic Labour and Capital", *Cambridge Journal of Economics*, v. 1, 1977, p. 15-31.

* "*Greenwashing*", ou "lavagem verde", designa a prática de apropriação seletiva do discurso ambientalista através de recursos de marketing e relações públicas visando dar um verniz ecologicamente correto a empresas, indústrias, instituições e/ou governos. (N. T.)

O poder do antivalor precisa ser confrontado com a teoria do valor. Se, como suspeito, esse é o "antagonismo mais profundo" oculto nas entranhas do capital que circula como valor em movimento, tornar essa contradição legível é um passo importante para enfrentar a servidão por dívida – que parece cada vez mais capaz de ditar não apenas nossas relações sociais e nosso bem-estar contemporâneos, mas também nossas perspectivas de vida futura. O fato de que tantos considerem mais fácil vislumbrar o fim do mundo do que o fim do capitalismo tem a ver com o fato de que o futuro da acumulação de capital está enterrado sob uma montanha de dívidas como antivalor. Para muitos, a única esperança é que uma intervenção externa – algo como um evento apocalíptico – nos salve. Ela não nos salvará. A única coisa que pode nos salvar é o desmonte, ou a demolição, da montanha de dívidas que dita o nosso futuro.

O antivalor sinaliza o potencial para o colapso na continuidade da circulação do capital. Ele prefigura como as tendências do capital à crise podem assumir formas diferentes e se deslocar de um momento (por exemplo, produção) para outro (por exemplo, realização)[38]. Esse *insight* é crucial. Infelizmente, ele é muitas vezes ignorado. As crises, diz Marx (ao contrário do que se costuma pensar), não significam necessariamente o fim do capitalismo, mas preparam o terreno para a sua renovação. É aqui que fica mais evidente o papel dialético do antivalor na reprodução do capital. As crises "são sempre apenas violentas soluções momentâneas das contradições existentes, erupções violentas que restabelecem por um momento o equilíbrio perturbado"[39]. Mas a reconstrução do capital é insegura e tem limites. Uma acumulação de dívidas (reivindicações sobre a produção futura de valor) pode sobrepujar a capacidade de produzir e realizar valor e mais-valor no futuro. Ainda que as dívidas sejam devidamente resgatadas, a obrigação de quitá-las compromete futuros alternativos. A servidão por dívida agrilhoa o futuro das pessoas, assim como de economias inteiras[40]. Esse é um tema a que retornaremos à guisa de conclusão.

---

[38] David Harvey, *O enigma do capital* (trad. João Alexandre Peschanski, São Paulo, Boitempo, 2011), cap. 5.
[39] Karl Marx, *O capital*, Livro III, cit., p. 289.
[40] Michael Hudson, "The Road to Debt Deflation, Debt Peonage, and Neofeudalism", *working paper* n. 709, Annandale-on-Hudson, Levy Economics Institute of Bard College, fev. 2012; *Killing the Host: How Financial Parasites and Debt Destroy the Global Economy* (Baskerville, Islet, 2015).

5. Preços sem valores

A incongruência qualitativa entre valor e preço é preocupante e pode ser mais decisiva do que Marx supunha. A contradição entre os dois pode ter se intensificado com o passar do tempo. Se os investidores procuram ganhos especulativos sobre ativos que não possuem valor (como objetos de arte, câmbio futuro ou créditos de carbono), através do manejo dos mecanismos de determinação de preços dos mercados, em vez de investir na criação de valor e mais-valor, isso indica um caminho pelo qual o valor pode ser retirado da circulação geral do capital para circular como dinheiro em mercados fictícios, nos quais não ocorre produção direta de valor (embora haja sua apropriação). Quando a indicação de preço trai os valores que deveria representar, os investidores estão fadados a tomar decisões equivocadas. Se a taxa de lucro monetário for mais rentável no mercado imobiliário ou em outras formas de especulação de ativos, o capitalista racional aplicará o seu dinheiro nele, e não na esfera da atividade produtiva. O capitalista racional se comporta de maneira irracional do ponto de vista do processo de reprodução do capital enquanto totalidade em evolução. O resultado pode ser uma tendência cada vez mais profunda de estagnação secular da economia.

Isso pode ser contrariado pelo fato de certos valores de uso entrarem na produção capitalista como "dádivas gratuitas". Isso ocorre quando o "objeto de trabalho [é] presenteado gratuitamente pela natureza. É o caso de minérios metálicos, minerais, carvão mineral, pedras etc."[1]. Embora o capital repouse materialmente em sua relação metabólica com a natureza, isso não significa que a natureza em si possua valor. Ela é um armazém de dádivas gratuitas que o capital pode usar sem precisar pagar nada por elas. No entanto, tais valores de uso podem, eventualmente,

---

[1] Karl Marx, *O capital*, Livro I, cit., p. 678.

adquirir um preço, se forem cercados e se tornarem propriedade privada de alguém. O proprietário estará então em posição de poder extrair renda monetária desses recursos, ainda que em si não possuam valor. O mesmo vale para o meio ambiente construído, paisagens preparadas para o uso e cultivo e artefatos culturais herdados de muito tempo atrás. O que às vezes é denominado "segunda natureza" é também um tesouro de dádivas gratuitas que podem servir de valor de uso na produção[2]. Semelhantes "doações" de "bens gratuitos" ao capital podem ser extraídas do trabalho de unidades familiares, do produto da agricultura de subsistência e de populações não produtoras de mercadorias. Segundo Marx:

> A manutenção e reprodução constantes da classe trabalhadora continuam a ser uma condição constante para a reprodução do capital. O capitalista pode abandonar confiadamente o preenchimento dessa condição ao impulso de autoconservação e procriação dos trabalhadores.[3]

Até mesmo as habilidades adquiridas pelos trabalhadores podem ser apropriadas gratuitamente pelo capital. É o caso, em especial, das habilidades adquiridas no trabalho e do conhecimento armazenado no cérebro do trabalhador.

> A força produtiva social do trabalho se desenvolve gratuitamente sempre que os trabalhadores se encontrem sob determinadas condições, e é o capital que os coloca sob essas condições. Pelo fato de a força produtiva social do trabalho não custar nada ao capital e, por outro lado, não ser desenvolvida pelo trabalhador antes que seu próprio trabalho pertença ao capital, ela aparece como força produtiva que o capital possui por natureza [...].[4]

Trabalhadores experientes podem, no entanto, extrair uma renda monopólica dessas habilidades, se forem difíceis de reproduzir. Consequentemente, o capital trava uma guerra contra a reprodução de habilidades monopolizáveis na força de trabalho. A rápida mudança de status dos programadores de computador nos últimos anos – de especialistas qualificados a trabalhadores de rotina – é um bom exemplo.

Essas não são práticas residuais que foram herdadas de muito tempo atrás. O que os trabalhadores aprendem ao executar seu trabalho é uma característica cada vez mais poderosa da economia política do capital. Mas trata-se de um poder do trabalhador que parece ser e é apropriado gratuitamente como um poder

---

[2] Neil Smith, *Uneven Development: Nature, Capital and the Production of Space* (Oxford, Wiley, 1990).
[3] Karl Marx, *O capital*, Livro I, cit., p. 647.
[4] Ibidem, p. 408.

do capital. Considere o difícil caso do trabalho digital contemporâneo. Michel Bauwens, fundador da P2P, escreve:

> Sob o regime do capitalismo cognitivo, a criação de valores de uso aumenta de maneira exponencial, mas o valor de troca cresce de maneira linear, e é quase que exclusivamente realizado pelo capital, engendrando formas de hiperexploração. [...] Enquanto no neoliberalismo clássico a renda dos trabalhadores entra em estagnação, no hiperneoliberalismo a sociedade é desproletarizada, isto é, o trabalho assalariado é substituído cada vez mais por *freelancers* isolados e, em larga medida, precarizados; mais valor de uso escapa da forma trabalho [e] os criadores de valores de uso acabam não sendo recompensados em termos de valor de troca, que é realizado unicamente pelas plataformas proprietárias.[5]

A renda média por hora daqueles que realizam de fato o trabalho "não ultrapassa dois dólares, o que é muito abaixo do salário mínimo nos Estados Unidos". A forma-preço oculta aqui a "hiperexploração" no que Bauwens considera um novo regime de valor "neofeudal" – que é ainda pior do que o capitalismo tradicional. Esse regime "depende cada vez mais da 'corveia' não remunerada e gera uma situação generalizada de servidão por dívida". Isso significa um sistema de economia política fundamentado no trabalho voluntário aplicado à produção colaborativa baseada em bens comuns [*commons-oriented peer production*]. O que foi concebido inicialmente como um regime de produção colaborativa liberatório foi transformado em um regime de hiperexploração do qual o capital se alimenta livremente. A pilhagem desenfreada por parte do grande capital dos recursos gratuitos produzidos por uma força de trabalho autoqualificada e autodidata (como fazem a Amazon e o Google) tornou-se um traço característico dos nossos tempos. Isso extravasa para a chamada indústria cultural. O trabalho inventivo e criativo é implacavelmente mercantilizado e convertido em comércio lucrativo. Precisamos analisar mais atentamente a posição desse tipo de trabalho em relação à criação e à apropriação de valor e mais-valor. Isso nos leva à questão do papel do "capitalismo cognitivo" nos debates contemporâneos, que, por sua vez, repousa na questão da produtividade em termos de valor da atividade criativa e da produção de conhecimento[6].

Considere como as concepções mentais, o conhecimento e a imaginação afetam a circulação do capital e se relacionam com ela. De que maneira eles se vinculam à produção de valor e mais-valor? Os teóricos do capitalismo cognitivo dão muita

---

[5] Michel Bauwens, "Towards the Democratisation of the Means of Monetisation", cit.
[6] Yann Moulier Boutang, *Cognitive Capitalism* (Cambridge, Polity, 2011); Carlo Vercellone, "From Formal Subsumption to General Intellect: Elements for a Marxist Reading of the Thesis of Cognitive Capitalism", *Historical Materialism*, v. 15, 2007, p. 13-36.

importância à ideia de que o conhecimento se tornou uma forma de valor que circula como capital. Para eles, a economia se baseava em mercadorias e passou a se basear em conhecimento. Dada a ascensão dos direitos de propriedade intelectual como característica crucial do capitalismo contemporâneo, boa parte do conhecimento produzido hoje possui um preço. Mas a hipótese de que o conhecimento seria valor que circula é forçada e não está estabelecida. O saber científico e técnico em particular é um daqueles itens que podem ter preço e não possuir nenhum valor. Ele vem sendo construído pouco a pouco ao longo de gerações e, segundo Marx, deveria ser um bem gratuito, uma dádiva da história cultural da natureza humana, disponível a qualquer um que queira usá-lo. O fato de o conhecimento comum [*knowledge commons*] ser cada vez mais cercado, privatizado e transformado em mercadoria diz algo sobre a trajetória contemporânea do capitalismo.

Os capitalistas cognitivos, porém, insistem que essa é a direção que o próprio Marx apontou nos *Grundrisse*. Numa passagem muito citada, ele examina como os produtos do "intelecto geral" afetam as dinâmicas de acumulação. O foco de Marx aqui não é discutir o conhecimento como uma forma de valor, e sim analisar como o conhecimento e as capacidades mentais – as dádivas gratuitas da natureza humana – são incorporados ao capital fixo da produção de valor de modo a aumentar a produtividade do trabalho a ponto de a mão de obra, o agente da produção de valor, tornar-se redundante (a guinada para a inteligência artificial em nossos tempos é um exemplo disso). Marx sugere que isso vai tornar redundante a teoria do valor-trabalho. O objeto da investigação de Marx é o capital fixo, e não o conhecimento em si[7]. Todos aqueles saberes que não podem ser embutidos no capital fixo são irrelevantes. Marx está interessado apenas naquelas formas de conhecimento que podem elevar a produtividade do trabalho. Nisso, a ciência da administração é tão importante quanto a engenharia genética e o conhecimento necessário para a construção de motores a jato.

Há, no entanto, uma questão vital sobre como a imaginação e a criatividade humanas – dádivas gratuitas da natureza humana – podem ser mobilizadas e apropriadas para produzir uma tecnologia ou forma organizacional como mercadoria para ser vendida no mercado. O "que desde o início distingue o pior arquiteto da melhor abelha é o fato de que o primeiro tem a colmeia em sua mente antes de construí-la com a cera"[8]. Ideias, conhecimentos e imaginação, sendo dádivas gratuitas da natureza humana, podem servir de importantes insumos de valor de uso para as tecnologias de produção. O posicionamento da imaginação humana no processo de trabalho é significativo. A imaginação humana, não importa quão fértil ou inquieta seja, não aparece do nada. Qualquer nova construção de conhe-

---

[7] Karl Marx, *Grundrisse*, cit., p. 636-46.
[8] Idem, *O capital*, Livro I, cit., p. 255-6.

cimento sempre surge no contexto de experiências existentes e formas diversas de compreensão e interpretação dessas experiências através de linguagem, conceitos, narrativas e histórias preexistentes. As dádivas gratuitas da natureza humana têm um papel vital e permanente na definição do que pode e como pode ser feito de maneira rentável. A crítica duradoura ao capital como sistema foca, em parte, a frustração das potencialidades criativas da maioria da população, à medida que o capital assume o controle não apenas daquilo que é produzido e de como será produzido mas também das realizações culturais e intelectuais de outros como se fossem dele. Quando o pior dos arquitetos é contratado por um escritório de arquitetura para vender plantas e projetos a incorporadoras capitalistas, ou quando um biólogo trabalha para a Monsanto isolando sequências de DNA de plantas que evoluíram ao longo de milênios para patentear o direito de cultivar tais plantas, a imaginação humana é acurralada e apropriada à causa da produção e apropriação de mais-valor. Marx estende essa ideia ao campo da produção cultural:

> Milton, que escreveu *Paraíso perdido*, era um trabalhador improdutivo. Já o escritor que realiza um trabalho fabril para o seu livreiro é um trabalhador produtivo. Milton produziu *Paraíso perdido* como um bicho-da-seda produz seda, como manifestação de *sua própria* natureza. Posteriormente, ele vendeu seu produto por cinco libras e tornou-se um negociante. Mas o proletário literato de Leipzig que produz livros – por exemplo, compêndios de economia política – por encargo do seu livreiro é praticamente um trabalhador produtivo, na medida em que a sua produção é controlada pelo capital e só ocorre para aumentá-lo. Uma cantora que canta como um pássaro é uma trabalhadora improdutiva. Se ela vende a sua canção por dinheiro, é nesse sentido uma trabalhadora assalariada ou uma comerciante. Mas se essa mesma cantora é contratada por um empresário que a faz cantar para ganhar dinheiro, ela passa a ser uma trabalhadora produtiva, já que *produz* diretamente capital. Um mestre-escola que instrui outras pessoas não é um trabalhador produtivo. Já um mestre-escola que trabalha com outros professores em troca de um salário, utilizando seu próprio trabalho para aumentar o dinheiro do empresário que é proprietário da instituição de ensino, é um trabalhador produtivo.[9]

A definição de "produtivo" se refere à produção de mais-valor. Milton não criou valor algum quando escreveu *Paraíso perdido*. Quando vendeu a alguém, por cinco libras, o direito exclusivo de utilizar o seu conteúdo, ele ampliou a esfera da circulação monetária sem contribuir para a produção de valor. O direito de utilizar o conteúdo possui um preço, mas não possui um valor. Tal transação

---

[9] Idem, "The Results of the Immediate Process of Production", cit., p. 1.044 [ed. bras.: *O capital, Livro I, capítulo VI (inédito)*, cit., p. 76, com modificações].

pressupõe a existência de um sistema legal que consagra direitos de propriedade intelectual exclusivos sobre um conteúdo. Mas a possibilidade de produção e realização de valor e mais-valor só entra em cena quando uma editora organizada como uma empresa capitalista imprime *Paraíso perdido* na forma-mercadoria livro. A realização do valor e do mais-valor cristalizados no livro enquanto mercadoria depende, no entanto, de alguém em algum lugar sentir a vontade, a necessidade ou o desejo de adquirir tal livro, amparado pela capacidade de pagar por ele. Mas não se trata de um livro qualquer, e sim de um livro com o conteúdo único e singular de *Paraíso perdido*. A singularidade desse conteúdo pode permitir (e geralmente é isso o que ocorre) que se cobre um preço monopólico e se extraia uma renda monopólica muito acima daquela assegurada pelo conteúdo laboral do livro enquanto objeto físico. Ademais, se for uma primeira edição, o livro pode ser vendido como objeto de coleção por um preço astronômico.

É isso o que frequentemente confunde os capitalistas cognitivos, porque parece que há algo no trabalho intelectual e cultural que torna seu produto único e excepcional, na medida em que o preço parece aumentar por meio da adição de algo chamado "valor de reputação", que não tem nada a ver com o conteúdo laboral[10]. Por outro lado, não há nenhum valor ou mais-valor se o livro permanecer guardado num armazém, acumulando poeira. Milton, portanto, criou a condição de possibilidade para produção de valor e extração de uma renda monopólica quando escreveu *Paraíso perdido*, mas foram ainda necessários vários passos subsequentes até que essa condição de possibilidade se realizasse pela circulação do capital.

O mundo está repleto de textos aguardando uma editora que os publique. Seria potencialmente ilimitado atribuir-lhes um preço e colocá-los para circular em mercados de propriedade intelectual. Mas isso não contribui para a produção de valor e mais-valor, apenas aguça a contradição entre o valor e sua expressão monetária. Nesse processo, suga-se ainda mais valor do processo de circulação do capital. O mercado de direitos de propriedade intelectual e objetos de coleção pode se expandir rapidamente, com efeitos negativos para a produção e a acumulação de valor. Reduzir os impostos cobrados dos ultrarricos pode concentrar poder monetário para investimento. Mas, se os ricos preferirem investir no mercado de arte (que é o que geralmente ocorre), isso não contribuirá em nada para a criação de valor. Desigualdades crescentes de renda e riqueza estão de fato associadas à estagnação secular na produção de valor e a uma elevação crescente no preço dos Picassos.

Não valores (tais como aqueles gerados em redes *peer-to-peer* de computadores) são gratuitamente convertidos em valores de uso para o capital por um simples ato de cercamento, mercadorização e apropriação. O grau com que a produção de

---

[10] Adam Arvidsson e Nicolai Peitersen, *The Ethical Economy*, cit.

valor se baseia nessas dádivas gratuitas varia, mas trata-se de algo onipresente no capitalismo contemporâneo[11]. Não são apenas as dádivas gratuitas da natureza que estão envolvidas aqui. História, cultura, conhecimento, construções artísticas, habilidades e práticas podem ser cercados, seu conteúdo pode ser apropriado (assim como o *Paraíso perdido* de Milton), transformado em mercadoria e comercializado por um preço, independentemente de qualquer valor que possam engendrar. Há, na sociedade, muito trabalho realizado de maneira livre e não alienada como o do bicho-da-seda, mas, assim que seu conteúdo é formado, começa o processo de cercamento, apropriação, monetização e mercantilização.

No caso do conhecimento científico e técnico, as dádivas gratuitas da criatividade humana e do "trabalho do tipo do bicho-da-seda" entram na circulação do capital de uma maneira diferente. Marx, porém, só está interessado nas criações do que ele denominou "intelecto geral", na medida em que afetam a produtividade do trabalho por meio da formação de capital fixo[12]. Como vimos, sua preocupação era especificamente como os conhecimentos científicos e tecnológicos se incorporam ao capital fixo da produção, substituindo e desempoderando a mão de obra por meio da automação (e, hoje, por meio de robôs e inteligência artificial). Marx considera o conhecimento científico em si um bem livre[13]. Se as demais variáveis permanecerem inalteradas, a tendência é que o desempoderamento da mão de obra e seu deslocamento da produção acarretados por mudanças tecnológicas reduza a contribuição do trabalho, o agente ativo da produção de valor. Isso nos convida a refletir sobre o que aconteceria se o valor e o mais-valor minguassem ou desaparecessem completamente da circulação, ainda que o volume de mercadorias físicas em circulação aumente rapidamente por conta da elevação da produtividade. O hiato entre o aumento na produção física de mercadorias e sua precificação e o decréscimo na produção social de valor e mais-valor amplia-se catastroficamente, anunciando, no entender de muitos marxistas, o inelutável caminho em direção ao colapso final do capitalismo.

A vertente alemã de teóricos da crítica do valor, inspirada na obra de Robert Kurz, tem expressado essa visão de maneira bastante vociferante. Mas não defende que o colapso é iminente[14]. Na avaliação de proponentes dessa teoria (inclusive o próprio Marx, em certos aspectos), tal contradição, um correlato da persistente preferência no interior do capitalismo por inovações que poupam mão de obra, abriga uma tendência de longo prazo à estagnação, queda das taxas de lucro e estreitamento da produção e realização de valor e mais-valor.

---

[11] Ursula Huws, *Labor in the Digital Economy*, cit.
[12] Karl Marx, *Grundrisse*, cit., p. 641-54.
[13] Ibidem, p. 641.
[14] Neil Larsen et al. (orgs.), *Marxism and the Critique of Value*, cit.

Um antídoto óbvio a essa tendência é abrir novas linhas de atividade produtiva que sejam trabalho-intensivas para compensar a perda de postos de trabalho na manufatura e nos setores mais tradicionais da produção de valor. Recentemente, por exemplo, houve uma expansão considerável em setores trabalho-intensivos, como logística, transportes e preparação de comida (ligados ao florescente mercado de turismo). Há um processo crescente de absorção do trabalho em todos os tipos de atividade, desde provisão de infraestrutura de longo prazo até montagem de espetáculos (que são quase instantaneamente consumidos para se adequar ao ideal capitalista de tempo de circulação nulo). Parte da mão de obra dispensada pela robotização e pela automação de determinados postos de trabalho na indústria foi absorvida dessa forma. O equilíbrio entre perdas e ganhos de postos de trabalho parece estar por um fio, embora haja um consenso de que a degradação qualitativa dos empregos esteja na base de uma alienação cada vez mais disseminada na força de trabalho.

A outra opção é aumentar o fluxo de bens gratuitos como insumos na produção capitalista e prevenir a apropriação e extração de rendas monopólicas desses fluxos. É interessante que Marx acreditava que a redução de rendas e tributos era uma maneira de debelar a queda dos lucros[15]. É igualmente interessante que alguns dos mais vigorosos setores de desenvolvimento da atualidade – como Google, Facebook e o resto do setor digital – tenham crescido à custa do trabalho gratuito. E não deixa de ser interessante que as chamadas "indústrias culturais", que se valem em peso de trabalho não alienado e criativo do tipo realizado pelo bicho-da-seda, tenham crescido rapidamente como campos de organização e expansão capitalistas nos últimos anos.

Muito do que acontece no capitalismo é motivado por atividades nos mercados de determinação de preços que não têm a ver diretamente com a produção de valor, salvo quando se criam valores de uso que facilitam a produção de mais-valor. Isso coloca muitas atividades e trocas fora da esfera de produção e circulação de valor, ainda que sejam relevantes como fontes de valores de uso. O turismo, que mercantiliza as dádivas gratuitas da natureza, da história, da cultura e os espetáculos naturais como insumos sem custo e sem valor, é organizado de modo capitalista e, portanto, produz valor e mais-valor. Surge aqui certa ambiguidade, pois a preservação e o acesso a uma história, uma cultura e até um espetáculo natural mercantilizados requer um trabalho de manutenção das qualidades e do acesso. A combinação de dádivas gratuitas e valores em forma-mercadoria presentes em um pacote turístico é intrigante. Tal trabalho também pode ser organizado de maneira capitalista e, portanto, contribuir para a produção de valor e mais-valor. Isso não

---

[15] David Harvey, "Crisis Theory and the Falling Rate of Profit", em Turan Subasat (org.), *The Great Meltdown of 2008: Systemic, Conjunctural or Policy Created?* (Cheltenham, Edgar Elgar, 2016).

elimina o fato de que muitos dos insumos básicos de valor de uso no processo de produção da indústria do turismo sejam bens gratuitos (por exemplo, praias ensolaradas ou patrimônio cultural) que podem adquirir um preço monetário, embora não tenham propriamente valor (a não ser que tenham sido produzidos recentemente, no contexto da invenção da história, da tradição e da cultura, à maneira da Disney). Se artefatos históricos e culturais adquirem de fato um preço prévio, isso geralmente ocorre na forma de uma renda monopólica[16]. Eles somente continuarão a ser bens gratuitos se permanecerem comuns, não cercados e não sujeitos à apropriação como propriedade privada. O cercamento permite a apropriação prévia da renda pelos proprietários antes de liberar o acesso aos bens da história, cultura e natureza, que, caso contrário, seriam gratuitos. Passamos por isso sempre que temos de pagar ingresso para visitar uma catedral ou um monumento antigo. Embora possa ser justificada pelos custos de manutenção e acesso, essa taxa pode ser muito mais alta, fornecendo assim uma base para a extração de renda monopólica para o proprietário. Em todos esses setores, há disputas ativas e interessantes em torno da definição do que pode permanecer comum e do que pode ser cercado para assegurar a extração de rendas monopólicas.

O tratamento do saber incorporado na produção não é substancialmente diferente daquele da apropriação da história, da cultura e da fantasia pela indústria do turismo. Ciência e inovação tecnológica podem, como reconheceu Marx, virar um negócio por direito próprio, organizado de maneira capitalista, ainda que o conhecimento científico e tecnológico, assim como a história, a cultura e a terra, seja em si mesmo parte dos comuns globais, que em princípio deveriam ser recursos livres e gratuitos. Na prática, porém, exige-se um preço pelo acesso a boa parte das patentes, licenças, direitos de propriedade intelectual e afins.

A diferença entre subsunção formal e subsunção real do trabalho sob o capital é importante aqui[17]. A intenção de Marx ao introduzir essa distinção era assinalar a transição entre processos de trabalho que permaneciam sob o controle do trabalhador e processos de trabalho designados e controlados pelo capital. O capitalismo no chamado "período manufatureiro" valeu-se em geral de habilidades artesanais tradicionais, reunindo-as, por meio de cooperação e divisão de trabalho, em um processo de produção (como a construção de uma carruagem). Nesse tipo de sistema, a principal fonte de mais-valor é o mais-valor absoluto – ou seja, o prolongamento do tempo de trabalho muito além do tempo de trabalho socialmente necessário para

---

[16] David Harvey, "The Art of Rent", em *Rebel Cities: From the Right to the City to the Urban Revolution* (Londres, Verso, 2012) [ed. bras.: *Cidades rebeldes: do direito à cidade à revolução urbana*, trad. Jeferson Camargo, São Paulo, Martins Fontes, 2014].
[17] Karl Marx, "The Results of the Immediate Process of Production", cit., p. 1.019-49.

reproduzir a força de trabalho. O capital controla o produto e seu valor, mas não o processo de trabalho. Esse modelo contrasta com o do sistema fabril, em que o capital controla o processo de trabalho a ponto de sujeitar as atividades do trabalhador a uma fonte externa de poder sob o comando do capital. O mais-valor relativo, derivado da produtividade crescente na produção de bens salariais (as mercadorias exigidas para reproduzir a força de trabalho), torna-se dominante. Embora o mais-valor absoluto permaneça a base, a produção de mais-valor relativo, que muitas vezes se baseia nos entendimentos privilegiados derivados da ciência e da tecnologia, torna-se a força motriz da evolução do capital. Mas nem sempre é o caso. No caso do trabalho digital, por exemplo, surgiram práticas de trabalho assustadoramente semelhantes ao *putting-out* [sistema doméstico de subcontratação] do início da manufatura têxtil na Inglaterra, no fim do século XVIII. O *putting-out* também caracterizou as estruturas industriais em Paris ao longo de boa parte do século XIX. O livro *A taberna*, de Émile Zola, é um exemplo impressionante desse sistema de trabalho em operação na Paris do século XIX. Por muitos anos, o sucesso da indústria automobilística japonesa se baseou na subcontratação de pequenas oficinas para produzir muitas de suas peças. Assim como a distinção absoluto-relativo, a distinção formal-real é mais dialética do que a teleológica em sua aplicação.

Com um hiato tão grande e cada vez maior entre o valor e sua forma monetária de representação, é tentador ver esta última como a essência do capital e redefinir o capital como dinheiro em movimento, em vez de valor em movimento. Tal redefinição facilita o enfoque em determinados aspectos característicos da forma atual do capitalismo, como o agitado mercado especulativo de direitos de propriedade em cultura, conhecimento e empreendimentos empresariais, bem como nas práticas disseminadas de especulação em mercados de ativos. Daí a alegação de que estaríamos adentrando uma nova fase do capitalismo, em que o conhecimento tem proeminência, e de que uma admirável tecnoutopia assentada nesse conhecimento e todas as inovações que poupam trabalho (como automação e inteligência artificial) estariam a nosso alcance ou já teriam chegado, como defende Paul Mason[18]. Tal redefinição pode até parecer adequada da perspectiva do Vale do Silício[19], mas cai por terra diante das péssimas condições das fábricas de Bangladesh e dos altos índices de suicídio entre trabalhadores na Shenzen industrial e na Índia rural, onde a microfinança lançou sua rede a fim de socorrer a mãe de todas as crises de empréstimos hipotecários *subprime*. As práticas especulativas e oportunistas de obter lucros que têm caracterizado os mercados de ativos (em particular de habitação,

---

[18] Paul Mason, *PostCapitalism: A Guide to Our Future* (Londres, Penguin, 2016).
[19] Martin Ford, *The Lights in the Tunnel: Automation, Accelerating Technology and the Economy of the Future* (Wayne, Acculent, 2009).

terras e imóveis) sem dúvida redistribuem valores. Mas não conseguem sustentar um aumento da produção de valor, salvo por meio da reconversão em capital de ao menos parte dos ganhos monetários, em busca de valorização, ou por meio de geração de demanda efetiva suficiente para facilitar a realização.

Encontramos aqui uma segunda "Grande Contradição" com a qual o capital se confronta. A primeira brota da busca de mais-valor relativo que se concentra em transformações tecnológicas que poupam trabalho e, quando têm êxito, reduzem a força de trabalho da qual se extrai valor e mais-valor. A segunda é uma potencial tendência do capital de ser levado, em sua busca de maximizar o lucro monetário, a investir em áreas que simplesmente não produzem valor nem mais-valor. Levadas ao extremo, ambas as tendências podem ser fatais à reprodução do capital. Juntas – e as evidências contemporâneas são de que ambas são identificáveis –, elas podem ser catastróficas.

A típica resposta neoclássica a tudo isso (bem como a de certos nomes da própria tradição marxista) é dizer que, se são os aspectos monetários e as políticas de precificação que estão se tornando hegemônicos, então por que se dar ao trabalho de integrar o valor à análise (a posição neoclássica) ou por que não desenvolver uma teoria monetária do valor (como vêm propondo alguns marxistas como a única solução viável aos dilemas teóricos que encontramos aqui)[20]. Procedendo dessa maneira, eles eliminam qualquer possibilidade de explicar a estagnação secular que parece ser a condição predominante do capitalismo global contemporâneo e perdem de vista a importância do antivalor para a circulação de valor. Tal expediente pode permitir que tanto os marxistas revisionistas quanto os economistas neoclássicos tomem a posição reconfortante de que dará tudo certo com o capitalismo global uma vez que retorne às condições de equilíbrio ditadas pelos mercados de determinação de preços em funcionamento perfeito e regulado. O mesmo vale para os marxistas que adotam, implícita ou explicitamente, uma teoria monetária do capital (de tal forma que o capital passa a ser definido não como "valor em movimento", mas como "dinheiro em movimento", ou, de modo ainda mais vulgar, que o capital não seria nada mais do que dinheiro sendo usado para gerar mais dinheiro por qualquer meio possível). Ignorar a contradição dinheiro/valor é eliminar uma via importante – ainda que reconhecidamente complicada – de compreender os dilemas da acumulação contemporânea do capital. É apenas a partir dessa última perspectiva que se pode oferecer uma crítica às análises que, cada vez mais dependentes das sofisticadas depurações de grandes conjuntos de dados, não reconhecem que boa parte dos dados empíricos são medidas monetárias que

---

[20] Fred Moseley, *Money and Totality: A Macro-Monetary Interpretation of Marx's Logic in Capital and the End of the "Transformation Problem"* (Leiden, Brill, 2015).

podem divergir e de fato divergem ou simplesmente traem a relação social imaterial que supostamente deveriam representar. E isso vale mesmo sem entrarmos nos problemas da criação e apropriação do dinheiro no decurso do movimento do valor através das esferas da distribuição. Quando o Federal Reserve e o Banco Central Europeu praticam flexibilização quantitativa, criam dinheiro na ausência de valor. Quando esse dinheiro circula como capital portador de juros, ele funciona como o antivalor que deve ser e supostamente será resgatado pela futura produção de valor e mais-valor. Mas, quando o dinheiro liberado circula em mercados de ativos como o mercado imobiliário, o mercado de ações e o mercado de arte, o antivalor não é resgatado, embora os ultrarricos fiquem cada vez mais ricos com suas especulações. Há, portanto, um forte incentivo para se criar ainda mais antivalor para resgatar o que foi liberado anteriormente. O resultado não é apenas estagnação secular na produção de valor, mas criação de um capitalismo Ponzi, que constitui o perigoso caminho da expansão monetária infindável da qual falávamos há pouco. Se aceitarmos uma teoria puramente monetária do capital, será muito mais difícil formular as afiadas críticas ao capitalismo contemporâneo que Kurz e seus colegas articularam. Perdemos o poder de revelar a contradição da crescente concentração de riqueza monetária que ocorre necessariamente à custa do resto da humanidade, cujas vontades, necessidades e desejos não são cacifados pela capacidade de pagar. Vontades, necessidades e desejos da esmagadora maioria da população permanecem irrealizados, ao passo que os ricos ampliam seu gosto por Picassos.

6. A QUESTÃO DA TECNOLOGIA

A questão da tecnologia é fundamental para compreender as dinâmicas do capital em movimento. Marx é um dos comentadores mais incisivos e prescientes do assunto. Isso não significa que suas análises sejam completas ou que possam passar incontestes. A tecnologia em combinação com a ciência aparece como uma preocupação central ao longo do Livro I d'*O capital*, mas é assumida como constante no Livro II. No Livro III, Marx trata de algumas das consequências da transformação tecnológica para o lucro e a renda e faz comentários ocasionais a respeito de certas características tecnológicas e organizacionais da intermediação financeira e da circulação monetária. Seu foco em *O capital* é o papel da tecnologia e da ciência em relação à valorização do capital e à produção de mercadorias. Nos *Grundrisse*, ele adota uma postura mais expansiva e fornece comentários enérgicos, às vezes especulativos e prescientes, acerca de questões tecnológicas. Mas não há nada de substancial em suas obras a respeito das tecnologias de realização e circulação (com exceção do transporte) ou reprodução social (inclusive a reprodução da força de trabalho), e as tecnologias de distribuição tampouco recebem um exame sistemático. O resultado é uma visão um tanto unilateral da mudança tecnológica e organizacional.

Contudo, Marx tinha bons motivos para assumir essa posição. Mudanças técnicas e organizacionais ocorrem em todo lugar e por toda sorte de motivos na história das sociedades humanas, afetando todos os tipos de atividades. Às vezes parece que a engenhosidade técnica e organizacional dos seres humanos não conhece limites. Algumas das novas técnicas e formas organizacionais duram, outras não. A China antiga tem uma longa história de notáveis inovações técnicas e organizacionais, mas nenhuma foi duradoura ou amplamente adotada. É somente sob o regime capitalista que encontramos uma força sistemática e poderosa impulsionando o dinamismo tecnológico e organizacional, com efeitos duradouros e acumulativos. Marx entende que essa força se concentra no momento da valorização por motivos muito particulares. Ela é moldada pela busca perpétua, sob o capitalismo, por mais-valor relativo[1].

Capitalistas sem concorrência uns com os outros vendem suas mercadorias a um preço social médio. Aqueles que possuem uma tecnologia ou forma organizacional superior em sua produção têm lucros extras (mais-valor relativo), pois produzem a um custo individual de produção menor e vendem pela média social. Inversamente, os que utilizam tecnologia ou forma organizacional inferior obtêm lucros menores ou até mesmo prejuízos, e ou vão à falência ou são forçados a adotar novos métodos. Os produtores em situação mais vantajosa têm um incentivo para adotar métodos sempre melhores, de modo a garantir a sua fatia no mercado e aumentar os lucros extras. Quanto mais ferrenha a concorrência, maior a probabilidade de ocorrerem saltos de inovação, à medida que uma empresa passa à frente e as demais correm para alcançá-la ou ultrapassá-la, indo além do mix tecnológico e da forma organizacional que refletem a média social. As forças que moldam o processo de trabalho no momento da valorização empurram incessantemente para a elevação da produtividade da força de trabalho. Conforme a produtividade do trabalho aumenta, o valor individual das mercadorias cai. Se houver um barateamento dos bens salariais, o valor da força de trabalho (assumindo-se um padrão de vida fixo) declina, deixando uma quantidade maior de mais-valor para o capital. Todos os capitalistas têm a lucrar (mais mais-valor relativo) com a elevação da produtividade do trabalho na produção de bens salariais. O aumento do mais-valor relativo às vezes pode vir acompanhado de um aumento no padrão de vida dos trabalhadores. Tudo depende da força dos ganhos de produtividade e da maneira pela qual os benefícios do aumento da produtividade são distribuídos entre capital e trabalho. Uma pequena parte do mais-valor relativo volta para o trabalho para que os trabalhadores possam adquirir uma quantidade maior de valores de uso, enquanto a maior parte vai para o capital. Isso depende do estado da luta de classes (com frequência os sindicatos negociam cláusulas de repartição de produtividade nos contratos). O impulso de produzir mais-valor relativo sustenta a pressão incessante por transformações tecnológicas e organizacionais na produção.

Para os capitalistas, as máquinas parecem ser o que de fato são: uma fonte de mais-valor extra. Daí eles inferem que as máquinas são, portanto, uma fonte de valor. Marx defende que isso não é possível. Máquinas são capital morto ou constante e, como tal, não podem produzir nada por conta própria. Parte do valor da máquina se transfere para o valor da mercadoria, mas ela faz isso na medida em

---

[1] Karl Marx, *O capital,* Livro I, cit., cap. 10.

que é capital constante (isto é, capital que não altera seu valor por meio do uso). O trabalho vivo (e não o trabalho passado) é a única fonte de mais-valor. As máquinas apenas ajudam a elevar a produtividade da força de trabalho, de modo que o valor total permanece o mesmo, enquanto o valor das mercadorias individuais cai. O resultado é um paradoxo. Máquinas, quando combinadas com trabalho, produzem uma quantidade maior de mais-valor para o capitalista, apesar de o valor produzido permanecer constante. Boa parte dos capitalistas (alinhados ao senso comum) acredita que as máquinas produzem valor e tende a agir com base nessa crença. Marx considera isso uma visão fetichista. O fetichismo da tecnologia é muito disseminado e isso tem consequências importantes. Ele leva, por exemplo, à crença generalizada de que há uma solução tecnológica para qualquer problema social ou econômico.

A presunção desse argumento é que há uma situação de concorrência bem consolidada e ferrenha. Mas e se não for o caso? Afinal, os capitalistas preferem condições de monopólio ou oligopólio, em vez daquilo que frequentemente denominam concorrência "ruinosa". O poder monopólico atenua a força motriz por trás do dinamismo tecnológico. Mas ela é deslocada, não destruída. A forma social do mais-valor relativo que deriva da redução no valor da força de trabalho via redução no valor dos bens salariais permanece. Isso é feito às vezes por meios políticos.

Marx fornece um exemplo de como isso funciona. No século XIX, interesses industriais ingleses viam que os índices salariais estavam vinculados ao preço do pão. Eles fizeram campanha (em parceria com os trabalhadores) contra os interesses agrícolas da aristocracia fundiária para abolir as tarifas sobre o trigo importado e assim baixar o preço do pão. O objetivo dos industriais não era elevar o padrão de vida dos trabalhadores (embora alegassem com frequência que o faziam para obter o apoio dos trabalhadores), e sim reduzir os salários e aumentar o mais-valor relativo (lucros monetários). Pregaram o evangelho do livre-comércio enquanto foi vantajoso para eles[2]. A situação nos Estados Unidos hoje é semelhante. Se o valor da força de trabalho for determinado, digamos, com base no preço dos tênis da Nike e das camisetas da Gap, então será conveniente para o capital em geral adotar o evangelho do livre-comércio para esses artigos. Os preços baixos do Walmart para produtos importados propiciam a redução do valor da força de trabalho e a elevação da taxa de lucro dos capitalistas dos Estados Unidos. O problema é que os interesses dos manufatureiros e da classe trabalhadora dos Estados Unidos que querem fabricar camisetas e tênis saem prejudicados, em comparação com os outros setores do capital que se deleitam com a mão de obra barata vestida, alimentada e entretida por importados baratos.

---

[2] Ibidem.

Mas há outros incentivos, além daqueles da concorrência ruinosa, para que sejam adotadas novas tecnologias. Muitas inovações são concebidas para desempoderar o trabalhador tanto no mercado quanto no processo de trabalho. Tecnologias que substituem a mão de obra qualificada e o poder monopólico que determinadas habilidades conferem, com estruturas laborais que não exigem qualificação (do tipo que pode ser realizado indiferentemente por mulheres e crianças – ou, como diz o especialista em estudos de tempo e movimento Frederick Taylor, por um "gorila treinado"), são uma arma crucial na luta de classes.

> Mas a maquinaria não atua apenas como concorrente poderoso, sempre pronto a tornar "supérfluo" o trabalhador assalariado. O capital, de maneira aberta e tendencial, proclama e maneja a maquinaria como potência hostil ao trabalhador. Ela se converte na arma mais poderosa para a repressão das periódicas revoltas operárias, greves etc. contra a autocracia do capital.[3]

A criação, por meio do desemprego tecnologicamente induzido, de um exército industrial de reserva põe em foco as adaptações tecnológicas capazes de poupar mão de obra. Inovações que melhoram a eficiência e a coordenação, ou aceleram os tempos de rotação na produção e na circulação, produzem quantidades maiores de mais-valor para o capital. A necessidade de expansão da produção para acomodar a acumulação infindável de capital cria um forte incentivo para se ampliar o mercado de bens existentes, reduzindo-se o preço de produção ou criando-se linhas de produtos e setores industriais inteiramente novos (como o de eletrônicos nas últimas décadas). Novas tecnologias e inovação de produtos andam de mãos dadas. Esses incentivos existem até mesmo sob condições de monopólio ou oligopólio. No entanto, todos se concentram em larga medida no momento da valorização. Independentemente do equilíbrio entre concorrência e poder monopólico, o resultado global é assegurar a dinâmica contínua e perpetuamente revolucionária da mudança tecnológica e organizacional sob o capitalismo. Sempre que a concorrência abranda e produz estagnação, torna-se prioridade revitalizá-la, até mesmo com políticas públicas. Os problemas causados pela "estagflação" nas regiões centrais do capitalismo nos anos 1970 foram parcialmente resolvidos com a abertura do comércio mundial para uma estrutura globalizada de concorrência.

A análise de Marx da mudança tecnológica pode ser restrita às forças que afetam a produtividade da força de trabalho no processo de valorização, mas ele tem uma abordagem ampla da questão dos meios mobilizados para tanto. Ele reconhece, por exemplo, a importância do software e da forma organizacional, para além do

---

[3] Ibidem, p. 508.

hardware das máquinas. Para serem efetivos, computadores e telefones celulares requerem programas e aplicativos, bem como redes de comunicação. Se você for parar em algum local sem sinal, toda a sofisticação disponível no seu celular não servirá para muita coisa. A evolução das formas organizacionais (tais como as empresas capitalistas modernas, as redes de comunicação, as universidades e institutos de pesquisa) foi tão importante quanto o desenvolvimento do hardware (o computador e a mecânica da linha de produção) e do software (design programado, aplicativos, agendamento otimizado e sistemas de gestão *just-in-time*). Ainda que sejam importantes e úteis as distinções entre hardware, software e forma organizacional, é preciso aprender a reconhecer cada um desses elementos como uma relação interna do outro. É possível, obviamente, escrever sobre a evolução do design automobilístico em si, mas fazer isso como se as inovações de Henry Ford na linha de produção não tivessem tido nenhum papel na evolução subsequente da indústria seria simplesmente deixar de lado algo vital para a história. Seria como escrever a história do computador sem fazer menção à Microsoft e às consequências sociais e políticas da internet.

Apesar de circunscrita em termos de enfoque, a análise que Marx faz da tecnologia está ligada a uma abordagem ampla de seu papel na trajetória evolutiva do capital. "A tecnologia", escreve Marx em uma importante nota de rodapé d'*O capital*, "desvela a atitude ativa do homem em relação à natureza, o processo imediato de produção de sua vida e, com isso, também de suas condições sociais de vida e das concepções espirituais que delas decorrem."[4] "Desvelar" não significa "determinar".

Marx não era um "determinista tecnológico". A visão disseminada, comum a muitos de seus detratores e defensores, de que ele considerava as transformações nas forças produtivas o principal motor da mudança histórica é incorreta. Sem dúvida, as relações contraditórias entre o dinamismo tecnológico e as relações sociais do capitalismo desempenharam um papel importante e frequentemente desestabilizador na história do capital, mas essa não foi a única contradição nessa história[5]. Da mesma maneira, a história pode até ser a história das lutas de classes, mas está longe de ser apenas isso. Muitas dessas frases de efeito de Marx podem induzir a erro. Deve-se sempre verificá-las no trabalho substancial de Marx para precisar de que maneira se deve interpretá-las. Por exemplo, por que ele escreveu o Livro II d'*O capital* sob a assunção da mudança tecnológica nula e não fez sequer uma menção à luta de classes? Certamente o conteúdo do Livro II é relevante para a evolução do capital, não? A grande discussão sobre serem as forças produtivas ou as

---

[4] Ibidem, n, 89, p. 446.
[5] Turan Subasat (org.), *The Great Meltdown of 2008*, cit.; Neil Larsen et al. (orgs.), *Marxism and the Critique of Value*, cit.

relações sociais o primeiro motor do desenvolvimento capitalista acaba perdendo o ponto essencial. Ela não situa o estudo de Marx sobre a tecnologia no contexto da totalidade das relações que constituem uma formação social capitalista. Também assume, sem nenhum bom motivo, que deve haver um motor principal.

No Livro I, Marx nos convida a considerar como todos os diferentes "momentos" listados acima (aos quais acrescentei arranjos institucionais dos tipos descritos no segundo capítulo do Livro I para completar a lista) interagem e se relacionam uns com os outros. Nossas concepções espirituais dependem, por exemplo, de nossa habilidade de ver, medir, calibrar; hoje, temos telescópios e microscópios, raios-x, tomografias computadorizadas etc. que nos ajudam a compreender como o cosmo e o corpo humano funcionam. Mas, isso posto, devemos considerar por que alguém em determinado lugar concebeu algo como o telescópio ou o microscópio e quem descobriu os cortadores de lentes e artesãos para fabricá-los, além de um mecenas para usá-los (em geral em situação de antagonismo e oposição). O resultado foi o desenvolvimento de novas maneiras de ver, novas concepções do mundo da natureza e de nosso lugar nele por intermédio desses novos instrumentos. Como o poeta William Blake disse certa vez: "*What now is proved was once only imagin'd*" [Aquilo que hoje está comprovado não foi outrora senão imaginado].

Todos os sete momentos – tecnologias, relação com a natureza, relações sociais, modo de produção material, vida cotidiana, concepções espirituais e estruturas institucionais – se relacionam no interior da totalidade do capitalismo em um processo de evolução contínua, movido pela circulação contínua de capital, que opera, por assim dizer, como o motor da totalidade. Desenvolvimentos em todos os sete momentos – todos autônomos e independentes, mas ao mesmo tempo sobrepostos e vinculados uns aos outros – podem conduzir a totalidade em uma ou outra direção. Pelo mesmo motivo, recalcitrância ou imobilidade em torno de qualquer um dos momentos podem atravancar transformações em processos que estão ocorrendo nos outros. Inovações tecnológicas na forma-dinheiro não levam a lugar algum, como vimos anteriormente, se não forem acompanhadas de no mínimo transformações paralelas nas relações sociais, nas concepções espirituais e nos arranjos institucionais. Novas tecnologias (como a internet e as mídias sociais) prometem um futuro socialista utópico, mas, na ausência de outras formas de ação, acabam cooptadas pelo capital e transformadas em novas formas e modos de exploração e acumulação. Mas, pelo mesmo motivo, mudanças autônomas em um dos momentos podem provocar transformações dramáticas em todo o conjunto. O surgimento repentino de novos patógenos, como HIV/Aids, ebola ou zika, exige rápida adaptação ao longo de todos os sete momentos. A dificuldade de nos organizarmos para lidar com a mudança climática é que isso exige mudanças drásticas em todos os sete momentos. O fato de algumas pessoas negarem o problema (concepções espirituais) ou acreditarem ingenuamente que há uma solução tecnológica única (capitalismo verde) que, como uma bala de prata, pode ser implementada sem mudar mais nada (como, por exemplo, as relações sociais dominantes e a vida cotidiana) faz com que as iniciativas sejam fadadas ao fracasso.

Boa parte da literatura nas ciências sociais favorece algum tipo de teoria unicausal da transformação social. Institucionalistas favorecem as inovações institucionais, deterministas econômicos privilegiam as novas tecnologias de produção, socialistas e anarquistas priorizam a luta de classes, idealistas preferem a mudança das concepções espirituais, teóricos culturais se concentram nas transformações da vida cotidiana, e assim por diante. Marx não pode nem deve ser lido como um teórico unicausal, ainda que diversas representações de sua obra o vejam assim. O Livro I d'*O capital*, em particular, não pode ser analisado dessa maneira, embora o texto dê muita ênfase aos impactos das adaptações e do dinamismo tecnológicos. Na obra substancial de Marx, não há um primeiro motor, mas um emaranhado de movimentos frequentemente contraditórios pelos diferentes momentos e entre eles que precisam ser identificados e destrinchados.

Isso não significa que em certos lugares e tempos um ou outro desses sete momentos não possa assumir um papel predominante na disrupção das configurações existentes ou na resistência obstinada à mudança. Assim, quando falamos de revoluções tecnológicas, revoluções culturais, revoluções políticas, revolução informacional ou revoluções nas concepções espirituais, além de contrarrevoluções em qualquer um desses campos, estamos reconhecendo a maneira contingente com que a história do capital se desenrola em geral por esses diferentes momentos e ao longo deles. Marx, é claro, almejava algum tipo de revolução socialista ou comunista (e em diversos momentos adotou uma visão um tanto teleológica do progresso inevitável rumo ao comunismo). Mas nunca foi capaz de especificar qual configuração desses sete momentos poderia suscitar tais transformações. O fracasso do comunismo soviético pode ser atribuído em larga medida à forma como a interação entre os sete momentos foi ignorada, em benefício de uma teoria unicausal segundo a qual o caminho correto para o comunismo eram as revoluções nas forças produtivas.

Em estudos históricos mais detalhados, assim como no próprio *O capital*, Marx ilustra a contingência disso tudo. O que constitui uma revolução não é um movimento político ou um evento disruptivo como a tomada do Palácio de Inverno. A revolução é um processo contínuo de movimentos que percorre cada um dos diferentes momentos. O capital é inerentemente revolucionário, de acordo com Marx, porque é valor em movimento sob condições de contínuo crescimento e contínua inovação tecnológica. Transformações perpétuas na tecnologia da valorização têm reverberações em toda parte. Mas a revolução neoliberal foi tanto uma revolução nas concepções espirituais populares quanto uma revolução institucional e tecnológica[6]. A mudança revolucionária consciente, por outro lado, implica uma redefinição e um redirecionamento de movimentos existentes em todos os momentos. As pessoas podem até mudar suas concepções espirituais, mas isso não significa nada, se elas não estiverem dispostas a mudar suas relações sociais, sua vida cotidiana, sua relação com a natureza, seu modo de produção e suas estruturas institucionais.

Mas, se é verdade que as formas organizacionais e as modalidades de operação são tão importantes quanto o hardware e o software e se a incorporação das relações sociais, do conhecimento, das habilidades e *mentalités* em forma de hardware é inelutável, então toda a questão do significado e do impacto da tecnologia na vida social e em nossa relação com a natureza, bem como em nossas relações sociais, torna-se muito mais complexa e difusa. Essa é, em meu entender, a grande importância do comentário de Marx numa nota de rodapé importante do capítulo 13 do Livro I. No entanto, eliminar as certezas que vêm associadas a um reducionismo estreito (tecnológico, no sentido estrito de hardware, neste caso) tem a desvantagem do confronto com um mundo em que tudo está relacionado com tudo. Daí o anseio, ao qual devemos resistir, de designar um primeiro motor. Daí também a tendência a fetichizar a mudança tecnológica, não apenas como primeiro motor, mas também como resposta a todos os males.

Na medida em que tudo isso configura uma visão da obra de Marx um tanto diferente daquela que costuma ser propagada tanto por marxistas quanto por críticos de Marx, devo fornecer brevemente a evidência que a sustenta. Essa evidência é mais bem representada pela estrutura e pelo argumento do Livro I d'*O capital*. O capital não poderia ter surgido sem que certas condições preexistentes já estivessem estabelecidas. A troca mercantil, um sistema monetário apropriado, um mercado de trabalho em funcionamento, arranjos institucionais mínimos (como o indivíduo jurídico, as leis e a propriedade privada) e um mercado de consumo para absorver as mercadorias produzidas, todos esses elementos eram requisitos mínimos (ver Figura 2, p. 20). Também um certo nível de produtividade e qualificação do trabalhador, bem como a disponibilidade de certos meios de produção básicos (como terra, ferramentas e outros instrumentos de trabalho, além de infraestrutura física, como transporte). Marx reconheceu que a produtividade inicial do trabalho dependia também de condições naturais (fertilidade e dádivas gratuitas da natureza, tais como cachoeiras, recursos minerais, processos biológicos de crescimento e reprodução de plantas e animais etc.), assim como de histórias e conquistas culturais (acumulação de habilidades, conhecimentos, concepções espirituais, relações

---

[6] David Harvey, *O neoliberalismo: história e implicações* (trad. Adail Ubirajara Sobral e Maria Stela Gonçalves, São Paulo, Loyola, 2005).

sociais habituais, disciplina temporal etc.) de diferentes povos. As dádivas gratuitas da natureza e da história cultural da natureza humana são a base para a acumulação do capital começar. Essas dádivas gratuitas continuam a ser de grande importância, uma vez que o capital busca cada vez mais cercá-las e privatizá-las para extrair renda (por exemplo, impondo um preço sobre o conhecimento, que não possui valor).

Leia o Livro I d'*O capital* com cuidado e você verá com que frequência Marx reitera esses pontos. No capítulo 24 do Livro I, ele descreve quantas dessas precondições foram produzidas através dos processos de acumulação primitiva. A chave para o capital propriamente dito está, entretanto, na passagem da fabricação dos produtos (alguns dos quais podem ser trocados no mercado) à produção de mais-valor pela produção sistemática de mercadorias para o mercado. Esta última constitui o objetivo exclusivo dos produtores diretos. Tais produtores são definidos como capitalistas.

O capital se apropria dos processos e condições existentes e os transforma em algo perfeitamente ajustado aos requisitos de um modo de produção capitalista. O mesmo vale para as técnicas. Ele se apropria de antigas capacidades de cooperação (como aquelas demonstradas na construção das pirâmides do Egito) e as combina em uma forma organizacional adequada à reprodução de uma classe capitalista que procura colher para si todos os ganhos de produtividade advindos da cooperação e das crescentes economias de escala. Com isso, transforma as relações sociais entre o capital e o trabalho (com capatazes e administradores entre eles) no interior do processo de trabalho (ver capítulo 11 do Livro I). Da mesma maneira, apropria-se das divisões de trabalho preexistentes e separa cada uma delas em divisões planejadas de trabalho no interior da forma capitalista e em divisões de trabalho na sociedade coordenadas por indicadores do mercado. Cria novas hierarquias no processo de trabalho e sujeita tanto o capital quanto o trabalho à disciplina do capital na produção e à indisciplina dos processos anárquicos de mercado (ver o capítulo 12 do Livro I). Radicaliza técnicas antigas em larga medida por meio de transformações na escala da produção e na complexidade dos diferentes ofícios reunidos sob o comando do capital. Subdivide as divisões de trabalho existentes em divisões cada vez mais especializadas, formando partes de um todo muito maior. Por fim, chega-se a um ponto em que o capital precisa controlar o próprio processo de trabalho pela criação do sistema fabril. Marx caracteriza esse ponto como a passagem de uma subsunção formal (coordenações por intermédio de mecanismos de mercado) a uma subsunção real (sob a supervisão direta do capital) do trabalho no capital[7]. A tecnologia é organizada de maneira puramente capitalista pela instalação de uma fonte de energia externa situada para além da força manual do trabalhador.

---

[7] Karl Marx, "The Results of the Immediate Process of Production", cit., p. 1.019-49.

O ponto alto vem com a produção de máquinas por máquinas (um *insight* espantoso de Marx, que somente agora, com o advento da inteligência artificial, está sendo plenamente elaborado). Repare que a construção de forças produtivas adaptadas a um modo de produção capitalista surge no fim dessa sequência, de modo que é muito difícil ver como as forças produtivas poderiam constituir a força motriz da transformação histórica, dada a narrativa construída por Marx[8]. Elas são efetivamente o resultado histórico desse processo. Seria típico de Marx tornar a defender que o que em determinada etapa é um resultado pode num momento posterior se tornar um agente motriz fundamental (algo que é provavelmente mais verdadeiro para a tecnologia e a forma organizacional de hoje do que para a do século XVIII).

Mas, ao estudar essas transições, Marx descreve cuidadosamente as outras transformações que precisam ocorrer para que esse movimento revolucionário seja efetivamente completado. Ele argumenta, por exemplo, que a produção, que antigamente era considerada uma arte repleta de mistérios, aprendidos por certa dinâmica de aprendizagem, deve se tornar uma ciência que, quando combinada com o controle capitalista do processo de trabalho, efetivamente define a tecnologia como uma esfera distinta de ação, própria do capital[9]. Sociedades pré-capitalistas possuíam *techné*, mas o capitalismo possui uma tecnologia que não admite mistérios, que disseca cientificamente a natureza a fim de exercer controle. Isso implica uma mudança de mentalidade não apenas em relação à produção em si mas também no que diz respeito à natureza, que tem de ser construída como um objeto morto (em vez de fecundo e vivo) aberto à dominação e manipulação humana (Marx cita Descartes aqui)[10].

Enquanto isso, o trabalhador se torna um "indivíduo parcial", preso em uma função particular da divisão do trabalho, sob o domínio da máquina – em vez de uma pessoa inteira, controlando seu próprio processo de trabalho[11]. A forma organizacional da fábrica e o sistema fabril constituem uma ruptura radical, como vimos, em relação à produção artesanal. A destruição desta última e sua transformação em trabalho fabril muda a natureza das relações sociais, assim como o emprego de mulheres e crianças e a reconfiguração da vida familiar e do trabalho no interior das classes trabalhadoras. Cria-se um novo fundamento econômico para uma forma superior da família[12]. A flexibilidade e a fluidez exigidas do trabalhador impõem:

---

[8] David Harvey, "Crisis Theory and the Falling Rate of Profit", cit.; Karl Marx, *O capital*, Livro I, cit.
[9] Karl Marx, *O capital*, Livro I, cit., p. 556.
[10] Idem.
[11] Ibidem, p. 558.
[12] Ibidem, p. 560.

a substituição dessa realidade monstruosa, na qual uma miserável população trabalhadora é mantida como reserva, pronta a satisfazer as necessidades mutáveis de exploração que experimenta o capital, pela disponibilidade absoluta do homem para cumprir as exigências variáveis do trabalho; a substituição do indivíduo parcial, mero portador de uma função social de detalhe, pelo indivíduo plenamente desenvolvido, para o qual as diversas funções sociais são modos alternantes de atividade.[13]

A regulação estatal se torna importante no que diz respeito à jornada de trabalho e às leis trabalhistas; ao mesmo tempo, o Estado determina a educação compulsória para garantir uma força de trabalho letrada e prontamente adaptável às necessidades cambiantes dos processos de trabalho em evolução do capital. Todas essas mudanças são mencionadas no capítulo 13 do Livro I.

Marx também assinala que:

> O revolucionamento do modo de produção numa esfera da indústria condiciona seu revolucionamento em outra. [...] Assim, a fiação mecanizada tornou necessário mecanizar a tecelagem, e ambas tornaram necessária a revolução mecânico-química no branqueamento, na estampagem e no tingimento. Por outro lado, a revolução na fiação do algodão provocou a invenção da *gin* para separar a fibra do algodão da semente, o que finalmente possibilitou a produção de algodão na larga escala agora exigida. Mas a revolução no modo de produção da indústria e da agricultura provocou também uma revolução nas condições gerais do processo de produção social, isto é, nos meios de comunicação e transporte [...] o sistema de comunicação e transporte foi gradualmente ajustado ao modo de produção da grande indústria por meio de um sistema de navios fluviais, transatlânticos a vapor, ferrovias e telégrafos.[14]

Em determinado momento, entretanto, "a grande indústria teve [...] de se apoderar de seu meio característico de produção, a própria máquina, e produzir máquinas por meio de máquinas. Somente assim ela criou sua base técnica adequada e se firmou sobre seus próprios pés"[15]. É nesse ponto de *O capital* que Marx mapeia os efeitos da externalidade pelos quais se consolidou e se completou aquilo que ele denominava a "revolução industrial".

Por fim, e possivelmente mais importante de tudo, a própria tecnologia se torna um negócio[16]. Com a invenção da máquina a vapor, surgiu uma inovação que teve

---

[13] Ibidem, p. 558.
[14] Ibidem, p. 457-8.
[15] Ibidem, p. 458.
[16] Idem, *Grundrisse*, cit., p. 654-5.

múltiplas aplicações no campo dos transportes, da mineração, da lavoura e da moagem, sem falar das fábricas e seus teares mecânicos. É precisa aqui a analogia com os computadores nos dias de hoje e suas inúmeras aplicações. Uma vez que se torna um negócio, a tecnologia produz uma mercadoria – novas tecnologias ou formas organizacionais – que precisa encontrar ou até mesmo criar um novo mercado.

Não estamos mais diante do empreendedor individual que tenta encontrar maneiras de aprimorar a produtividade por meio de invenções e inovações em seu próprio estabelecimento de produção, e sim de um vasto setor da indústria especializado em inovação e dedicado a vender inovações para os demais (tanto produtores quanto consumidores). A mercearia ou a loja de ferragens da esquina é instigada, persuadida e eventualmente forçada (pelas autoridades tributárias) a adotar uma sofisticada máquina de negócios para gerir seu estoque e controlar vendas, compras e impostos. O custo dessa tecnologia pode excluir do setor os pequenos negócios em benefício de grande lojas e centros atacadistas, favorecendo, portanto, a crescente centralização de capital. A adoção de muitas dessas inovações depende de sua capacidade de disciplinar e desempoderar os trabalhadores, elevar a produtividade da mão de obra e aumentar a eficiência e a velocidade da rotação do capital tanto na produção quanto na circulação. Com isso, o capitalismo como um todo cai de amores pela transformação tecnológica e pela certeza do progresso econômico. A crença fetichista nas soluções e inovações tecnológicas como resposta a todos os problemas enraíza-se ainda mais, bem como como a falsa ideia de que deve haver um primeiro motor. Essa crença fetichista é alimentada por aquele segmento do capital que transforma inovação e tecnologia em um grande negócio, com consultores especializados em formas organizacionais vendendo receitas para melhorar a gestão, empresas farmacêuticas criando remédios para doenças que não existem e peritos em informática insistindo em sistemas de automação que ninguém, além de uns poucos iniciados, consegue compreender. Empreendedores e corporações capitalistas não adotam inovações porque querem, mas porque são persuadidos a fazê-lo ou porque precisam fazê-lo a fim de obter ou manter sua fatia de mercado e assim garantir sua reprodução enquanto capitalistas.

Não é preciso aceitar o aparato conceitual de Marx para ver a coerência de seus argumentos a respeito das origens do fetichismo tecnológico. O fetichismo não é puramente imaginário, ele possui uma base muito real. A produtividade aparece como a grande chave para a estabilidade e o crescimento capitalista, e a taxa de lucro é crucialmente determinada por ela. Quando Alan Greenspan mostra que a questão dos ganhos de produtividade é colocada como o centro da dinâmica do capitalismo estadunidense, ele não está embarcando em divagações fictícias. O perigo, como vimos na recente conturbação dos mercados de capital, é atribuir aos ganhos de produtividade um papel que simplesmente não podem cumprir. Os ganhos de produtividade contribuíram para produzir a mazela da instabilidade e da volatilidade. Da mesma maneira, descompassos na produtividade produzem sérios problemas para a espiral de acumulação infindável[17]. Seria, portanto, completamente equivocado (e fetichista) procurar uma solução tecnológica para os dilemas atuais da instabilidade econômica. A resposta, com quase toda a certeza, terá de ser encontrada na transformação das relações sociais e políticas, bem como nas concepções espirituais, nos sistemas de produção e em todos os demais momentos do processo evolutivo, em combinação com as transformações tecnológicas e organizacionais que forem apropriadas para determinados fins sociais.

Isso não significa que o ímpeto geral da evolução tecnológica seja arbitrário e sem direção. A crença fetichista em soluções tecnológicas sustenta a visão naturalista segundo a qual o progresso tecnológico é ao mesmo tempo inevitável e bom, e não há nenhuma maneira de podermos ou até mesmo tentarmos controlá-lo ou redirecioná-lo coletivamente, muito menos circunscrevê-lo. Mas é característico dos construtos fetichistas tornar a ação social sujeita a crenças míticas. Embora tenham um fundo material, essas crenças escapam das restrições materiais para, uma vez aplicadas, acarretar consequências materiais muito claras.

Considere, por exemplo, o controle sobre o processo de trabalho, algo que sempre foi central para a valorização. A fantasia de que o trabalhador pode ser transformado em mero apêndice da circulação do capital entranha-se nesse processo. Muitos inovadores industriais adotam essa fantasia como sua principal meta. Um industrial francês, renomado por suas inovações na indústria de máquinas-ferramenta, proclamou abertamente que seus três objetivos eram estes: aumentar a precisão, aumentar a produtividade e desempoderar o trabalhador[18]. O sistema fabril, o taylorismo, a automação, a robotização e a derradeira eliminação do trabalho vivo por meio da inteligência artificial (IA) respondem a esse desejo. Robôs (exceto na ficção científica) não reclamam, não respondem, não processam, não adoecem, não fazem operação tartaruga, não perdem o foco, não entram em greve, não exigem salários melhores, não se preocupam com as condições de trabalho, não exigem pausas para o café e muito menos deixam de comparecer ao trabalho[19]. A fantasia fetichista de controle total sobre o trabalhador e da derradeira substituição deste por meio da tecnologia tem suas raízes no imperativo de aumentar a produtividade por qualquer meio possível.

---

[17] Robert J. Gordon, *The Rise and Fall of American Growth: The U.S. Standard of Living since the Civil War* (Princeton, Princeton University Press, 2016).
[18] Denis Poulot, *Le sublime* (Paris, Maspero, 1980).
[19] Erik Brynjolfsson e Andrew McAfee, *The Second Machine Age: Work, Progress, and Prosperity in a Time of Brilliant Technologies* (Nova York, Norton, 2014).

No mercado de trabalho, o desemprego tecnologicamente induzido enfraquece o poder de barganha dos trabalhadores. Expedientes de desqualificação [*deskilling*] e homogeneização do processo de trabalho eliminam os poderes monopólicos que derivam de habilidades de trabalho não replicáveis. John Stuart Mill considerava "questionável que todas as invenções mecânicas já feitas tenham servido para aliviar a faina diária de algum ser humano". Para Marx, isso era mais do que evidente, pois em seu entendimento o objetivo da maquinaria nunca foi aliviar a carga de trabalho, e sim elevar a extração de lucro do trabalho[20]. Ocasionalmente, os capitalistas reconhecem que a fantasia de controle total sobre a força de trabalho pela tecnologia das máquinas é débil e voltam-se para formas organizacionais de cooperação, colaboração, autonomia responsável, círculos de controle de qualidade, especialização flexível etc. O capital pode incorporar qualquer forma organizacional que os próprios trabalhadores possam propor e moldá-la conforme sua própria finalidade, que é a produção de mais-valor. O sonho se torna um pesadelo. Frankenstein está à solta, HAL, o computador de *2001: uma odisseia no espaço*, segue sua vontade própria, os replicantes de *Blade Runner* buscam o poder e a perpetuação. Os poderes sombrios do antivalor surgem das sombras para desafiar a autonomia dos trabalhadores.

Se o trabalho vivo é fonte de valor e lucro, substituí-lo por trabalho morto ou robotizado não faz sentido nem político nem econômico. Para Marx, essa é uma das contradições centrais do capitalismo. Ela mina sua capacidade de se manter em trajetória de crescimento equilibrado. Mas também produz as consequências indesejadas que Marx explicita nos *Grundrisse*:

> à medida que a grande indústria se desenvolve, a criação da riqueza efetiva passa a depender menos do tempo de trabalho e do *quantum* de trabalho empregado que do poder dos agentes postos em movimento durante o tempo de trabalho, poder que – sua poderosa efetividade –, por sua vez, não tem nenhuma relação com o tempo de trabalho imediato que custa sua produção, mas que depende, ao contrário, do nível geral da ciência e do progresso da tecnologia, ou da aplicação dessa ciência à produção. (Por seu lado, o próprio desenvolvimento dessa ciência, especialmente da ciência natural e, com esta, todas as demais, está relacionado ao desenvolvimento da produção material.) [...] [O trabalhador] interpõe o processo natural, que ele converte em um processo industrial, como meio entre ele e a natureza inorgânica, da qual se assenhora. Ele se coloca ao lado do processo de produção, em lugar de ser o seu agente principal. Nessa transformação, o que aparece como a grande coluna de sustentação da produção e da riqueza não é nem o trabalho imediato que o próprio ser humano executa nem o tempo que ele trabalha, mas a apropriação de sua própria força produtiva geral, sua

---

[20] Karl Marx, *O capital*, Livro I, p. 445.

compreensão e seu domínio da natureza por sua existência como corpo social – em suma, o desenvolvimento do indivíduo social. O *roubo de tempo de trabalho alheio, sobre o qual a riqueza atual se baseia*, aparece como fundamento miserável em comparação com esse novo fundamento desenvolvido, criado por meio da própria grande indústria. Tão logo o trabalho na sua forma imediata deixa de ser a grande fonte da riqueza, o tempo de trabalho deixa, e tem de deixar, de ser a sua medida e, em consequência, o valor de troca deixa de ser [a medida] do valor de uso. O *trabalho excedente da massa* deixa de ser condição para o desenvolvimento da riqueza geral, assim como o não *trabalho dos poucos* deixa de ser condição do desenvolvimento das forças gerais do cérebro humano. Com isso, desmorona a produção baseada no valor de troca [...]. O próprio capital é a contradição em processo, [pelo fato] de que procura reduzir o tempo de trabalho a um mínimo, ao mesmo tempo que, por outro lado, põe o tempo de trabalho como única medida e fonte da riqueza. [...] Por um lado, portanto, ele traz à vida todas as forças da ciência e da natureza, bem como da combinação social e do intercâmbio social, para tornar a criação da riqueza (relativamente) independente do tempo de trabalho nela empregado. Por outro lado, ele quer medir essas gigantescas forças sociais assim criadas pelo tempo de trabalho e encerrá-las nos limites requeridos para conservar o valor já criado como valor.[21]

Isso tem sido destacado como a contradição central da evolução do capital, uma contradição com consequências de amplo alcance.

Uma vez que se tornou um negócio, a tecnologia fez o que todo negócio procura fazer: estender seu alcance, construir novos mercados e atrair investimentos de capital portador de juros para sustentar e ampliar sua posição como próspera esfera de criação de valor e mais-valor no interior da divisão geral de trabalho. Na época em que Marx escrevia, esse negócio estava ainda em suas etapas incipientes, formativas. No entanto, ele reconheceu claramente que as indústrias de máquinas-ferramenta e de engenharia mecânica (com o motor a vapor à frente) estavam destinadas a desempenhar um papel poderoso no setor da tecnologia por meio da criação de tecnologias genéricas. Mas, na medida em que estava concentrado sobretudo no processo de valorização no Livro I de *O capital*, Marx não chegou a investigar a fundo as novas tecnologias e formas organizacionais que estavam se desenvolvendo na realização, no consumo e na reprodução social (incluindo a reprodução da força de trabalho). Hoje, as tecnologias utilizadas num domicílio médio dos Estados Unidos estão muito além de qualquer coisa que Marx pudesse imaginar. Ele também não examinou em detalhes a complexa arena da distribuição (embora tenha reconhecido a importância das formas de organização industrial,

---

[21] Karl Marx, *Grundrisse*, cit., p. 588-9.

como a empresa de capital aberto e as inovações no mundo bancário e financeiro, assim como a florescente esfera de criação de antivalor no interior do sistema de crédito). Marx não tinha muito que dizer sobre as rápidas transformações que ocorriam no campo das infraestruturas físicas, embora, é claro, os canais, os barcos a vapor, as ferrovias, os telégrafos e a iluminação a gás, assim como o abastecimento de água, tenham sido dignos de nota em seus escritos. Mas são mencionadas as tecnologias de administração estatal, saúde pública, educação e inovação militar. Esta última é há tempos um centro importante de inovação no que diz respeito à concepção de novos produtos e novos modos de organização, softwares e hardwares. Formas militarizadas de vigilância e controle, de policiamento e regulação tornaram-se amplamente disseminadas. A tecnologia como negócio não demonstrou absolutamente nenhuma inibição a se aventurar onde Marx não se arriscou. Ela colonizou com gosto todas essas áreas.

A impressão que nos fica, ao ler Marx, é a do capital circulando com as combinações tecnológicas em constante transformação, muitas vezes de maneira disruptiva, no momento da produção, enquanto o restante do processo de circulação – realização, distribuição e reinvestimento – permanece intocado. A verdade, é claro, é que as tecnologias de circulação também sofreram mudanças dramáticas. A questão é saber até que ponto os *insights* e os comentários prescientes de Marx resistem ao escrutínio contemporâneo, considerados seus evidentes pontos cegos.

Penso que ninguém diria que mudanças tecnológicas na esfera da valorização são irrelevantes. Na medida em que Marx demonstra, em seu estudo, que o capital tem de ser tecnologicamente dinâmico a todo custo, isso configura uma afirmação universal a respeito da natureza do capital que vale tanto para a época de Marx quanto para a nossa. A transformação tecnológica e organizacional é endógena e inerente ao capital, e não exógena e acidental (como muitos estudos frequentemente a apresentam).

Marx identifica uma série de fatos relacionados que merecem nossa atenção. Em primeiro lugar, as inovações em uma esfera provocam efeitos de externalidade que proliferam de tal forma que há uma consequente difusão de impulsos tecnológicos e organizacionais ao longo da totalidade de qualquer sistema capitalista. Em segundo lugar, quando a tecnologia se torna um negócio autônomo, ela deixa de responder primariamente a determinadas necessidades e passa a criar inovações que precisam encontrar e definir novos mercados. A partir desse momento, ela precisa criar ativamente novas vontades, necessidades e desejos não apenas nos produtores (pelo consumo produtivo), mas também, como todos nós testemunhamos cotidianamente à nossa volta, nos consumidores. O negócio prospera e promove ativamente a crença fetichista na existência de soluções tecnológicas para todos os problemas. Em terceiro lugar, a maneira pela qual Marx situa essas mudanças tecnológicas em relação a concepções espirituais, relações sociais, relação com a natureza, vida cotidiana, materialidade da produção de mercadorias e arranjos institucionais do Estado e da sociedade civil segue firme como um modo de pensar que precisa urgentemente ser desenvolvido e articulado. Dessa perspectiva – que me parece uma maneira brilhante de organizar nossas próprias reflexões críticas –, é possível atacar todas aquelas teorias unicausais sobre a transformação histórica, inclusive a que é indevidamente jogada nas costas de Marx.

Por fim, as indicações sombrias de Marx a respeito do pensamento e da política equivocada que derivam do fetichismo tecnológico demandam atenção. Por exemplo, é simplesmente ridícula a ideia de que a construção de cidades inteligentes, geridas por meio da mineração de vastos conjuntos de dados, possa ser a resposta para erradicar todos os males urbanos, como a pobreza, as desigualdades, as discriminações racial e de classe e a extração de riqueza por meio de despejos e outras formas de acumulação por espoliação. É contraproducente, se não contrarrevolucionária. Cria uma névoa fetichista – uma grande distração – entre o ativismo político e as realidades urbanas, os prazeres e os desafios da vida cotidiana que precisam ser enfrentados.

A crença na inevitabilidade do progresso tecnológico e organizacional é antiga. Recentemente, sofreu alguns baques e, se pudermos nos fiar na cultura popular contemporânea, vem sendo cada vez mais desafiada por imaginários distópicos. Marx nos mostra uma maneira de sair do binarismo utópico/distópico e procurar caminhos tecnológicos práticos que encaram a necessidade gritante de novas relações sociais, novas concepções espirituais, novas formas de nos relacionar com a natureza e todas as outras transformações exigidas para sairmos do atoleiro atual. A tendência de fetichizar a tecnologia é um empecilho que precisa ser eliminado e, nesse ponto, Marx é um crítico tão bom quanto qualquer outro. No entanto, também é verdade que a gama de possibilidades e de combinações tecnológicas que hoje nos cerca é maior do que nunca na história humana. Sobre esse ponto, permanece firme o *insight* marxista básico: o problema da política emancipatória é liberar as imensas forças produtivas de suas amarras sociais e políticas, em suma, da dominação do capital e de uma forma particularmente nefasta de certo aparato estatal de mentalidade imperial e cada vez mais autoritário. Essa tarefa não poderia ser mais clara.

7. O espaço e o tempo do valor

"A ciência entra", escreveu Marx para Louis Kugelmann pouco após a publicação do Livro I de *O capital*, "para mostrar como a lei do valor se faz valer."[1] É típico da abordagem de Marx primeiro derivar e especificar uma lei por um processo de abstração das circunstâncias materiais (como os atos da troca mercantil) e em seguida explorar todas as possíveis contratendências que poderiam negar essa lei. Para fazer o inverso, ele escreveu, " seria preciso fornecer a ciência *antes* da ciência". Considere, portanto, como a lei do valor – até agora explorada abstrata e esquematicamente como valor em movimento – se faz valer no espaço e no tempo.

Se o capital é definido como "valor em movimento", então devemos dizer algo a respeito da configuração espaçotemporal do mundo em que ocorre esse movimento. O movimento não pode ocorrer no vácuo. Temos de abandonar a visão do valor que se move sem estar ancorado em nenhum lugar e passar a enxergá-lo criando geografias de cidades e redes de transportes, formando paisagens agrícolas para a produção de alimentos e matérias-primas, englobando fluxos de pessoas, bens e informações, determinando configurações territoriais de valores fundiários e habilidades de trabalho, organizando espaços de trabalho, estruturas de governo e administração. Também temos de levar em conta a importância das tradições acumuladas e do *know-how* da classe trabalhadora em lugares e momentos particulares, das habilidades e relações sociais (e não apenas de classe), tudo isso sem deixar de reconhecer que as lutas políticas e sociais de pessoas que viveram em determinados locais nos legaram memórias e esperanças de formas alternativas não alienadas de ser e viver.

---

[1] Karl Marx e Friedrich Engels, *Selected Correspondence*, cit., p. 208.

Marx reconheceu logo cedo que criar o mercado mundial era inerente à própria natureza do capital, mas que, ao fazê-lo, seria preciso produzir um novo tipo de espaço. Esse tema é articulado de maneira relativamente extensa no *Manifesto Comunista*. Os capitalistas comerciais minaram os poderes estáticos da propriedade fundiária feudal. Valeram-se de seu comando superior sobre o espaço para acumular grandes quantidades de riqueza e poder, comprando barato em um lugar e vendendo caro em outro. Com a ascensão do capitalismo industrial, "impelida pela necessidade de mercados sempre novos, a burguesia invade todo o globo terrestre. Necessita estabelecer-se em toda parte, explorar em toda parte, criar vínculos em toda parte". Isso confere:

> um caráter cosmopolita à produção e ao consumo em todos os países. [...] As velhas indústrias nacionais foram destruídas e continuam a ser destruídas diariamente. São suplantadas por novas indústrias, cuja introdução se torna uma questão vital para todas as nações civilizadas – indústrias que já não empregam matérias-primas nacionais, mas sim matérias-primas vindas das regiões mais distantes, e cujos produtos se consomem não somente no próprio país, mas em todas as partes do mundo. Ao invés das antigas necessidades, satisfeitas pelos produtos nacionais, surgem novas demandas, que reclamam para sua satisfação os produtos das regiões mais longínquas e de climas os mais diversos. No lugar do antigo isolamento de regiões e nações autossuficientes, desenvolvem-se um intercâmbio universal e uma universal interdependência das nações.[2]

Revoluções nos meios de transporte e comunicação aproximam todas as nações, enquanto os "baixos preços de seus produtos são a artilharia pesada que destrói todas as muralhas da China [...]. Sob pena de ruína total, ela obriga todas as nações a adotarem o modo burguês de produção [...]. Em uma palavra, cria um mundo à sua imagem e semelhança".

Essa é uma evocação espantosamente profética dos processos que recentemente denominamos "globalização". Mas não é tudo.

> A burguesia submeteu o campo à cidade. Criou grandes centros urbanos [...] suprime cada vez mais a dispersão dos meios de produção, da propriedade e da população. Aglomerou as populações, centralizou os meios de produção e concentrou a propriedade em poucas mãos. A consequência necessária dessas transformações foi a centralização política. Províncias independentes, ligadas apenas por débeis laços federativos, possuindo interesses, leis, governos e tarifas aduaneiras diferentes, foram reunidas em

---

[2] Idem, *Manifesto Comunista* (trad. Álvaro Pina e Ivana Jinkings, 1. ed. rev., São Paulo, Boitempo, 2010), p. 43.

uma só nação, com *um só* governo, *uma só* lei, *um só* interesse nacional de classe, *uma só* barreira alfandegária.[3]

Já eram identificáveis os processos que levaram à unificação da Alemanha e da Itália no final do século XIX e à criação da União Europeia, da Organização Mundial do Comércio (OMC) e do poderoso Fundo Monetário Internacional (FMI) no século XX. Sentimentos parecidos são expressos nos *Grundrisse*:

> uma condição da produção baseada no capital é *a produção de um círculo sempre ampliado da circulação* [...]. A tendência de criar o *mercado mundial* está imediatamente dada no próprio conceito do capital. Cada limite aparece como barreira a ser superada. [...] a produção de *valor excedente relativo* [...] requer a produção de novo consumo [...]. Primeiro, ampliação quantitativa do consumo existente; segundo, criação de novas necessidades pela propagação das existentes em um círculo mais amplo; *terceiro*, produção de *novas* necessidades e descoberta e criação de novos valores de uso. [...] O capital, de acordo com essa sua tendência, move-se para além tanto das fronteiras e dos preconceitos nacionais quanto da divinização da natureza, bem como da satisfação tradicional das necessidades correntes, complacentemente circunscrita a certos limites, e da reprodução do modo de vida anterior. O capital é destrutivo disso tudo e revoluciona constantemente, derruba todas as barreiras que impedem o desenvolvimento das forças produtivas, a ampliação das necessidades, a diversidade da produção e a exploração e a troca das forças naturais e espirituais.[4]

A lei do valor internaliza o imperativo de formação do mercado mundial e remodelação das geografias de produção e consumo à imagem e semelhança do capital.

> É somente o comércio internacional, o desenvolvimento do mercado em mercado mundial, que faz com que o dinheiro se desenvolva em dinheiro mundial e o trabalho abstrato se torne trabalho social. Riqueza, valor e dinheiro abstratos, e portanto o trabalho abstrato, desenvolvem-se na medida em que trabalho concreto se torna uma totalidade de diferentes formas de trabalho abraçando o mercado mundial. [...] Essa é ao mesmo tempo a precondição e o resultado da produção capitalista.[5]

Para que isso ocorresse, era preciso reduzir as barreiras físicas ao movimento. Na época de Marx, o advento de barcos a vapor e ferrovias e a construção de portos,

---

[3] Ibidem, p. 44.
[4] Karl Marx, *Grundrisse*, cit., p. 332-4.
[5] Idem, *Theories of Surplus Value*, Part 2, cit., p. 253.

entrepostos, canais e estradas estavam em evidência. A invenção do telégrafo permitiu que os preços de fechamento do trigo em Buenos Aires, Chicago e Danzig fossem impressos no dia seguinte, quando se abria o mercado de commodities em Liverpool e Londres. Exigiu grandes investimentos em infraestruturas físicas duradouras, que alteraram a superfície terrestre e facilitaram os fluxos geográficos de mercadorias e capital-dinheiro. Desde a época de Marx, inovações e investimentos desse tipo assumiram um lugar de destaque na história tecnológica do capital.

> Assim, enquanto o capital, por um lado, tem de se empenhar para derrubar toda barreira local do intercâmbio, *i.e.*, da troca, para conquistar toda a Terra como seu mercado, por outro, empenha-se para destruir o espaço por meio do tempo [...]. Quanto mais desenvolvido o capital, [...] tanto mais ele se empenha simultaneamente para uma maior expansão espacial do mercado e para uma maior destruição do espaço pelo tempo.[6]

Daí o sonho utópico do capital de operar em um universo espacial desprovido de atritos (alcançado em larga medida com a mobilidade do dinheiro virtual). Isso não torna irrelevante o papel das diferenças geográficas, e sim aguça sua importância, pois agora o capital-dinheiro pode se deslocar sem custo para explorar até mesmo as pequenas diferenças nas condições de produção e gerar lucros excedentes. Populações trabalhadoras ao redor do mundo são postas em concorrência umas com as outras. Um mercado mundial de oferta de mão de obra, forjado pela hipermobilidade do capital-dinheiro, está se tornando uma realidade cada vez mais proeminente. É evidente que a redução de barreiras físicas ao comércio internacional tem de vir acompanhada da redução de barreiras sociais, políticas e culturais: daí a hegemonia da ideologia e das políticas de livre-comércio até mesmo diante da resistência pública.

A circulação e a acumulação do capital ocorrem numa configuração espaçotemporal específica, ainda que simultaneamente definam e redefinam os tempos e os espaços nos quais se movimentam. Marx via isso como uma disrupção dos modos de vida "incrustados", como uma espécie de passagem intermediária entre o antigo e o moderno. Ele estava decididamente do lado do moderno e tinha até mesmo coisas positivas a dizer a respeito da influência civilizatória do capital sobre a vida humana. Mas nem tudo o que é sólido facilmente se "desmancha no ar", como ele sugeriu no *Manifesto Comunista*, e as populações não se submeteram tão facilmente ao novo aparato disciplinador espaçotemporal do capital. Além disso, logo que as populações se instalaram nas novas condições da industrialização capitalista, mais uma onda de disrupção varreu a terra, deixando em seu rastro paisagens industriais abandonadas e populações descartáveis e desiludidas. A desindustrialização que destruiu

---

[6] Idem, *Grundrisse*, cit., p. 445.

comunidades inteiras e, a partir dos anos 1980, murchou uma classe trabalhadora industrial, já bastante tradicional, em boa parte da América do Norte e da Europa conta uma história um tanto diferente. O enraizamento em um lugar é uma virtude para muitos. A resistência local aos poderes disruptivos, vinculados à acumulação infindável, é uma importante frente de luta anticapitalista. O anseio e a busca por relações sociais e relações com a natureza não alienadas não podem desprezar os processos de construção de lugar como um caminho para construir uma vida melhor. A relação dialética entre espaço e lugar é central para se compreenderem os aspectos construtivos e destrutivos do movimento do capital no espaço e no tempo.

Aspectos desse problema estão embutidos na própria dinâmica do capitalismo. Uma vez que são incorporados investimentos na terra em determinado lugar, o capital precisa usá-los nesse lugar para que não sofram desvalorização. Investimentos para aumentar em escala espacial cada vez maior a fluidez do movimento do capital acabam constrangendo seus movimentos no espaço. A anulação do espaço pelo tempo é um fenômeno importante no ímpeto para remodelar os tempos e espaços relativos do mercado mundial. Mas esse imperativo não implica necessariamente dispersão espacial, pois a aglomeração geográfica em determinados lugares pode ser igualmente eficaz. A busca por economias no tempo de circulação que limitam a perda de valor pode continuar de diversas maneiras. Indústrias economizam despesas e tempo de circulação ao se agruparem no espaço. Economias de aglomeração e configurações eficientes de redes de transporte e comunicações desempenham papéis-chave na redução de tempos de circulação e na retenção de uma maior quantidade de mais-valor para o capital. Melhorias nos meios de transporte tendem a

> um mercado já existente, portanto, voltada[s] aos grandes centros de produção e de população, aos portos exportadores etc. [...] essa facilidade específica do intercâmbio e a rotação acelerada do capital daí decorrente [...] promovem, inversamente, uma concentração acelerada do centro de produção, por um lado, e de seu mercado, por outro.[7]

Podemos dizer agora que, em um primeiro momento, o capital cria uma paisagem física e as relações espaciais adequadas às suas necessidades e propósitos (tanto na produção quanto no consumo) e, em um segundo momento do futuro, percebe que o que criou se tornou antagônico às suas necessidades. É parte da dinâmica da acumulação capitalista a necessidade de "construir paisagens e relações espaciais inteiras para mais adiante tornar a destruí-las e reconstruí-las do zero no futuro"[8].

---

[7] Idem, *O capital*, Livro II, cit., p. 345.
[8] David Harvey, "The Geography of Capitalist Accumulation: A Reconstruction of the Marxian Theory", em *Spaces of Capital: Towards a Critical Geography* (Nova York, Routledge, 2001), p. 76.

Ao longo de boa parte d'*O capital*, Marx coloca esse processo em segundo plano. No livro I, ele escreve que, para "conceber o objeto da investigação em sua pureza, livre de circunstâncias acessórias perturbadoras, temos de considerar [...] o mundo comercial como uma nação e pressupor que a produção capitalista se consolidou em toda parte e apoderou-se de todos os ramos industriais"[9]. Com a pressuposição de que todas as mercadorias são trocadas por seu valor, elimina-se o problema da criação de novas vontades, necessidades e desejos no mercado mundial. Marx evidentemente queria estudar as dinâmicas temporais do capital em isolamento. Por isso, pressupõe um capital hermeticamente fechado em um espaço restrito no qual todas as mercadorias são trocadas por seu valor. Ocasionalmente, Marx rompe com essa limitação. Ele assinala, por exemplo, como a ascensão do sistema fabril levou o capital inglês a buscar matérias-primas e novos mercados por intermédio das conquistas imperiais (como na Índia) ou pela expansão colonial (como na Austrália). O resultado foi:

> uma nova divisão internacional do trabalho, adequada às principais sedes da indústria mecanizada, divisão que transforma uma parte do globo terrestre em campo de produção preferencialmente agrícola voltado a suprir as necessidades de outro campo, preferencialmente industrial.[10]

Não deixa de ser surpreendente que o último capítulo do Livro I aborde a colonização. É quase certo que Marx foi provocado por uma formulação da *Filosofia do direito*, de Hegel. No texto, Hegel avalia que as contradições (de classe) internas do capital produziam diferenciações intoleráveis e insustentáveis no que diz respeito à distribuição de riqueza entre as classes. Marx adota uma linguagem quase idêntica à de Hegel em sua postulação da lei geral da acumulação capitalista no Livro I d'*O capital*. É quase certo que os paralelos não são fruto de mero acaso. A sociedade civil, argumenta Hegel, seria levada por sua "dialética interna" a "impelir-se para além de seus limites, buscando mercados – portanto, meios necessários de subsistência – em regiões deficientes nos bens que produz em excesso ou que tenham um setor industrial de modo geral atrasado". A existência de colônias permitiria a uma parte da população "regressar, num novo território, ao princípio familiar" e, simultaneamente, criar "uma nova demanda e um novo campo para sua indústria". Em suma, a sociedade civil seria forçada a buscar uma transformação externa por meio da expansão geográfica, porque sua "dialética interna" cria contradições que não admitem resolução interna. O capital exige uma busca perpétua por um "ajuste espacial"

---

[9] Karl Marx, *O capital*, Livro I, cit., p. 656-7, nota 21a.
[10] Ibidem, p. 523.

a suas contradições internas[11]. Não está claro, no entanto, em que medida Hegel considerava que a expansão geográfica promoveria a estabilização dessas questões.

O capítulo de Marx a respeito da colonização responde à tese de Hegel de duas maneiras. Primeiro, ele examina as propostas colonialistas de Edward Gibbon Wakefield para a ocupação da Austrália (apresentadas ao parlamento inglês). Estas especificavam que os trabalhadores não deveriam ter acesso a terras gratuitas nas colônias. As barreiras à propriedade privada de terras e ao arrendamento de terras eram necessárias para garantir ao capital uma oferta adequada de mão de obra assalariada passível de ser explorada. Assim, no trato com o Novo Mundo, a economia política do Velho Mundo foi forçada, como Marx assinala com um sorriso no rosto, a revelar o segredo que havia muito tentava ocultar: que o capital é produzido pela negação do acesso dos trabalhadores aos meios de produção básicos (a terra em particular)[12]. Em segundo lugar, a implicação é que não há uma solução "externa" permanente ou um "ajuste espacial" permanente às contradições internas do capital. A busca por soluções colonialistas e imperialistas apenas reproduz as contradições internas do capital (em particular suas relações de classe) em uma escala geográfica mais ampla e eventualmente mundial. Marx parece ter chegado à conclusão de que deveria, portanto, n'*O capital*, se concentrar em examinar as contradições internas do capital, em vez de se ater a quaisquer supostas soluções externas do tipo das que Hegel propunha.

Da mesma maneira que se recusa a incluir em sua teoria do capital qualquer estudo sobre os resíduos feudais, Marx também se recusa a atribuir qualquer importância a uma resolução espacial ou externa das contradições internas do capital. Muitos anos depois, é claro, Rosa Luxemburgo negou clamorosamente em sua crítica à obra teórica de Marx (em particular como é apresentada no Livro II de *O capital*) que o capital pudesse sobreviver sem uma solução externa aos seus desequilíbrios de mercado e às suas limitações de recursos. Em sua avaliação, o colonialismo e o imperialismo eram necessários e centrais à sobrevivência do capital[13].

A estrutura espacial do mercado mundial somente ressurge como característica variável da análise de Marx no Livro III d'*O capital*, especialmente nos capítulos que abordam o capital comercial e os bancos, as finanças e um sistema de crédito profundamente envolvido no financiamento do comércio de longa distância. É no contexto da realização e da distribuição através da circulação do capital comercial,

---

[11] David Harvey, "The Spatial Fix: Hegel, Von Thünen and Marx", em *Spaces of Capital*, cit., cap. 14.
[12] Karl Marx, *O capital*, Livro I, cit., cap. 25.
[13] Rosa Luxemburgo, *The Accumulation of Capital* (Nova York, Routledge, 1951) [ed. bras.: *A acumulação do capital*, trad. Marijane Vieira Lisboa e Otto Erich Walter Maas, 3. ed., São Paulo, Nova Cultural, 1988].

do capital-dinheiro e do capital portador de juros que Marx afirma a impossibilidade de se manter uma fronteira entre as contradições internas e externas do capital. Conservar o pressuposto de que não existem problemas de realização permitiu a Marx construir uma compreensão teórica firmemente organizada da circulação do capital, mas isso se dá ao preço de um realismo limitado no que diz respeito aos processos que produzem o mercado mundial. Não há nada de errado em assumir tais pressupostos. Mas temos o direito de perguntar o que ocorre quando eles são relativizados ou abandonados.

A globalização que Marx e Engels antecipavam no *Manifesto Comunista* vem se criando há muito tempo e ainda está longe de sua plena conclusão. No último século e meio, grandes quantidades de capital foram absorvidas na busca de um "ajuste espacial" aos problemas de realização por meio da ampliação tanto do consumo final quanto do consumo produtivo no mercado mundial. Embora possa muito bem ser que o resultado final não seja mais do que a reprodução das contradições de classe internas do capital em escala cada vez maior (como verificamos com a proliferação de bilionários na China, na Índia, no México, na Rússia etc. ao longo das últimas duas décadas), esse processo vem se desenrolando há muito tempo, quase sempre associado a conflitos geoeconômicos e geopolíticos desastrosos. O planeta mergulhou em guerras mundiais intercapitalistas e em toda sorte de conflitos no interior das estruturas territorializadas do sistema estatal. Entretanto, apesar de tudo, seria difícil negar a validade da proposição de Marx de que a "tendência de criar o mercado mundial está imediatamente dada no próprio conceito do capital"[14]. Ficou a cargo dos teóricos do colonialismo, do imperialismo e do desenvolvimento geográfico desigual a tarefa de incorporar tais processos à teoria geral da acumulação capitalista.

Os escritos de Marx sobre o colonialismo em geral e a Irlanda e a Índia em particular, além da escravidão nos Estados Unidos, são volumosos e informativos (como se pode esperar de um correspondente do *New York Herald Tribune*). Ele testemunhou o surgimento de conflitos nas fronteiras do colonialismo de ocupação.

> [Nas colônias], o regime capitalista choca-se por toda parte contra o obstáculo do produtor, que, como possuidor de suas próprias condições de trabalho, enriquece a si mesmo por seu trabalho, e não ao capitalista. A contradição desses dois sistemas econômicos diametralmente opostos se efetiva aqui, de maneira prática, na luta entre eles. Onde o capitalista é respaldado pelo poder da metrópole, ele procura eliminar à força o modo de produção e apropriação fundado no trabalho próprio.[15]

---

[14] Karl Marx, *Grundrisse*, cit., p. 332.
[15] Idem, *O capital*, Livro I, cit., p. 835.

O fato de esse ser um dos papéis-chave do Estado capitalista foi explicitamente confirmado mais tarde pelo presidente dos Estados Unidos Woodrow Wilson, na década de 1920: "Como o comércio desconhece barreiras nacionais, e o manufatureiro insiste em ter o mundo como seu mercado, a bandeira de sua nação deve segui-lo, e as portas das nações que estiverem fechadas para ele precisam ser derrubadas"[16].

Não há dúvida, no entanto, de que Marx privilegia o estudo do tempo em *O capital*, em detrimento do estudo do espaço. O valor é tempo de trabalho socialmente necessário no mercado mundial, em contraposição à multidão de tempos concretos produzindo valores de uso. Enquanto o mais-valor é uma coisa, a divisão da jornada de trabalho entre o tempo de trabalho necessário e o tempo de trabalho excedente (e a extensão da jornada de trabalho, que aumenta o mais-valor absoluto) é uma magnitude disputada diariamente, à medida que o capital escamoteia o máximo de tempo de trabalho extra que pode, por toda sorte de subterfúgios dentro e fora do local de trabalho. É puramente incidental que seja mais fácil para o capital realizar seus objetivos aprisionando os trabalhadores naquela "casa do terror" chamada fábrica.

Dois livros recentes de Massimiliano Tomba e Stavros Tombazos, assim como um ensaio luminoso de Daniel Bensaïd, discutem detalhadamente como o conceito de tempo opera nas obras de Marx[17]. Eles concordam que a temporalidade no Livro I d'*O capital* é linear e progressiva, como convém a um estudo sobre a mudança tecnológica perpétua e a acumulação infindável do capital. O tempo no Livro II é cíclico, como convém a um estudo sobre a reprodução do capital, desde a valorização, passando pela realização e pela distribuição, até voltar à valorização. A temporalidade do Livro III é denominada "orgânica", mas não está totalmente claro o que isso significa, exceto que é apropriado para compreender o capital como uma totalidade no fluxo total da transformação evolutiva. Se o Livro III é considerado uma síntese das perspectivas dos dois volumes anteriores, então sua temporalidade característica deve ser a de uma espiral. Trata-se de uma figura geométrica que Marx evoca mais de uma vez nos *Grundrisse* para sublinhar o contraste com o círculo da reprodução simples do capital: "Ao descrever o seu círculo, o capital se amplia como sujeito do círculo e descreve assim um círculo que se expande, uma espiral"[18]. *Grosso modo*, ele se encaixa na combinação do movimento linear da mudança tecnológica (registrada como um aumento cada vez maior na produtividade do trabalho) com o movimento circular da acumulação perpétua que molda a

---

[16] Citado em Noam Chomsky, *On Power and Ideology* (Boston, South End, 1990), p. 14.
[17] Massimiliano Tomba, *Marx's Temporalities* (Chicago, Haymarket Books, 2014); Stavros Tombazos, *Time in Marx*, cit.; Daniel Bensaïd, *Marx for Our Times*, cit.
[18] Karl Marx, *Grundrisse*, cit., p. 624.

teoria marxiana da queda tendencial da taxa de lucro. É nessa passagem do círculo para a espiral que começam muitos dos problemas do capital. Daí a potência da expressão "espiral de descontrole"*.

Há duas maneiras básicas de pensar o espaço e o tempo nos assuntos humanos. Ao elaborá-los, aventuro-me num território complicado, que pode ser difícil de acompanhar. Mas penso que seja vital tentar[19].

Ou: pressupomos um quadro temporal e espacial fixo e universal e, dentro dele, localizamos, ordenamos e calibramos a atividade. É isso o que nos fornecem os intervalos de tempo e os espaços mensurados de Descartes e Newton, apoiados na geometria euclidiana. Esse é o tempo e o espaço preferenciais do Estado capitalista, da administração burocrática, da lei e da propriedade privada, do cálculo capitalista. O processo por meio do qual esse tempo e esse espaço em particular vieram a se tornar dominantes é algo que já foi amplamente tratado por historiadores econômicos e culturais. Nesse quadro, direitos de propriedade privada e soberanias territoriais podem ser definidos (com mapas), assim como contratos sociais (como jornada de trabalho de oito horas ou financiamentos de trinta anos). Movimentos de capital, trabalho, dinheiro e mercadores podem ser coordenados, de modo que tudo esteja no lugar certo e na hora certa (como ocorre nos sistemas de produção *just-in-time*). Sem esse quadro, a ordem política e comercial liberal não funcionaria. "Se repentinamente todos os relógios de Berlim passassem a errar de diferentes formas, mesmo que apenas no intervalo de uma hora", escreveu o sociólogo Georg Simmel, "a vida e o tráfego econômico, e não só, seriam perturbados por muito tempo"[20].

Ou então: aceitamos que há múltiplas maneiras de conceber e experimentar o tempo e o espaço, reconhecemos que todo processo internaliza seu próprio espaço-tempo e enfrentamos com paciência conflitos, contradições e confusões que surgem como fenômenos dos diferentes mundos espaçotemporais que se chocam em situações particulares. Um carvalho internaliza certa medida de espaço-tempo conforme cresce. Sua medida é muito diferente daquela definida pelo crescimento do milho. O tempo-espaço dos pássaros migratórios é bastante diferente do tempo-espaço do movimento geológico das placas tectônicas ou do decaimento radioativo. O tempo-espaço do trabalho fabril entra em conflito com o tempo-espaço da esfera familiar, da criação dos filhos e da reprodução da

---

* Vf. nota da tradução na p. 13. (N. E.)
[19] No que se segue, baseio-me fortemente no ensaio "Space as a Key Word", em David Harvey, *Spaces of Global Capitalism: A Theory of Uneven Geographical Development* (Londres, Verso, 2006).
[20] Georg Simmel, "The Metropolis and Mental Life", em Donald N. Levine (org.), *On Individuality and Social Forms* (Chicago, Chicago University Press, 1971) [ed. bras.: "As grandes cidades e a vida do espírito (1903)", trad. Leopoldo Waizbort, *Mana*, v. 11, n. 2, 2005].

força de trabalho. A proibição universal do trabalho infantil enfrenta definições diferentes em diferentes sociedades sobre o momento em que a infância acaba. A antropologia capitalista, notou Marx, determinava que a infância terminava aos dez anos! A criação de uma força de trabalho assalariada exige que os trabalhadores se submetam a regimes disciplinares espaçotemporais difíceis de inculcar, a não ser por coerção e violência. A taxa ideal de exploração de um recurso natural como o petróleo será muito diferente se considerada da perspectiva do tempo geológico, em comparação com uma temporalidade econômica definida pela taxa de lucro. Qualquer cálculo baseado nesta última estará profundamente em desacordo com a concepção do tempo e do espaço necessários para enfrentar o aquecimento global. A diversidade de construções culturais e religiosas de tempo e espaço tem sido muito estudada e comentada. Visões apocalípticas que proclamam que o fim está próximo se contrapõem a uma teleologia progressista que proclama a inevitabilidade do comunismo ou a chegada a alguma outra terra prometida no futuro. Cosmologias indígenas são radicalmente diferentes dos discursos científicos modernos a respeito das origens do tempo-espaço do universo. A concepção do tempo e do espaço desde o cristianismo primitivo até o feudalismo tardio era muito diferente da surgida com o capitalismo. Até mesmo a nossa compreensão científica é instável. Na física, as noções de espaço e tempo evoluíram do paradigma newtoniano ao espaço-tempo relacional implícito na mecânica quântica de Niels Bohr, passando pela relatividade de Einstein.

Diante de toda essa diversidade, uma concepção de espaço e tempo – tal como o tempo marcado pelo relógio e o espaço euclidiano cadastral – pode vir a dominar a vida econômica diária. Se não fosse assim, assinalou Simmel, não se poderia coordenar, planejar nem regular nada. Algo tão simples como um horário de ônibus, trem ou avião não poderia ser especificado. A variedade de tempos locais em diferentes espaços tinha de ser reduzida por um acordo internacional a um sistema de fusos horários para facilitar a comunicação e o comércio[21]. A circulação e a acumulação de capital também moldaram e remoldaram as definições de tempo e espaço. O tempo-espaço dos mercados financeiros contemporâneos é completamente diferente daquele que existia em 1848. O capital, sendo a força revolucionária que patentemente é, transformou os marcos espaciais e temporais da vida cotidiana, o cálculo econômico, a administração burocrática e as transações financeiras. Aceleração dos tempos de rotação, precarização do trabalho ao longo da vida do trabalhador e redução nos atritos espaciais produziram alterações tanto nos estilos de vida quanto nos ritmos de acumulação do capital. Embora os momentos sejam os

---

[21] Stephen Kern, *The Culture of Time and Space, 1880-1918* (Londres, Weidenfeld and Nicolson, 1983).

elementos do lucro*, a intensidade do trabalho, e não as horas em si, passa a definir uma temporalidade completamente diferente. O tempo futuro, na forma do antivalor que é o crédito, domina o tempo presente numa dimensão sem precedentes. Quantas pessoas não estão agora trabalhando laboriosamente e, com frequência, tediosamente para resgatar dívidas contraídas muito tempo atrás?

Em tudo isso, é útil distinguirmos três grandes concepções de tempo e espaço. É aqui que as coisas ficam um tanto complicadas.

1. Tempo-espaço absoluto

Um terreno é arrendado por 21 anos. Sua delimitação é claramente assinalada em um mapa cadastral e amparada em leis de propriedade privada. Sua área é sabida, de modo que é possível calcular o custo do arrendamento por metro quadrado. O arrendamento tem início em 1º de janeiro de 2000 e termina em 31 de dezembro de 2020. A não ser que haja acordos específicos ou cláusulas restritivas, o locatário pode fazer o que quiser com o terreno durante um período de 21 anos mensurados pelo calendário. É isso o tempo-espaço absoluto. Esse é o tempo de uma jornada de trabalho (medido em horas) de um trabalhador confinado no espaço fechado de uma fábrica sobre a qual o capital possui controle legal absoluto. A concepção absoluta de espaço e tempo domina a abertura do Livro I d'*O capital*, particularmente no capítulo sobre a jornada de trabalho e a produção de mais-valor absoluto. O que Marx denomina "trabalho concreto" ocorre no tempo-espaço absoluto. "O espaço e o tempo desertos da física agora constituem as condições formais de qualquer conhecimento, seja ele da natureza ou da economia", escreve Bensaïd, "coroando a coalizão vitoriosa do absoluto e do verdadeiro contra o aparente e o lugar-comum"[22].

2. Tempo-espaço relativo

A posição no tempo-espaço relativo afeta o que pode ser feito com o espaço absoluto do terreno durante o tempo de arrendamento. O locatário quer maximizar o rendimento, mas não pode cultivar frutas e legumes, porque a mão de obra é escassa e o terreno fica muito longe do principal mercado urbano, ao qual só se pode chegar de carroça por uma estrada esburacada. Se, dez anos depois, for construída uma

---

* Aqui, o autor alude a uma citação feita por Marx: "'Se permitires' – disse-me um fabricante muito respeitável – 'que eu faça com que meus operários trabalhem diariamente apenas 10 minutos além do tempo da jornada de trabalho, colocarás em meu bolso £1.000 por ano.' 'Os pequenos momentos são os elementos que formam o lucro'"; *O capital*, Livro I, cit., p. 317. (N. T.)

[22] Daniel Bensaïd, *Marx for Our Times*, cit., p. 73.

rodovia ali perto, mais trabalhadores se estabelecerão na região e um caminhão refrigerado permitirá que o locatário passe do cultivo de grãos para a produção mais lucrativa de frutas e legumes. O mercado estará a uma hora de distância, quando antes demorava quase um dia inteiro para se chegar lá. No entanto, uma árvore frutífera leva oito anos para começar a dar frutos e, dados os termos do contrato, não seria racional plantar árvores frutíferas, a não ser, é claro, que o contrato possa ser renegociado ou que se possa chegar a uma solução legal que corresponda à temporalidade do crescimento de um pessegueiro. Tudo isso pressupõe um tempo-espaço relativo. Em *O capital*, o mais-valor relativo existe em um quadro de tempo relativo. Sua medida não é mais feita em horas trabalhadas, mas sim na mudança da produtividade e da intensidade do trabalho, embora Marx ainda presuma o espaço absoluto da fábrica enquanto *locus* espacial da produção. É somente nos capítulos que abordam as diferenças nacionais no valor da força de trabalho (salários) que encontramos a possibilidade de espaços relativos. Mas, no Livro II, integram-se à análise os diferentes custos de transporte e distâncias até o mercado, assim como os vários insumos.

3. Tempo-espaço relacional

É mais difícil apreender o tempo-espaço relacional, pois, assim como o valor, ele é imaterial e impossível de ser tocado ou mensurado, embora tenha uma importância objetiva crucial[23]. A mudança no valor monetário de minha casa, quando faço reformas e melhorias nela, afeta o valor monetário das casas vizinhas. O alcance espacial desse efeito diminui rapidamente com a distância. Os avaliadores de imóveis se baseiam nisso para estimar o valor de determinada casa para uma proposta de financiamento. O banco investe em uma faixa de dívida hipotecária. Como se computa o valor desse investimento nos registros contábeis do banco? Podemos estudar cada propriedade no tempo-espaço absoluto para avaliar a posição de cada casa no tempo-espaço relativo, mas no final do dia a avaliação é baseada nas "melhores práticas de avaliação" em um tempo-espaço relacional, construído em torno da ideia do maior e melhor uso. Como fazer para avaliar o valor das hipotecas nos registros contábeis de uma instituição financeira se o método favorito de avaliação – conhecido como "*marked to market*" – não pode ser calculado porque o mercado entrou em colapso (como ocorreu em 2008)? A resposta é a seguinte: dando um chute fundamentado[24]. Valores relacionais mudam com sentimentos, humores,

---

[23] Alfred North Whitehead, "La théorie relationiste de l'espace", *Revue de Métaphysique et de Morale*, n. 23, 1916, p. 423-54.
[24] Oonagh McDonald, *Lehman Brothers: A Crisis of Value* (Manchester, Manchester University Press, 2016).

confiança, expectativas e antecipações do mercado. Se o Federal Reserve alterar as taxas de juros de repente, ou com o Reino Unido saindo da União Europeia, os valores imobiliários em diversas partes do mundo certamente serão afetados. Não podemos identificar átomos de influência voando por aí, mas seus efeitos objetivos são claramente perceptíveis. O mesmo vale para as lutas políticas. Um protesto ocorre no Parque Taksim Gezi, na Turquia, por influência da Primavera Árabe, e isso tem impactos no Brasil poucas semanas depois, onde eclodem grandes manifestações contra a deterioração das condições de vida nas cidades. É possível perceber os efeitos de contágio em toda parte, transmitidos por ondas de exortação nas mídias sociais. Uma onda de governos de esquerda chega ao poder na América Latina e, uma dúzia de anos depois, a mesma onda parece retroceder.

Essa categorização tripartite das relações entre espaço e tempo produz correspondências interessantes.

O tempo-espaço absoluto corresponde ao tempo e ao espaço do trabalho concreto, da jornada de trabalho, da fábrica e do mais-valor absoluto envolvido nas lutas em torno da extensão da jornada de trabalho. O *tempo-espaço relativo* corresponde ao tempo e ao espaço do mais-valor relativo, ou da produtividade e intensidade variáveis do trabalho, conforme a porosidade da jornada de trabalho e dos valores cambiantes da força de trabalho*. A localização relativa, a facilidade de acesso e os meios, custos e tempos de transporte são importantes. O *tempo-espaço relacional* é registrado conforme o trabalho abstrato se desenvolve, "na medida em que trabalho concreto se torna uma totalidade de diferentes formas de trabalho abraçando o mercado mundial"[25]. O trabalho abstrato é a totalidade dos trabalhos concretos no tempo-espaço relacional. Em nível mais local, os efeitos de externalidade no espaço desempenham um papel importante, por exemplo, na avaliação de um solo não cultivado.

O capital abarca essas três formas de espaçotemporalidade simultaneamente no interior da lógica do capital como um todo. Bensaïd apresenta essa questão da seguinte maneira:

> As antinomias do capital (valor de uso/valor de troca, trabalho concreto/trabalho abstrato) emanam da fratura aberta da mercadoria no Livro I. A unidade entre valor de uso e valor de troca exprime um choque de temporalidades. O tempo do trabalho geral/

---

* Marx fala em "porosidade" da jornada de trabalho para se referir à quantidade de momentos, de lacunas, ou "poros", em cada jornada de trabalho, em que os trabalhadores não estão efetivamente realizando trabalho. Para aumentar a quantidade de trabalho realizada em seu processo produtivo, a fim de aumentar, portanto, sua taxa de extração de mais-valor, um capitalista deve procurar reduzir ao máximo a porosidade da jornada de trabalho de seus trabalhadores. Vf. Karl Marx, *O capital*, Livro I, cit., cap. 12. (N. T.)

[25] Karl Marx, *Theories of Surplus Value*, Part 2, cit., p. 253.

abstrato existe somente através do trabalho concreto/particular. É com o estabelecimento de uma relação entre esses dois tempos que surge o conceito de valor enquanto abstração do tempo social. Reciprocamente, o tempo é estabelecido como medida que precisa ser ela própria mensurada. A determinação do tempo de trabalho socialmente necessário se refere ao movimento do capital como um todo.

Por esse motivo, "a categoria do tempo está no coração da crítica (marxiana) da economia política". Mas as diferentes abordagens do tempo coexistem no interior do raciocínio de Marx:

> O tempo mecânico da produção, o tempo alquímico da circulação e o tempo orgânico da reprodução são espiralados e encaixados uns nos outros, como círculos dentro de círculos, determinando os padrões enigmáticos do tempo histórico, que é o tempo da política.[26]

Embora adote um quadro temporal cíclico, o Livro II não mergulha muito a fundo no quadro espaçotemporal que o estudo da circulação do capital exige. Ele mantém constantes a tecnologia e a forma organizacional, de modo que as dinâmicas progressivas que dominam o Livro I desaparecem da análise. Marx investe boa parte de seus esforços na análise da reprodução simples (a forma circular de uma infinidade virtuosa) em oposição à forma espiralada (a má infinidade) da acumulação perpétua de capital. Os pressupostos permitem que ele se debruce mais detidamente sobre certos aspectos do movimento diferencial de diferentes formas de capital, sem perturbações. Seu foco são os diferentes tempos de rotação – os tempos relativos que diferentes capitais levam para concluir o percurso que parte da forma-dinheiro, passando pela valorização, pela realização, pela distribuição e voltando novamente à forma-dinheiro. Marx desmembra o processo de circulação total em tempo de produção e tempo de circulação. O primeiro é definido em termos de produção de valor e o segundo é definido como sua negação. Em seguida, ele examina a relação entre o tempo de trabalho – as horas reais de trabalho aplicado na produção – em contraste com o tempo de produção – que inclui, em muitos casos, o tempo sem nenhum trabalho aplicado. Na agricultura, por exemplo, o período de trabalho em que há trabalho aplicado pode ser relativamente curto, enquanto o tempo de produção de muitos cultivos pode ser de um ano. Vinhos e licores exigem muito tempo de fermentação, quando nenhum trabalho é aplicado. Vinhos *vintage* amadurecem nos barris e em seguida nas garrafas. Isso conta como tempo de trabalho socialmente necessário? Marx afirma que não, ainda que o preço do vinho aumente com a maturação. Mas os vinhos

---

[26] Daniel Bensaïd, *Marx for Our Times*, cit., p. 77.

são comercializados em geral a um preço monopólico e, portanto, não se incluem nas leis gerais da concorrência que ditam os tempos de trabalho socialmente necessários. O desafio de coordenar as relações entre os diferentes tempos de rotação, produção e circulação coloca muitos problemas para a circulação do capital como um todo. Erguer uma casa, construir um navio de cruzeiro, produzir um telefone celular, fritar um hambúrguer ou organizar um concerto são processos que implicam diferentes quadros espaçotemporais no interior dos quais operam o capital e o trabalho.

Isso nos leva ao espinhoso problema de como devemos compreender a circulação do capital fixo. Como o valor da máquina é transferido às mercadorias produzidas se não há transmissão material? Aqui é preciso estabelecer alguma convenção de contabilidade social. E convenções sociais são sempre controversas e sujeitas a modificações. Dito de modo mais geral, como o valor flui através da formação e do uso de capital fixo? Como flui através da construção das grandes infraestruturas físicas e dos espaços construídos que são necessários para a circulação e reprodução do capital? Essas questões não podiam ser incluídas na visualização do capital da qual partimos. Mas são importantes. Olhe para o horizonte da cidade de Nova York e pense nos fluxos necessários para sustentá-la ao longo do tempo. O fluxo mais importante é o do valor percorrendo todos aqueles prédios na forma de serviço de dívida (antivalor) e rendimentos (geração ou apropriação de valor). Fluxos de valor, como discutimos anteriormente, são imateriais, porém objetivos. São invisíveis a olho nu. Mas vá a Detroit ou Havana para ver o que acontece com o meio ambiente construído quando o valor cessa de fluir. A paisagem urbana abandonada está lá para todos verem.

A investigação sobre a circulação do capital fixo é vital por dois motivos. Em primeiro lugar, os críticos de Marx alegam que o capital fixo estorva a teoria do valor e mina a economia política de Marx. Marx reconhecia que a circulação de capital fixo "contradiz inteiramente a doutrina ricardiana do valor"[27]. Mas a teoria marxiana do valor é diferente da de Ricardo e normalmente os críticos de Marx não percebem isso. Há, no entanto, a possibilidade de que a teoria de Marx exija modificações para acomodar os problemas peculiares da formação e da circulação do capital fixo. Em segundo lugar – e isso é muito mais importante na prática –, as crises recentes do capital – e mais notavelmente a de 2007-2008 – eclodiram em torno de investimentos no meio ambiente construído. Como a análise de Marx a respeito da circulação de capital fixo e da formação do meio ambiente construído pode fornecer as bases para compreendermos por que isso acontece[28]?

---

[27] Karl Marx, *O capital*, Livro II, cit., p. 313.

[28] Valho-me da análise mais detalhada em David Harvey, *Os limites do capital*, cit., cap. 8.

Comecemos pela forma mais simples de capital fixo. Um capitalista industrial adquire uma máquina a fim de aumentar a produtividade da mão de obra empregada. Se a máquina for de ponta, o capitalista industrial auferirá uma quantidade extra de mais-valor em virtude da produtividade superior da força de trabalho empregada. Quando todos os demais produtores obtiverem essa mesma máquina, desaparece essa forma efêmera de mais-valor relativo. O valor desembolsado para adquirir a máquina precisa ser recuperado no decorrer de sua vida útil. Como esse valor circula? A maneira mais simples de determinar isso é por meio de uma depreciação linear. Se a vida útil física da máquina é de dez anos, isso significa que a cada ano um décimo do valor da máquina se transfere para o valor das mercadorias produzidas. Ao final dos dez anos, o produtor deve ter dinheiro suficiente para adquirir uma nova máquina e iniciar o processo todo novamente.

Mas máquinas novas, mais baratas e mais eficientes, entram o tempo todo no mercado, sobretudo depois que a inovação tecnológica se tornou um negócio. As máquinas existentes enfrentam a ameaça do que Marx curiosamente denominou "depreciação moral" e da desvalorização pela concorrência de máquinas mais baratas e mais eficientes. O valor de reposição não corresponde ao valor inicial depreciado. A vida útil da máquina não é mais uma questão simplesmente física, porque o surgimento de novas máquinas, mais eficientes, pode forçar a obsolescência antecipada das existentes. Isso nos leva a três maneiras alternativas de encarar o processo de circulação do capital fixo. A primeira, descrita acima, é a depreciação linear registrada ao longo da vida útil média da máquina. A segunda consiste na variação do custo de reposição ao longo da vida útil da máquina. A terceira é uma valoração perpetuamente cambiante da máquina ao longo de uma vida útil variável que depende de sua utilidade para garantir mais-valor relativo em situação de concorrência com os outros produtores. A vida útil da máquina depende de sua utilidade e viabilidade econômica. Marx reconhece que a valoração da máquina depende de sua efetividade na geração de mais-valor. A ficção contábil que acomoda esse cronograma de depreciação é a da precificação e custeamento da produção conjunta. Marx registrou isso como sendo um problema para sua própria teoria do valor. Ovelhas produzem lã, carne e leite, e atribuir um valor a cada uma dessas mercadorias não é algo trivial. No caso do capital fixo, a ficção contábil funciona da seguinte maneira: durante todo o ano, o capitalista produz mercadorias e, no final do ano, também "produz" a maquinaria física restante, cujo valor pode ser realizado em mercados de segunda mão ou reutilizado na próxima rodada anual de produção de mercadorias. Isso é incompatível com a teoria ricardiana do valor, pois o valor da máquina depende inteiramente de sua utilidade na produção de valor e mais-valor e não tem nada a ver com o valor originalmente incorporado nela.

Esta última interpretação é a mais interessante. Fica mais fácil compreendê-la se considerarmos uma situação em que o industrial aluga a máquina anualmente. O industrial decide todos os anos se quer renovar a locação da máquina antiga ou se vai alugar uma nova. Essa decisão dependerá da diferença nos preços de locação, das diversas contribuições das máquinas velhas e novas para a produtividade e de vários outros fatores (como, por exemplo, manutenção e/ou reparo incluídos no contrato). O contrato anual de locação estipula o valor da máquina para aquele ano. Esse valor pode ser completamente diferente no ano seguinte. O valor relacional da máquina muda constantemente.

Mas há algo peculiar nesse acordo. As empresas que alugam as máquinas efetivamente emprestam capital aos produtores – mas capital na forma fixa de máquinas, não na forma líquida de dinheiro. Em contrapartida, esperam receber o equivalente dos juros sobre o valor da máquina, acrescido de uma contribuição pelo pagamento do principal da dívida. Esse fato vai ao encontro da maneira pela qual a circulação do capital fixo é financiada em geral. Se o produtor desembolsa determinado valor para adquirir uma máquina, isso significa que, ao longo da vida útil dessa máquina, o produtor terá de economizar todos os anos uma quantidade de dinheiro suficiente para adquirir uma máquina para substituí-la. Os capitalistas ou simplesmente entesouram essa economia, ou a depositam em uma instituição financeira para que produza juros enquanto eles esperam. Ou então pegam diretamente o dinheiro emprestado (ou máquina alugada) e vão quitando seu valor, junto com os juros, ao longo da vida útil da máquina.

Em ambos os casos, a circulação de capital portador de juros entra em cena, assim como ocorre no caso da prática bastante comum de alugar a maquinaria, em vez de comprá-la. A circulação de capital portador de juros e a circulação de valor através do uso de capital fixo tornam-se estreitamente interligadas.

Infelizmente, os pressupostos assumidos por Marx no Livro II excluem tanto as mudanças tecnológicas quanto a circulação de capital portador de juros. Isso permitiu que ele evitasse qualquer discussão pormenorizada sobre essas questões na hora de escrever sobre o capital fixo. Esses pressupostos possibilitaram uma análise mais detida do papel dos tempos de rotação e das condições que teriam de ser satisfeitas para que os fluxos de oferta e demanda permanecessem em equilíbrio. Mas eles impedem uma consideração plena e adequada do problema da circulação de capital fixo. O capítulo sobre esse tema no Livro II, infelizmente, não ajuda muito. Os *Grundrisse* oferecem uma abordagem muito mais viva e potencialmente frutífera, embora especulativa.

> A natureza não constrói máquinas nem locomotivas, ferrovias, telégrafos elétricos, máquinas de fiar automáticas etc. Elas são produtos da indústria humana; material natural

transformado em órgãos da vontade humana sobre a natureza [...]. Elas são *órgãos do cérebro humano criados pela mão humana*; força do saber objetivada.²⁹

Essas forças de produção, junto com as habilidades e conhecimentos incorporados nelas, precisam ser apropriadas pelos capitalistas, moldadas em função de seus imperativos e mobilizadas para alavancar a acumulação de capital.

> O desenvolvimento do meio de trabalho em maquinaria não é casual [...], mas é a reconfiguração do meio de trabalho tradicionalmente herdado em uma forma adequada ao capital. A acumulação do saber e da habilidade [...] é desse modo absorvida no capital em oposição ao trabalho, e aparece consequentemente como qualidade do capital, mais precisamente do *capital fixo* [...].³⁰

Portanto, não é apenas a maquinaria que é fixada, mas também o saber e as dádivas gratuitas da natureza humana incorporadas nela.

Mas para que a circulação de capital seja plenamente efetiva, há uma série de precondições:

> A parte da produção orientada para a produção do capital fixo não produz objetos da fruição imediata [...]. Por conseguinte, o fato de que *uma parte cada vez maior seja empregada na produção dos meios de produção depende do grau de produtividade já alcançado – de que uma parte do tempo de produção seja suficiente para a produção imediata*. Para tanto, é preciso que a sociedade possa esperar; que uma grande parte da riqueza já criada possa ser retirada tanto da fruição imediata quanto da produção destinada à fruição imediata, para empregar essa parte no trabalho *não imediatamente produtivo* [...]. Isso exige que já se tenha alcançado um alto nível da produtividade e do excedente relativo, nível elevado que, na verdade, é diretamente proporcional à transformação do capital circulante em capital fixo. [...] A condição para isso é *população excedente* (desde esse ponto de vista), bem como *produção excedente*.³¹

O capital, como vimos, tende a produzir populações excedentes (um exército industrial de reserva) e produção excedente (mercadorias com problemas de realização). Sistematicamente, portanto, produz condições que levam à formação de capital fixo. Quanto maior a escala de capital fixo, maior a quantidade de mão de obra excedente e capital excedente que pode ser absorvida – "ou seja,

---

²⁹ Karl Marx, *Grundrisse*, cit., p. 589.
³⁰ Ibidem, p. 582.
³¹ Ibidem, p. 589-90.

mais para construir ferrovias, canais, aquedutos, telégrafos etc. que para produzir maquinaria"[32]. Mas, para que isso ocorra, o capital precisa ser reunido em concentrações de poder monetário. Antes do advento das empresas de capital aberto e da organização do setor financeiro em grandes conglomerados de capital-dinheiro centralizado, investimentos de grande porte tendiam a ser canalizados por meio do aparato estatal. Nos tempos atuais, é mais provável que consórcios de bancos privados ou parcerias público-privadas conduzam esses processos. Todavia, a conexão interna entre instituições (como fundos de pensão) que organizam a circulação de capital portador de juros e a formação de capital fixo torna-se mais forte e mais complexa com o passar do tempo.

Essa tendência é ainda mais evidente quando consideramos certas formas especiais de capital fixo. Uma parte cada vez mais importante do capital fixo é do tipo "autônomo". Infraestruturas físicas usufruídas em comum (algumas com caráter de bens públicos) são cruciais como valores de uso para as formas capitalistas de desenvolvimento. Muitas dessas infraestruturas (como casas, escolas, hospitais e shopping centers) são usadas para consumo, e não para produção, enquanto outras (como ferrovias e rodovias) podem ser usadas para ambas as finalidades. Marx considera brevemente as relações entre investimentos em capital fixo para produção e investimentos para o fundo de consumo. Evidentemente, nos tempos atuais, no mundo capitalista avançado, essa segunda modalidade de investimentos tem grande importância.

Marx também insiste que não devemos confundir capital fixo com capital imóvel (como uma mina de carvão), ainda que este último seja por si só uma categoria muito importante:

> Uma parte dos meios de trabalho [...] é ou imobilizada num determinado local, tão logo entra no processo de produção – ou seja, é preparada para sua função produtiva, tal como ocorre, por exemplo, com a maquinaria –, ou é produzida desde o início em sua forma imóvel, espacialmente fixa, tal como melhorias do solo, edifícios fabris, altos-fornos, canais, ferrovias etc. [...] No entanto, a circunstância de que os meios de trabalho sejam espacialmente fixos, enraizados na terra, confere a essa parte do capital fixo um papel especial na economia das nações. Eles não podem ser mandados ao exterior, para circular como mercadorias no mercado mundial. Os títulos de propriedade sobre esse capital fixo podem ser trocados, permitindo a esse capital ser comprado e vendido e, nessa medida, circular idealmente. Tais títulos de propriedades podem até mesmo circular em mercados estrangeiros, por exemplo, na forma de ações. Mas com a mudança das pessoas que detêm a propriedade desse tipo de capital fixo não se altera

---

[32] Ibidem, p. 590.

a relação entre a parte permanente, materialmente fixa da riqueza num país, e a parte móvel dessa mesma riqueza.[33]

Podemos negociar ações de uma empresa que fornece água a um município da África do Sul em todos os mercados do mundo, mas o sistema hídrico em si não pode ser movido. A oposição entre a fixidez e a mobilidade geográficas torna-se uma importante tensão centrada no capital fixo de natureza imóvel. A fixidez geográfica é de fato um espaço produzido.

Há uma profunda e incontornável contradição nisso. A "matéria escura" do antivalor fornecido pela circulação de capital portador de juros demanda sua parcela da produção futura de valor, que por sua vez precisa aumentar continuamente para cobrir o custo exponencialmente crescente dos juros a pagar. "Por isso, quanto maior for a escala em que o capital fixo se desenvolve [...], tanto mais *a continuidade do processo de produção* [...] devém condição externamente imposta do modo de produção baseado no capital"[34]. Quando capitalistas adquirem ou pegam emprestado capital fixo, são obrigados a utilizá-lo até que seu valor seja completamente resgatado ou a enfrentar a desvalorização. O capital fixo "compromete a produção dos anos seguintes", "antecipa o trabalho futuro como valor equivalente" e, assim, exerce um poder coercitivo sobre os usos futuros. Esse poder coercitivo se faz presente também na dimensão do lugar. Capital fixo e imóvel incorporado à terra precisa ser usado *in situ* para que o valor seja resgatado no curso de sua vida útil. Há um paradoxo nisso. Uma forma de capital concebida para fornecer a infraestrutura física num local a fim de liberar a mobilidade espacial do capital em geral acaba forçando o fluxo de capital para dentro daquele espaço delimitado pelo capital fixo, caso contrário o valor deste último será desvalorizado, com graves consequências para o capital portador de juros (por exemplo, os fundos de pensão) que o financiou. Essa é uma das maneiras poderosas pelas quais vem à tona a tendência do capital a crises[35].

Para Marx, a demanda por diversos tipos de capital fixo, além das exigências provenientes da necessidade de criar um fundo de consumo adequado às necessidades da reprodução social e da vida cotidiana, formou uma base material crucial para o crescimento e a sofisticação cada vez maior das instituições que gerenciam os fluxos de capital portador de juros. "A antecipação dos frutos futuros do trabalho não é de forma alguma [...] uma consequência das dívidas do Estado etc., em suma, não é nenhuma invenção do sistema de crédito. *Ela tem sua raiz no modo específico*

---

[33] Idem, *O capital*, Livro II, cit., p. 244-5.
[34] Idem, *Grundrisse*, cit., p. 587.
[35] Idem, *Grundrisse*, cit., p. 611.

de valorização, de rotação, de reprodução do capital fixo."[36] O outro fundamento crucial reside na ampliação e no crescimento do comércio de longa distância. É fascinante notar como considerações que derivam do espaço e do tempo da circulação de valor convergem para a circulação de capital portador de juros como o principal agente de impulsão da continuidade da acumulação de capital.

A contradição implícita aqui, entretanto, já deveria ser evidente. Por um lado, o capital fixo fornece uma poderosa alavanca para a acumulação. O investimento de capital fixo, particularmente o do tipo "autônomo" no meio ambiente construído, pode ser um alívio temporário para os problemas de superacumulação e amenizar a tensão em momentos de crise, quando o excesso de capital e o excesso de trabalho se encontram lado a lado, sem que haja fontes lucrativas de emprego à vista. Por outro lado, a produção e o consumo futuros estão cada vez mais presos a formas fixas de fazer as coisas, e cada vez mais empenhados em linhas específicas de produção e configurações espaciais particulares no futuro. Hipoteca-se o futuro ao passado. O capital perde sua flexibilidade. A capacidade de adotar inovações ou trava, produzindo estagnação, ou se mantém, mas ao custo da desvalorização do capital fixo em uso. Para Marx, isso era claramente outro conjunto de forças capazes de produzir crises:

> O resultado é que esse ciclo de rotações encadeadas, que se estende por uma série de anos e que o capital percorre por meio de seus componentes fixos, fornece uma base material das crises periódicas nas quais a atividade econômica percorre as fases sucessivas de depressão, animação moderada, hiperatividade e crise. Os períodos em que se investe o capital são, na realidade, muito distintos e discrepantes. Porém, a crise constitui sempre o ponto de partida de um novo grande investimento. E, portanto, do ponto de vista da sociedade em seu conjunto, também fornece, em maior ou menor grau, uma nova base material para o próximo ciclo de rotação.[37]

Essa contradição assume ainda outra dimensão quando consideramos as formas imóveis de capital fixo presas a determinados lugares. Os espaços em que o capital fixo é investido em infraestruturas também diferem muito. Uma vez que o capital é investido em determinados espaços e territórios, o capital precisa continuar a circular naqueles espaços e evitar de se deslocar para outros até que o valor embutido no capital fixo seja resgatado por meio de seu uso. Ou então economias regionais inteiras sofreriam com a desvalorização do tipo que se tornou comum em regiões industriais dos Estados Unidos e da Europa a partir da década de 1980. Os ritmos

---

[36] Idem, *Grundrisse*, cit., p. 611-2.
[37] Idem, *O capital*, Livro II, cit., p. 269-70.

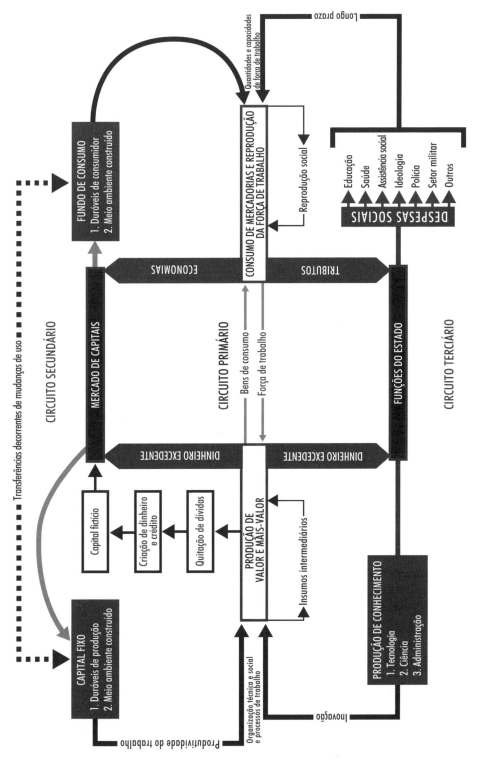

FIGURA 3. Os circuitos secundário e terciário do capital na produção de infraestruturas físicas e sociais para a produção e o consumo capitalistas.

de investimento e desinvestimento no capital fixo incorporado à terra variam de modo a produzir padrões oscilantes de desenvolvimento geográfico desigual no capitalismo mundial.

Com o tempo, a formação de infraestrutura física de longo prazo e geralmente de grande porte tornou-se cada vez mais importante para o capital. Ela forma, por assim dizer, um circuito secundário de capital em virtude da maneira singular pela qual responde aos caminhos da acumulação do capital em geral no espaço e no tempo e os determina. Há também um circuito terciário de capital, ao qual Marx não dá muita atenção, exceto de passagem, que implica despesas sociais com educação e treinamento da mão de obra, um grande leque de gastos e serviços sociais (como saúde e previdência), aos quais nos acostumamos como sustentáculos da vida cotidiana. Tradicionalmente, esses serviços são fornecidos pelo Estado por meio de tributação, mas a tendência nos últimos anos é que sejam cada vez mais prestados pelo setor privado. No entanto, assim como o capital fixo de tipo "autônomo", despesas com educação, por exemplo, implicam projetos de longo prazo que podem ou não contribuir para o aumento da produtividade no futuro. Os fluxos de capital que escoam para os circuitos secundários e terciários do capital acrescentam outra dimensão à nossa compreensão da natureza das leis capitalistas de movimento (Figura 3). Uma coisa, no entanto, é certa. É impossível compreender o capital enquanto valor em movimento sem integrar à nossa análise do funcionamento e da reprodução do capital no tempo e no espaço esses circuitos secundários e terciários do capital, mediados não apenas pelo mercado mas também pelo poder do Estado. A visualização do capital com a qual iniciamos este estudo é confinada à circulação em um espaço unidimensional. As outras dimensões, tratadas aqui como os circuitos secundários e terciários do capital a longo prazo, complementam essa compreensão de maneira fundamental.

8. A PRODUÇÃO DE REGIMES DE VALOR

A concorrência intercapitalista, diz Marx, fez valer as leis do movimento do capital, embora não as crie. Ao longo d'*O capital*, Marx assume (na maior parte do tempo) uma condição utópica de concorrência perfeita. Esse pressuposto serve bem ao seu esforço de mostrar que a gloriosa utopia dos economistas políticos clássicos – para os quais a coordenação das liberdades individuais e da propriedade privada pelo mercado redundaria em benefício para todos – produziria na prática um pesadelo distópico marcado por crescentes desigualdades de classe, degradação ambiental e crises econômicas em profusão. Mas impõe-se a questão acerca do que ocorre quando esse mecanismo garantidor das leis do movimento do capital, que é a concorrência perfeita, não está presente ou se manifesta de maneira enviesada.

Marx assume tacitamente que a concorrência perfeita ocorre em um espaço em que os custos de transporte são nulos e o movimento é sem atrito. Mas toda concorrência espacial é concorrência monopólica[1]. Isso porque as empresas possuem monopólio sobre o espaço particular que ocupam e enfrentam concorrência apenas de um número limitado de empresas (ou de nenhuma) em determinada extensão geográfica. Os capitalistas individuais podem ser protegidos da concorrência de outros por uma combinação de altos custos de transporte e barreiras territoriais ao comércio (como tarifas alfandegárias). A força desse efeito protecionista depende da natureza das mercadorias, da estrutura tarifária e dos custos e do tempo de transporte. Na época de Marx, itens pesados e perecíveis não escapavam do controle monopólico local, ao passo que o comércio de ouro, prata, diamantes, especiarias, seda, tinturas e afins era pouco afetado por custos de transporte, mas podia

---

[1] Adrian C. Darnell (org.), *The Collected Economics Articles of Harold Hotelling* (Nova York, Springer, 1990).

estar sujeito a tarifas. Produtores de muitos bens perecíveis básicos (como pão e cerveja) estavam protegidos da concorrência até mesmo de produtores localizados em cidades vizinhas. Produtores que dependiam de insumos pesados (como minério de ferro e carvão para a produção de aço) fugiam da concorrência instalando-se perto de suas fontes de matéria-prima. Esses são os tipos de condições que a teoria da localização aborda[2]. No capitalismo do século XIX, era a orientação da matéria-prima que regulava a localização de boa parte das indústrias. Atualmente, com algumas óbvias exceções, a orientação do mercado é provavelmente o fator mais importante na escolha da localização. Os produtores mexicanos de refrigeradores até hoje possuem uma vantagem localizacional em relação a seus concorrentes asiáticos por conta da proximidade do mercado estadunidense.

O valor das mercadorias produzidas e comercializadas sob condições de monopólio local ou regional não pode ser determinado no mercado mundial da mesma forma que, digamos, o valor do ouro, dos diamantes ou do sal. Sob essas condições, o valor varia de lugar para lugar, dependendo da disparidade de tempos e custos de transporte, tarifas e outras barreiras ao comércio.

Marx reconhecia que o valor da força de trabalho variava de país para país, dependendo de "preço e volume das necessidades vitais elementares, natural e historicamente desenvolvidas, custos da educação do trabalhador, papel do trabalho feminino e infantil, produtividade do trabalho, sua grandeza extensiva e intensiva". Variações geográficas na intensidade do trabalho são particularmente importantes. O "trabalho nacional mais intensivo produz, em tempo igual, mais valor, que se expressa em mais dinheiro". A "lei do valor" é "modificada" pela "diversidade nacional dos salários"[3] e pelas variações geográficas em extensão, intensidade, produtividade e porosidade da jornada de trabalho. Produtividades diferentes de trabalho conforme as diferenças naturais (por exemplo, alimentos mais baratos provenientes de terras férteis sob um clima favorável), diferentes definições de vontades, necessidades e desejos conforme a situação natural e cultural e dinâmicas de lutas de classes significam que a equalização da taxa de lucro não virá acompanhada de uma equalização da taxa de exploração entre os países[4]. Na eventualidade de uma transação comercial entre países, o "país favorecido recebe mais trabalho em troca de menos trabalho, embora essa diferença, esse excedente, tal como no intercâmbio entre o trabalho e o capital em geral, seja

---

[2] Peter Haggett, *Locational Analysis in Human Geography* (Londres, Edward Arnold, 1965).
[3] Karl Marx, *O capital*, Livro I, cit., p. 631, 632, 633.
[4] Os detalhes dos esparsos comentários de Marx sobre esse tópico estão reunidos em David Harvey, *Spaces of Capital*, cit. cap. 12.

embolsado por uma classe determinada"⁵. Não ganha brinde quem adivinhar qual é a classe beneficiada. "Aqui", diz Marx, "a lei do valor sofre uma modificação essencial [...] o país mais rico explora o mais pobre, mesmo quando o segundo ganha com a troca."⁶ Isso evita qualquer "nivelamento direto de valores por tempo de trabalho e ainda o nivelamento de preços de custo por uma taxa geral de lucro entre os diferentes países"⁷.

O trabalho social que realizamos para os outros em determinada parte do mundo é diferente, tanto qualitativa quanto quantitativamente, do trabalho social que realizamos para os outros em outra parte do mundo. Na eventualidade de uma transação comercial entre diferentes regimes de valor regionais, o trabalho social de uma região pode acabar subsidiando e sustentando a economia e o estilo de vida de outra. Regimes de alta produção de valor, como aqueles baseados em setores produtivos trabalho-intensivos (por exemplo, México ou Bangladesh), podem estar sustentando regimes capital-intensivos de alta produtividade (como os Estados Unidos). E ainda mais grave: as usinas de engarrafamento de dívidas em Nova York e Londres, que produzem antivalor, cobram o resgate desse valor nas fábricas de Bangladesh e Shenzhen, e não nas quebradas de Manhattan ou Soho.

Esse argumento tem implicações de grande alcance. No Livro I d'*O capital*, Marx se pergunta como a igualdade pressuposta pelas relações concorrenciais de troca pode ser compatível com a desigualdade da produção de mais-valor. A resposta repousa na transformação da força de trabalho em mercadoria e na exploração do trabalho vivo na produção. No Livro III, Marx resolve outra surpreendente charada. A equalização da taxa de lucro por meio da concorrência força a troca das mercadorias não por seus valores, mas por seus preços de produção⁸. Os capitalistas recebem mais-valor de acordo com a força de trabalho que empregam. A redistribuição de mais-valor a que isso leva em situações de comércio aberto no interior da classe capitalista favorece produtores capital-intensivos em detrimento de produtores trabalho-intensivos.

A lei da redistribuição capitalista, conforme apresentada no Livro III, evoca alguns paralelos interessantes. O comitê do Senado encarregado de investigar a crise de 2007-2008 perguntou a Lloyd Blankfein, CEO da Goldman Sachs, como ele definiria o papel do banco. Ele respondeu que a função do banco era "fazer o trabalho de Deus"⁹. Presume-se que tinha em mente a injunção bíblica do Evangelho

---

5 Karl Marx, *O capital*, Livro III, cit., p. 277.
6 Idem, *Theories of Surplus Value*, Part 3, cit., p. 106.
7 Idem, *Theories of Surplus Value*, Part 2, cit., p. 474-5.
8 Idem, *O capital*, Livro III, cit., cap. 9.
9 Dealbook, "Blankfein Says He's Just Doing 'God's Work'", *The New York Times* [coluna], 9 nov. 2009.

de Mateus (25:29): "porque a todo aquele que tem será dado e terá em abundância, mas daquele que não tem, até o que tem será tirado". É isso o que a equalização da taxa de lucro faz. As consequências têm um alcance potencialmente longo, dada a insistência de Marx (e de Ricardo) de que o trabalho é a fonte última do valor. O comércio entre um regime capital-intensivo (tal como o da Alemanha) e regimes trabalho-intensivos (tais como o de Bangladesh) resultará na transferência de valor e mais-valor do segundo para o primeiro. Isso será realizado de maneira "silenciosa" e "natural" através do próprio processo do mercado. Para tanto, não são necessárias táticas imperialistas de dominação e extrativismo, mas a simples promoção de práticas de livre-comércio. Essa é a maneira "silenciosa" pela qual regiões ricas enriquecem à custa das regiões pobres, que vão ficando cada vez mais para trás. Por esse motivo, muitos dos ditos países em desenvolvimento recorrem ao protecionismo, particularmente no caso das chamadas "indústrias nascentes". Isso também ajuda a explicar por que tantos países em desenvolvimento, a começar pelo Japão dos anos 1960, preferem organizar e subsidiar formas de desenvolvimento capitalista capital-intensivas, em vez de formas trabalho-intensivas[10]. Aquilo que se denomina "subir na cadeia de valor" em direção a produções de maior valor agregado torna-se uma ambição generalizada. Quando acrescemos a tais transferências de valor as maneiras pelas quais a geografia da valorização e da produção de valor diferem da geografia da realização de valor, a geografia fluida dos fluxos de capital que atravessam e permeiam as paisagens diferenciais da circulação de capital aparece como a expressão material da natureza do capital. No interior desses fluxos, emergem configurações regionais em torno das quais se formam, ao menos por certo tempo, arranjos relativamente estáveis e geograficamente fixos de mobilização de mão de obra, divisões de trabalho e investimentos em infraestruturas sociais e físicas, produção, realização e distribuição de valor.

Uma análise dos arranjos monetários reforça o argumento para se postular a existência de distintos regimes de valor regionais. No Livro I d'*O capital*, Marx assinala uma disjunção crucial entre as mercadorias-dinheiro globais – ouro e prata – e as diversas moedas fiduciárias locais – que existem para facilitar as dinâmicas de troca e que são uma "tarefa que cabe ao Estado"[11].

> Ao deixar a esfera da circulação interna, o dinheiro se despe de suas formas locais [...] e retorna à sua forma original de barra de metal precioso. No comércio mundial, as mercadorias desdobram seu valor universalmente. Por isso, sua figura de valor autônoma as confronta, aqui, como dinheiro mundial. Somente no mercado mundial o dinheiro

---

[10] Chalmers Johnson, *MITI and the Japanese Miracle* (Stanford, Stanford University Press, 1982).
[11] Karl Marx, *O capital*, Livro I, cit., p. 198.

funciona plenamente como a mercadoria cuja forma natural é, ao mesmo tempo, a forma imediatamente social de efetivação do trabalho humano *in abstracto*. Sua forma de existência torna-se adequada a seu conceito.[12]

Assim, os "diferentes uniformes nacionais que o ouro e a prata vestem" são novamente "despojados" quando emergem "no mercado mundial". Há uma "separação entre as esferas internas ou nacionais da circulação das mercadorias e a esfera universal do mercado mundial". O "verdadeiro" valor das mercadorias, insiste Marx, repousa sobre o mercado mundial, e sua forma monetária mais adequada de representação é o ouro[13].

Se a disjunção entre dinheiros locais e mundiais é tão evidente, então por que não imaginar que o mesmo se aplica também ao próprio valor? A suposição tácita de que o valor é singular e universal, ao contrário de múltiplo e regionalmente desagregado, não passa disto: uma suposição. A justificativa de Marx é que somente no mercado mundial o dinheiro pode assumir sua forma material universal – a do ouro – que está fora do alcance e além de qualquer manipulação humana. A reserva global de ouro era e ainda é relativamente inelástica e em boa parte já foi tirada da terra, de uma forma ou outra. O imperativo de redução dos custos de transação no comércio levou à produção de múltiplos dinheiros localizados, que eram meros símbolos de valor. Todavia, o mesmo vale para o ouro. A diferença é que essas outras formas não metálicas de dinheiro são vulneráveis à manipulação humana arbitrária. Menos fiáveis ainda são os "dinheiros registrados em conta" e os complicados sistemas de geração de dívida e "dinheiros de crédito". O ouro funcionava como o pivô material sólido e confiável ao qual recorriam todas as outras opções fictícias e, de outra forma, incontroláveis de dinheiro.

Com o passar do tempo, no entanto, o ouro tornou-se cada vez menos relevante para o comércio, mesmo em âmbito global. Depois de meados dos anos 1970, o sistema monetário mundial abandonou os últimos vestígios do lastro no padrão-ouro. Marx tinha certeza de que isso jamais aconteceria. Mas, nesse ponto, estava claramente errado, e é preciso considerar as consequências teóricas e práticas desse equívoco. Hoje, até mesmo no mercado mundial, o dinheiro é representado por formas monetárias que não possuem base material em mercadoria alguma. Essas formas monetárias estão sujeitas à manipulação humana (como flexibilização quantitativa nos bancos centrais). Existe oportunidade para que surjam regimes monetários, em concorrência uns com os outros, disputando o poder de representação do valor no mercado mundial. Qualquer moeda que cumprir o papel de

---

[12] Ibidem, p. 215.
[13] Ibidem, p. 198 e seg.

equivalente universal (como faz hoje o dólar estadunidense) será não apenas perpetuamente desafiada, como também inerentemente instável.

Isso poderia ter sido facilmente teorizado por Marx, se ele tivesse se dado a esse trabalho. Como vimos, o valor surge no decorrer das práticas de troca mercantil. As trocas que começam com escambo postulam tantas formas de valor quanto houver tempos de trabalho concreto embutidos nas mercadorias produzidas. Imagine esse processo proliferando em determinado território, de tal modo que uma forma particular de dinheiro se destaque para representar a média de todos os tempos de trabalho no interior daquele território. Uma forma de trabalho abstrato ou um tempo de trabalho socialmente necessário consolida-se em todos os espaços do território. Não é muito difícil imaginar esse processo em dois territórios vizinhos, porém isolados, cada qual produzindo seu próprio regime de valor.

É da natureza do capital "dissolve[r] seus laços puramente locais" e "rompe[r] as barreiras individuais e locais da troca direta de produtos"[14]. O comércio terá início entre territórios diferentes com regimes diferentes de valor representados por sistemas monetários diferentes. O impulso inerente ao capital de criar o mercado mundial descrito no *Manifesto Comunista* e nos *Grundrisse* torna-se, em *O capital*, o impulso para a permutabilidade universal. Isso implica a criação de um equivalente universal, que, "por meio de hábito social [...] amalgamou-se definitivamente à forma natural específica da mercadoria ouro"[15]. Mas a conclusão desse processo depende da remoção de todas as barreiras ao comércio, inclusive aquelas decorrentes dos custos de transporte. Ainda que esses custos sejam significativamente reduzidos, no todo ou em parte (em especial no que diz respeito à hipermobilidade da forma-dinheiro), é impossível zerar todos os custos de circulação.

Marx compreendeu claramente as contradições embutidas em qualquer forma universal de dinheiro. É fácil perceber como essas contradições se aplicam ao ouro, mas o mesmo não vale para o dólar estadunidense enquanto moeda global de reserva. Com efeito, a produtividade total do trabalho concreto privado produzindo valores de uso no interior da economia estadunidense é considerada representativa do trabalho abstrato realizado no cenário mundial, mas a convenção social que aceita as manipulações dos Estados Unidos não está garantida. Quando a produtividade total do trabalho nos Estados Unidos cai abaixo, digamos, daquela do Japão e da Alemanha Ocidental (como ocorreu nos anos 1980), por que devemos recorrer ao dólar estadunidense para representar os valores? Não há fundamento estável para o equivalente universal. A evolução dos diferentes regimes de valor ocorre num contexto de mudanças imprevisíveis nos valores relativos das principais moedas do mundo.

---

[14] Ibidem, p. 163 e 186.
[15] Ibidem, p. 145.

A produção de regimes de valor regionais é uma característica crucial da geografia histórica do capital. A princípio, esses regimes eram altamente localizados e apenas frouxamente integrados por meio da troca de um número limitado de mercadorias não perecíveis, em geral de alto valor e não facilmente reproduzíveis. As mercadorias-dinheiro (ouro e prata) desempenharam o papel de conectoras e coordenadoras, o que explica o interesse de Marx por elas como característica central de sua teorização econômica política. À medida que os vínculos comerciais proliferaram e se complicaram, a convergência dos diferentes regimes de valor se acelerou, primeiro em nível regional (como mostram os regimes comerciais da União Europeia, o Tratado Norte Americano de Livre-Comércio, Nafta, o Mercado Comum do Sul, Mercosul etc.), mas também em escala mais global. Até 1970 não se encontravam queijos e vinhos estrangeiros nos supermercados dos Estados Unidos e, em larga medida, a própria cerveja era produzida localmente. Se eu bebia National Bohemian, isso significava que eu morava em Baltimore; se bebia Iron City, eu morava em Pittsburg, e, se bebia Coors, morava em Denver. Isso mudou drasticamente a partir de 1970. Hoje, qualquer supermercado me oferece produtos alimentícios do mundo inteiro e, na maioria das grandes cidades, posso tomar cerveja de quase qualquer lugar do globo.

Desde 1945, boa parte da história do capital é de eliminação gradual dos obstáculos ao comércio por queda persistente dos custos de transporte e redução gradual das barreiras políticas (por exemplo, tarifas alfandegárias e outras formas de regulação). A paisagem geográfica da produção competitiva vem mudando por iniciativas de livre-comércio, como o Acordo Geral de Tarifas e Comércio (GATT, estabelecido em 1947) e sua sucessora, muito mais abrangente, a Organização Mundial do Comércio (OMC, estabelecida em 1995), e uma série de acordos, como a Parceria Transpacífico (TPP). Tais indicadores pareceriam sugerir que as diferenças entre regimes de valor regionais estão desaparecendo e que estamos hoje muito mais próximos de um regime de valor único e globalmente unificado, e talvez até de um sistema monetário mundial mais seguro para representá-lo. O fato de a OMC ainda não ter concedido à China o estatuto de economia de mercado indica, no entanto, que esse processo não está completo. Ademais, a crescente onda de protestos contra acordos de livre-comércio indica que há um movimento de desagregação ativamente em curso.

Considere, por exemplo, as tentativas recentes de estabelecer acordos comerciais como o Acordo de Parceria Transatlântica de Comércio e Investimento (TTIP) (e sua gêmea, a TPP). No caso da TPP, trata-se de um acordo especificamente projetado pelos Estados Unidos e pelo Japão a fim de limitar a capacidade de empresas chinesas e europeias de obter uma fatia de mercado na Ásia. O verdadeiro caráter da TPP torna-se claro quando examinamos os dados econômicos fundamentais referentes aos doze potenciais países signatários. Estes são liderados pelas economias de países do G7, Estados Unidos, Japão e Canadá, os quais, junto com a Austrália, representam 90% do PIB dos possíveis signatários. Juntas, as economias em desenvolvimento participantes (México, Malásia, Chile, Vietnã e Peru) representam apenas 8% do PIB total dos signatários. A TTIP e a TPP são, na verdade, uma tentativa dos Estados Unidos de criar um regime particular de valor, com o objetivo de interromper a diminuição de sua parte no comércio global à custa dos outros, compensando assim a debilidade de seu crescimento econômico e de sua lucratividade interna. Em 1985, a economia dos proponentes da TPP representava 54% do PIB mundial; em 2014, esse valor havia caído para 36%. No intervalo entre 1984 e 2004, a parcela dos EUA no PIB mundial caiu de 34% para 23%. No mesmo período, a participação dos EUA no comércio internacional caiu de 15% para 11%. Portanto, a TPP não é um grande acordo de livre-comércio, mas um pacto entre economias avançadas, com uma franja de países em desenvolvimento, cuja parcela no PIB mundial vem declinando significativamente, a fim de manter os outros de fora, enquanto os Estados Unidos, ao centro, desempenham o papel de poder dominante. Os benefícios, é claro, não seriam revertidos aos trabalhadores, já que, conforme assinalou Marx, qualquer "excedente, tal como no intercâmbio entre o trabalho e o capital em geral, [é] embolsado por uma classe determinada". Houve efeitos semelhantes após a criação da Zona Euro como regime de valor supostamente coerente, equipado com uma moeda própria. Porém o capital alemão predominou e obteve máximas vantagens, ao passo que Grécia, Itália, Portugal e Espanha sofreram sistematicamente perdas de valor. O abandono da Parceria Transpacífico por parte dos Estados Unidos deu abertura para a China adotar e construir uma versão própria de regime de valor, no vácuo criado pela retirada antecipada dos EUA.

À medida que a concorrência espacial monopólica diminuiu, tanto material quanto politicamente, outras formas de monopólio se destacaram. A grande corporação dotada de forte poder de mercado foi um traço importante do capitalismo desde a última metade do século XIX, mas o desmonte gradual das barreiras espaciais significou uma mudança de perspectivas – de nacional para global – do poder corporativo, em particular após meados de 1970. Poder monopólico nos Estados Unidos na década de 1960 significava as três grandes indústrias automobilísticas de Detroit. O estudo clássico de Paul Baran e Paul Sweezy sobre *O capitalismo monopolista*, publicado em 1966, reconhecia a necessidade de uma teoria alternativa do valor, mas concentrou boa parte de sua análise nos Estados Unidos, com suas ramificações internacionais. Naqueles anos, os trabalhadores estadunidenses (na verdade, todas as principais forças de trabalho nacionais) estavam em larga medida protegidos da concorrência estrangeira, com exceção daquela possibilitada pela imigração. Cada grande Estado-nação constituía-se como um regime de valor singular, com regulações do capital que asseguravam sua soberania sobre sua própria economia. Mas esse monopólio foi desafiado nos anos 1980 pela concorrência ferrenha, por exemplo, de montadoras estrangeiras (alemãs, italianas, japonesas, depois coreanas e hoje chinesas), enquanto empresas estadunidenses se instalavam na China e em outros países. Há histórias semelhantes a respeito da mudança do poder monopólico nacional para o poder monopólico global no agronegócio (Monsanto e Cargill), no setor energético (as sete irmãs no setor petrolífero), na indústria farmacêutica (Bayer e Pfizer) e nas telecomunicações. Hoje temos novos arrivistas monopolistas, como Google, Amazon e Facebook, além de um movimento mundial de cercamento do conhecimento comum [*knowledge commons*] em sistemas de patentes, licenças e formas jurídicas. É isso o que apoia e procura garantir o Acordo sobre Aspectos dos Direitos de Propriedade Intelectual Relacionados ao Comércio (ADPIC) no âmbito da OMC.

A concorrência, assinalou Marx em *Miséria da filosofia*, resulta inevitavelmente em monopólio, na medida em que apenas as empresas mais aptas sobrevivem no universo darwiniano criado pela concorrência capitalista. Marx leva esse processo um passo adiante em *O capital* quando descreve aquilo que denomina as "leis de centralização do capital" – em muito favorecidas pela organização do sistema de crédito – que vão muito além da simples concentração e do simples aumento no tamanho das empresas em decorrência do processo de acumulação[16]. Nunca é demais ressaltar a importância do papel das economias de escala no aumento da produtividade. Essa é a vantagem competitiva que o capital visa em sua busca desenfreada por centralização e aumento de escala. A acumulação de poder de mercado pelos tubarões corporativos permite que eles engulam os peixes pequenos por meio de fusões e aquisições[17]. A unificação dos mercados mundiais de ações na década de 1980 também permitiu que esse processo se tornasse global.

A onda de inovações tecnológicas e organizacionais que ocorreu a partir de meados dos anos 1980 reestruturou radicalmente os regimes de valor regionais. Com a redução ou remoção seletiva de tarifas e outras barreiras alfandegárias, despencaram os custos de transporte e, ainda mais importante, os tempos de coordenação. A aceleração da produção e da circulação tem sido a cruzada fetichista desses tempos. A criação de cadeias de produção globais possibilita combinações transnacionais em que, por exemplo, uma empresa estadunidense fornece o projeto, a organização e o *marketing* e o México fornece a mão de obra barata – assim como as

---

[16] Ibidem, p. 702 e seg.
[17] Idem, *O capital*, Livro III, cit.

empresas alemãs fazem com a Polônia[18]. Algum benefício é revertido para o México e a Polônia, mas boa parte do valor é capturado pelas empresas nos Estados Unidos ou na Alemanha, mesmo que os trabalhadores nos Estados Unidos e na Alemanha tenham de enfrentar uma concorrência muito mais ferrenha por parte de trabalhadores estrangeiros e não tenham nada a ganhar com essa reorganização (exceto, talvez, na forma de bens de consumo mais baratos). Mas a organização é regional no sentido de que a relação transnacional se dá geralmente entre Estados próximos, de modo que organizações como Nafta e Zona Euro se tornam uma forma institucional de expressão no espaço absoluto buscando enquadrar os espaços-tempos relativos das cadeias globais de valor em movimento. Boa parte do chamado comércio global transnacional é efetivamente regional (como o comércio da China no Leste e Sudeste asiáticos ou o comércio da Inglaterra na Europa). É dessa forma que a evolução da tecnologia enquanto negócio se torna um agente ativo na definição e no remodelamento de regimes de valor regionais em perpétua evolução.

Isso nos conduz a uma brevíssima consideração acerca do papel desempenhado na configuração geográfica dos regimes de valor pelo que até agora temos denominado "dádivas gratuitas" da natureza e da natureza humana. Tais dádivas gratuitas são valores de uso que podem ser apropriados pelo capital sem nenhum custo (ou com um custo mínimo) e, portanto, podem contribuir para a produção de mais-valor. Essas dádivas gratuitas não são distribuídas uniformemente pela superfície terrestre. Altas concentrações dos chamados recursos naturais, assim como aglomerações de populações com determinadas características culturais, habilidades, arranjos culturais e aptidões passíveis de serem incorporadas às dinâmicas de valorização, realização e distribuição de capital, criam um mundo de vantagens geográficas diferenciais para a acumulação de capital. O mosaico de regimes de valor regionais se apoiou desde sempre na proliferação, na preservação e, em alguns casos, até mesmo na criação ativa de tradições, hábitos e preferências culturais locais, aos quais as populações subscrevem e aderem, mesmo sem a inovação do poder muitas vezes acachapante dos sentimentos nacionalistas. É aqui que a definição de valor do capital se confronta e, em certos aspectos, se mistura a ideias mais tradicionais de valor como articuladas pela ética, religião, cultura ou herança étnica.

As dádivas gratuitas da natureza e da natureza humana não são constantes. Dependem da avaliação capitalista dos potenciais valores de uso oferecidos. Os "recursos naturais" não são naturais, e sim avaliações econômicas, técnicas, sociais e culturais dos elementos disponíveis na natureza. Durante certo tempo, o acesso à energia hidráulica era importante, mas o advento da máquina a vapor liberou

---

[18] Richard Baldwin, *The Great Convergence: Information Technology and the New Globalisation* (Cambridge, Belknap, 2016).

o capital dessa amarra localizacional. Antes da invenção da energia nuclear, o urânio era um recurso completamente irrelevante. Os metais de terras raras eram irrelevantes até que novas tecnologias os transformaram em recursos essenciais. As habilidades de trabalho cuidadosamente aperfeiçoadas nas regiões industrializadas antes dos anos 1970 tornaram-se redundantes depois das mudanças tecnológicas que incorporaram essas habilidades à tecnologia das máquinas e da automação. Aptidões culturais são importantes para a evolução de certos tipos de consumismo que sustentam a busca intensa por símbolos de distinção, classe e bom gosto em certos mercados do mundo. A produção de vontades, necessidades e desejos, conforme assinalamos anteriormente, constitui um aspecto crucial da história do capital, sem o qual ele já teria desaparecido. A natureza e a natureza humana, que oferecem toda sorte de dádivas gratuitas à acumulação de capital, não são dadas "pela natureza" nem são fruto de uma "natureza humana" imutável. Tampouco são distribuídas uniformemente pelo mundo. Elas são produzidas e eternamente mutáveis, e o próprio capital tem um papel muito importante em sua produção. O resultado não é uma homogeneidade global, e sim uma diversificação regional. O valor da força de trabalho, por exemplo, difere "de acordo com o clima e o nível do desenvolvimento social; depende não só das necessidades físicas mas também das necessidades sociais historicamente desenvolvidas, que se convertem numa segunda natureza"[19].

Investimentos de capital fixo na terra que foram amortizados há muito tempo tornam-se parte dessa "segunda natureza", e a evolução cultural também não tem ficado imune às influências da acumulação de capital. O espírito de empreendedorismo é criado, não dado, e é distribuído de maneira desigual, assim como os investimentos que produzem uma segunda natureza. Reconhecer a importância disso na formação de regimes de valor distintos não significa um apelo a um tipo de determinismo físico ou cultural, e sim abrir, mas não encerrar, uma discussão sobre a integração dialética da acumulação do capital e da perpétua evolução das condições geográficas contextuais da natureza e da natureza humana no interior das quais esse processo ocorre.

Nem todas as dádivas são benignas – secas, enchentes, furacões, terremotos e erupções vulcânicas, assim como revoluções, guerras religiosas e culturais, rivalidades nacionalistas e movimentos anti-imigração, são as mais flagrantes dentre as diversas consequências infelizes ou indesejadas que configuram as complexas relações entre a acumulação de capital e a evolução da natureza e da natureza humana. Não podemos ignorar o poder que, de maneira mais insidiosa, os investimentos passados possuem no sentido de impor inércia geográfica. O capital pode

---

[19] Karl Marx, *O capital*, Livro III, cit., p. 921.

preferir se instalar em locais ainda não desenvolvidos* para evitar antigas redes de poder e infraestruturas esclerosadas. Nos estágios iniciais da Revolução Industrial, por exemplo, o capital industrial evitava as cidades comerciais, como Norwich e Bristol, optando por se instalar em pequenas vilas rurais, como Birmingham e Manchester, com o intuito de escapar do poder dos trabalhadores organizados em guildas e dos poderes conservadores dos capitalistas comerciais, que na época dominavam os governos municipais. Ainda mais enfaticamente no mundo atual, o aumento do trabalho improdutivo e a proliferação de regulações têm um peso negativo sobre as perspectivas de desenvolvimento capitalista. A promoção do empreendedorismo urbano e regional por parte dos aparatos estatais visa compensar esse problema por meio de uma política de subsídios locais, promessas de investimentos em infraestrutura e a garantia de "pegar leve" no que diz respeito à regulamentação ambiental e social. Enquanto isso, o poder crescente das instituições de criação de antivalor e o trabalho de coordenar os fluxos de capital portador de juros dependem da disponibilidade de comunicações sofisticadas e de um ambiente regulatório favorável para que possam florescer sem restrição[20]. Vê-se por toda parte a tensão entre ambientes naturais e humanos, positivos e negativos, para diferentes formas de acumulação de capital.

Marx se deparou com algumas dessas questões ao analisar as rendas diferenciais. Tais rendas surgem, em primeira instância, como dádivas gratuitas da natureza. Fertilidade e/ou localização natural superiores propiciam uma taxa de lucro maior para as empresas agraciadas com tais vantagens. As vantagens são relativamente permanentes (na medida em que nenhum competidor pode avançar sobre esse local privilegiado de produção, dado o monopólio que é sempre vinculado à terra)[21], embora, no caso da localização, a posição no espaço relativo possa mudar dramaticamente com investimentos em transporte. Os lucros excedentes podem ser, e geralmente o são, tributados pelos proprietários da terra na forma de renda. Isso tem o efeito de equalizar a taxa de lucro entre as empresas em um mundo em que os valores de uso são distribuídos de forma geograficamente desigual. Era isso o que

---

* No original, "*greenfield sites*", termo de planejamento urbano que designa áreas "verdes" que ainda não foram desenvolvidas, em oposição a "*brownfields*" (áreas marrons), áreas que carregam o ônus de já terem sido previamente utilizadas para fins industriais e/ou comerciais (por exemplo, contaminação ou infraestruturas difíceis de serem removidas). (N. T.)

[20] David Harvey, "From Managerialism to Entrepreneurialism: The Transformation in Urban Governance in Late-Capitalism", *Geografiska Annaler, Series B, Human Geography*, v. 71, n. 1, 1989, p. 3-17 [ed. bras.: "Do administrativismo ao empreendedorismo: a transformação da governança urbana no capitalismo tardio", em *A produção capitalista do espaço*, trad. Carlos Szlak, São Paulo, Annablume, 2005, cap. 6, p. 163-90].

[21] Karl Marx, *O capital*, Livro III, cit., p. 714 e seg.

justificava, na visão de Marx, a apropriação contínua da renda – uma instituição predominantemente feudal – sob o regime capitalista.

As condições que possibilitam a apropriação de rendas diferenciais também podem ser ativamente produzidas. Investimentos de capital fixo "autônomo" incorporados à terra levam à segunda forma de renda diferencial. Vantagens competitivas que até então não existiam podem ser produzidas na ou sobre a terra na forma de valores de uso privilegiados para o capital usufruir enquanto dádivas gratuitas derivadas da "segunda natureza".

Investimentos de longo prazo naquilo que denomino circuitos secundários e terciários do capital, pelos quais são produzidas as infraestruturas físicas e sociais para a acumulação de capital, fornecem um mecanismo básico por meio do qual o capital constrói as condições físicas e sociais adequadas a suas próprias necessidades, em determinado tempo e espaço históricos[22]. A mobilização dos fluxos de capital para construir tais infraestruturas é uma questão complicada, que frequentemente exige não apenas um sofisticado sistema de crédito mas também organização, financiamento e outras formas de intervenção do Estado. Nesse processo, uma circulação temporal inteiramente diferente é gerada e sobreposta àquela visão do capital como valor em movimento com a qual começamos (ver Figura 3, p. 151).

As estruturas resultantes podem ser duradouras e influentes na formação e sustentação dos regimes de valor. Os bulevares do barão Haussmann (também suas obras hídricas e de canalização de esgoto e a criação de parques como o Bois de Boulogne) perduram até hoje, assim como as obras de Robert Moses na região metropolitana de Nova York após 1945. Os investimentos em ensino superior que foram acompanhados pela melhoria das universidades de pesquisa nos Estados Unidos conferiram vantagem competitiva ao país, no mínimo por duas gerações, e moldaram seu regime de valor de uma maneira muito particular. Uma enxurrada semelhante de investimentos no ensino superior tem ocorrido na China nos últimos anos (espelhada em larga medida no sucesso de Singapura) e pode vir a ter o mesmo efeito no futuro.

Investimentos em infraestruturas sociais e físicas criam concentrações geográficas de vantagem relativa que atraem o capital. Antes que sejam dadas ao capital, as "dádivas gratuitas" da natureza e da natureza humana precisam ser produzidas. A não ser que uma crise interrompa o processo causal circular e cumulativo por trás do desenvolvimento desigual dos regimes de valor geográficos distintos, a tendência é que as regiões pobres empobreçam cada vez mais e as regiões ricas fiquem cada vez mais ricas[23]. As vantagens duradouras persistem muito além da data em que o

---

[22] David Harvey, *Os limites do capital*, cit., cap. 12 e 13.
[23] Gunnar Myrdal, *Economic Theory and Underdeveloped Regions* (Londres, Methuen, 1965).

valor do capital fixo ou o fundo de consumo é resgatado. Os investimentos que os Estados Unidos fizeram no ensino superior permitiram contra-atacar os efeitos da desindustrialização que afligiu o setor manufatureiro nos anos 1970. Empresas de alta tecnologia como Google, Microsoft, Amazon e afins se consolidaram rapidamente como monopolistas globais, embora, como sempre, os benefícios escoem para o capital, e não para os trabalhadores.

Mesmo na época de Marx, as relações entre diferentes regimes de valor eram propensas a crises.

> Pode ocorrer que a crise estoure primeiro na Inglaterra, no país que concede o maior crédito e toma o mínimo, porque a balança de pagamentos, [...] que têm de ser imediatamente liquidados, é *desfavorável a* ela, embora a balança comercial geral *lhe seja favorável*. [...] O *crash* produzido na Inglaterra, iniciado e acompanhado pela drenagem de ouro, salda a balança de pagamentos desse país [...]. Logo chega a vez de outro país.[24]

Os custos da desvalorização são forçados de volta à região que iniciou o processo:

> Primeiro, a evasão de metais preciosos; em seguida, a liquidação das mercadorias recebidas em consignação, a exportação de mercadorias para liquidá-las ou para conseguir dentro do país adiantamentos em dinheiro sobre elas; a alta da taxa de juros, o cancelamento dos créditos, a queda dos papéis de crédito, a venda de títulos estrangeiros, a atração de capital estrangeiro para ser investido nesses títulos desvalorizados e, finalmente, a falência, que compensa toda uma massa de créditos.[25]

A Inglaterra, ao se deparar com o problema da superacumulação no século XIX, resolveu o problema emprestando dinheiro à Argentina para a construção de ferrovias que usaram o equipamento excedente fabricado pelos ingleses. Há muita coisa familiar nesse tipo de sequência. Mas o pressuposto tácito de Marx é que o mundo precisa ser estudado e compreendido a partir das relações flutuantes de poder entre os diferentes regimes de valor da economia global.

A grande diferença entre a época de Marx e a nossa é que, hoje, o surgimento de tais crises não é marcado por uma drenagem de ouro (embora isso ocorra) nem pode ser resolvido com exportação de metais preciosos, ainda que a balança comercial entre os países seja uma fonte crucial de instabilidades globais. As crises são contidas em geral por meio de empréstimos do FMI – à custa de severas medidas de

---

[24] Karl Marx, *O capital*, Livro III, cit., p. 548.
[25] Ibidem, p. 575.

austeridade impostas à população. Hoje, qualquer redução no volume do comércio mundial ou instabilidade no balanço das crises comerciais é mais importante do que nunca. Um decréscimo no volume do comércio mundial é hoje amplamente aceito como um prenúncio de crise global, a não ser que as instituições que integram aquilo que eu denomino o "nexo Estado-finanças" do capital (o Federal Reserve e o Tesouro dos EUA, com o apoio do FMI, e os principais bancos centrais do mundo) gerenciem efetivamente as reservas internacionais de dólar no comércio mundial. Sem o padrão-ouro, vivemos hoje em um mundo no qual apenas a manipulação e a gerência humana nos separam de uma catástrofe nos mercados financeiro e de commodities. Não se trata de defender aqui a volta do padrão-ouro. Isso seria igualmente desastroso, se não mais.

Parece irrefutável a necessidade de se pensar em termos de regimes regionais de valor que se sobrepõem e se relacionam uns aos outros de maneira dinâmica com o passar do tempo. É igualmente inegável o fato de que, nas últimas quatro décadas, os regimes de valor vêm convergindo cada vez mais, em especial em suas práticas de mercado de trabalho. Estamos mais próximos do que nunca na história humana de um mercado global de trabalho. É também inegável que há sinais de uma crescente homogeneização de vontades, necessidades e desejos entre as populações de classe média, por toda parte. Mas há ainda um bom caminho pela frente até a homogeneização total dos múltiplos regimes de valor existentes. Todavia, como geralmente ocorre com proposições de cunho marxista, não é difícil identificar forças contrárias de desintegração, dispersão e realização, de modo que a tensão entre universal e particular está sempre presente, para ser interiorizada na própria lei do valor.

Não há e nunca poderá haver um sistema único de valores. É impossível fugir das práticas histórico-materialistas mediante as quais o movimento do capital em todo o mundo constrói e utiliza as diferenças geográficas no que diz respeito à maneira como o trabalho social realizado para os outros é concebido, utilizado e mensurado em diferentes regiões. Diferenciações geográficas e desenvolvimentos geográficos desiguais são características importantes que precisam ser negociadas. No curso de seu movimento espacial, a universalidade do dinheiro mundial se depara com oportunidades radicalmente diferentes de valorização e condições substancialmente diferentes para a realização, não apenas por variações de vontades, necessidades e desejos mas também por diferenças na capacidade de pagar. Embora a concorrência (até mesmo aquela de cunho monopolista) possa funcionar para amenizar algumas dessas diferenças, em outras instâncias ela ativamente produz diferenças geográficas – mais evidentemente por investimentos diferenciais em capital fixo e no fundo de consumo do meio ambiente construído, que são fonte de rendas fundiárias e imobiliárias diferenciais no cenário mundial. Isso conduz a um aguçamento da concorrência entre economias locais, regionais e grandes potências no cenário mundial. A construção ativa de espaços alternativos na economia global torna-se uma das características principais, embora muitas vezes negligenciada, da natureza da lei do movimento do capital.

A definição e a identificação de regimes de valor regionais não são uma questão trivial. Os tempos e os espaços absolutos de Estados ou de conjuntos de Estados, tais como a União Europeia ou o Nafta, certamente desempenham um papel nesse sentido, conforme indica a intricada política recente das tentativas de engenharia geopolítica da economia mundial. As fronteiras absolutas do Nafta podem até funcionar bem quando se trata de combinar o *know-how* dos Estados Unidos com a mão de obra barata do México, mas isso de forma alguma exclui a possibilidade de que sejam usadas peças chinesas e matérias-primas africanas na manufatura de um produto em terras mexicanas para ser comercializado nos Estados Unidos. A crescente complexidade das cadeias globais de valor imprime uma dimensão espaçotemporal relativa sobre quase todas as atividades, e esses movimentos não cessam (ainda que tenham de fazer pausas) nas fronteiras. No entanto, como no caso do valor em geral, os aspectos imateriais porém objetivos capturados pelo espaço-tempo relacional podem ser decisivos na configuração de regimes regionais de valor, ainda que as constelações hegemônicas de poder político-econômico estejam centralizadas em certos pontos nodais no interior das complexas redes e fluxos de bens materiais, informações, conhecimentos e influência. Regimes de valor regionais podem ser arranjados e hierarquizados em diferentes escalas. É possível identificá-los no interior de Estados. O chamado Cinturão do Sol [*sun belt*] é muito diferente do chamado Cinturão da Ferrugem [*rust belt*] nos Estados Unidos, e a Catalunha não é a Andaluzia, da mesma maneira que Hamburgo não é a mesma coisa que a Baviera. Regimes de valor regionais são configurações instáveis e oscilantes de influência e poder que existem e possuem manifestações poderosas, ainda que não tenham definição material clara.

Iniciamos esta investigação do espaço e do tempo nos quais as leis do movimento do valor se fazem valer partindo da afirmação mais do que plausível de que é da natureza do capital o ímpeto de conquistar e construir o mercado mundial. Depois de percorrer o terreno contraditório em que essas leis operam, podemos ver que também faz parte da natureza do capital a prática de destruir a uniformidade, a homogeneidade e a racionalidade suprassensíveis do mercado mundial, produzindo cacos incompatíveis e potencialmente perigosos de heterogeneidade, diferenças e desenvolvimentos geográficos desiguais, independentemente das falhas humanas irracionais que mancham a história da humanidade com violência e derramamento de sangue. O fato de que tudo isso se transforma em questões de lutas geopolíticas entre blocos de poder no cenário mundial é uma questão fértil de consequências. A história geopolítica do capitalismo tem sido uma empreitada abjeta (e continua ameaçadoramente a sê-lo)[26]. Considerações que emanam da criação de regimes de valor singulares no tempo e no espaço desempenham um papel sutil nessa geografia histórica. Mas, por algum motivo, nem Marx nem os pensadores que posteriormente trabalharam no marco teórico da tradição marxista foram a fundo nesse aspecto da teoria do valor, além das variações sobre os debates do início do século XX acerca do imperialismo capitalista e da função do colonialismo e do neocolonialismo nas origens e na reprodução do sistema-mundo capitalista[27].

---

[26] Ellen Wood, *The Origin of Capitalism* (Londres, Verso, 2002); David Harvey, *O novo imperialismo* (trad. Adail Sobral e Maria Stela Gonçalves, São Paulo, Loyola, 2004). Ver a discussão e o debate sobre esses dois livros em *Historical Materialism*, v. 14. n. 4, 2006.

[27] Os trabalhos de Samir Amin, Giovanni Arrighi e Peter Gowan abriram um caminho que nos permite ir além do formalismo árido da teoria wallersteiniana do sistema-mundo e do debate sem saída sobre o Estado da década de 1970 e seus rescaldos e mergulhar mais a fundo numa perspectiva teórica do valor nas relações geopolíticas. Ver, em especial, Samir Amin, *The Law of World Wide Value* (Nova York, Monthly Review Press, 2010); *Three Essays on Value Theory* (Nova York, Monthly Review Press, 2013); Giovanni Arrighi, *The Long Twentieth Century: Money, Power and the Origins of Our Times* (Londres, Verso, 1994) [ed. bras.: *O longo século XX: dinheiro, poder e as origens de nosso tempo*, Rio de Janeiro, Unesp, 1995]; Giovanni Arrighi e Beverly J. Silver, *Chaos and Governance in the Modern World System* (Minneapolis, University of Minnesota Press, 1999); Peter Gowan, *The Global Gamble: Washington's Faustian Bid for World Dominance* (Londres, Verso, 1999).

9. A loucura da razão econômica

Quando uma mercadoria, que é portadora de valor, é finalmente consumida, ela sai da circulação. Portanto, "deixa de ser momento do processo econômico". Mas esse desaparecimento depende da conversão prévia do valor da mercadoria à forma-dinheiro, e o dinheiro possui a capacidade de permanecer perpetuamente em circulação. Quando se trata do dinheiro, todavia, "devém *loucura*; a loucura, entretanto, como um momento da economia e determinante da vida prática dos povos"[1]. A vida cotidiana torna-se refém da loucura do dinheiro. Mas em que reside essa loucura?

Do ponto de vista das mercadorias, "seu valor de troca só tem interesse temporário", na medida em que o objetivo imediato da produção de mercadorias é satisfazer as necessidades sociais. Em um mundo de trocas, o dinheiro simplesmente facilita as permutas. Mas, no mundo do capital e da produção de mais-valor, o dinheiro assume um caráter bastante diferente. Aqui, o valor "só se conserva precisamente pelo fato de que tende continuamente para além de seu limite quantitativo [...]. O enriquecimento é, assim, uma finalidade em si. A atividade determinante da finalidade do capital só pode ser o enriquecimento, *i.e.*, a expansão, o aumento de si mesmo". O dinheiro, na medida em que opera como medida de riqueza, precisa igualmente se investir no "impulso permanente de continuar para além de seu limite quantitativo: um processo infindável. A sua própria vitalidade consiste exclusivamente em que só se *conserva* como valor de troca diferindo do valor de uso e valendo por si à medida que se *multiplica continuamente*". É isso o que distingue o dinheiro sob regime capitalista de todas as suas diversas formas pré-capitalistas.

---

[1] Karl Marx, *Grundrisse*, cit., p. 208.

"O dinheiro, como soma de dinheiro, é medido por sua quantidade. Esse ser medido contradiz sua determinação, que tem de ser orientada à desmedida."[2] Ele não pode jamais ser contido ou coagido.

É a isso que Hegel se refere quando fala em "má infinidade". Trata-se da forma da infinidade que não possui término e, tal como a sabedoria de Deus, ultrapassa todo e qualquer conhecimento humano. A sequência numérica é a sua forma paradigmática. Para todo número existe sempre outro maior. Na ausência de qualquer lastro material no ouro, o montante mundial de dinheiro em circulação constitui uma má infinidade. Não passa de um conjunto de números. O capitalismo contemporâneo está aprisionado no interior da má infinidade da acumulação e do crescimento exponencial infindáveis. Na interpretação de Marx, conforme sugere Wayne Martin, "o capitalismo é essencialmente orientado para uma infinidade incompletável, orientação esta ancorada na própria ontologia do capital"[3]. O dinheiro pode acomodar-se à necessidade infinita de expansão de valor simplesmente fazendo os bancos centrais acrescentarem zeros ao montante de dinheiro em circulação, que é o que eles efetivamente fazem através da flexibilização quantitativa. Isso é a má infinidade, a espiral que sai de controle, que se desgoverna. Antes, costumávamos falar em termos de milhões, depois viraram bilhões e trilhões e, logo, logo, estaremos falando em termos de quatrilhões de dólares em circulação, um número que ultrapassa qualquer compreensão real.

A infinidade virtuosa de Hegel é o círculo, a fita de Möbius ou a escada de Escher, em que o movimento pode continuar para sempre, mas tudo é calculável e passível de ser conhecido de antemão. Nos primeiros dois livros d'*O capital*, Marx dedica longos capítulos à reprodução simples. É quase como se quisesse explorar as formas cíclicas virtuosas de reprodução que seriam possíveis em um mundo não capitalista de acumulação zero. O problema começa com a produção de mais-valor e sua necessidade de expansão perpétua, o que implica a passagem de uma infinidade cíclica virtuosa para uma espiral de acumulação infindável. É essa passagem que força a busca perpétua de uma "infinitude incompletável" por parte do capital. Os valores de uso, apesar de claramente limitados por amarras materiais, não são, como veremos, imunes a essa loucura. Há tentativas de "elevar a fruição à imaginária ilimitabilidade", mas a maioria "aparece como dissipação ilimitada", em que a degradação acelerada dos comuns ambientais é tão manifesta[4].

---

[2] Ibidem, p. 208, 210 e 211.
[3] Wayne Martin, "In Defense of Bad Infinity: a Fichtean Response to Hegel's *Differenzschrift*", mimeo., Departamento de Filosofia, Universidade de Essex; Christopher John Arthur, *The New Dialectic and Marx's Capital* (Leiden, Brill, 2004), p. 137-52.
[4] Karl Marx, *Grundrisse*, cit., p. 210.

No Livro III d'*O capital*, Marx revela outra dimensão dessa loucura. O capital portador de juros aparece como "a matriz de todas as formas insanas de capital"[5]. Nesse caso, o dinheiro volta ao seu papel como mercadoria, mas uma mercadoria cujo valor de uso é o fato de poder ser emprestada a outros em quantidades infinitas para produzir mais-valor. Seu valor de troca são os juros. O próprio dinheiro, que é a representação do valor, adquire um valor monetário. Os juros "são desde sempre uma expressão absolutamente irracional"[6]. O resultado é uma "contradição absurda" em que a "tendência interna do capital aparece como uma coerção que lhe é imposta por capital *alheio*"[7]. O antivalor passa a imperar. Quando a circulação de capital portador de juros (o poder dos acionistas e credores) se torna a principal força para a manutenção do movimento do valor, então "se completam a forma fetichista do capital e a ideia do fetichismo do capital"[8]. A loucura da razão econômica é dissimulada pelas formas fetichistas em que o dinheiro aparece como se tivesse o poder mágico de criar incessantemente mais dinheiro. Coloco meu dinheiro na poupança e ele aumenta exponencialmente, sem que eu precise fazer mais nada.

"Para os senhores economistas", no entanto, "é terrivelmente difícil avançar teoricamente da autoconservação do valor no capital à sua multiplicação."[9] Nossa compreensão do mundo se torna refém da insanidade de uma razão econômica burguesa que não apenas justifica como promove a acumulação sem limites, enquanto simula uma infinidade virtuosa de crescimento harmonioso e melhorias contínuas e alcançáveis no bem-estar social. Os economistas jamais enfrentaram a "má infinidade" do crescimento exponencial infindável, que só pode culminar em desvalorização e destruição. Ao contrário, louvam as virtudes de uma burguesia que triunfantemente "capturou o progresso histórico e o colocou a serviço da riqueza"[10]. Esquivam-se sistematicamente de saber se as crises são inerentes a tal sistema. As crises, dizem eles, devem-se a atos de Deus ou da natureza ou a equívocos humanos e erros de cálculo (em especial aqueles que podem ser atribuídos a intervenções estatais equivocadas). Todos ou qualquer um desses motivos pode provocar um descarrilamento da máquina supostamente imaculada do infinito capitalismo de livre mercado. Mas os economistas insistem que a máquina em si permanece o epítome da perfeição. Quando se depararem com uma crise, os

---

[5] Idem, *O capital*, Livro III, p. 523.
[6] Ibidem, p. 401.
[7] Idem, *Grundrisse*, cit., p. 338.
[8] Idem, *O capital*, Livro III, p. 442.
[9] Idem, *Grundrisse*, cit., p. 210.
[10] Idem, cit., p. 490.

economistas só poderão alegar que, "se a produção fosse realizada conforme os livros didáticos, as crises jamais ocorreriam".

> Toda razão que eles [os economistas] levantam contra as crises é uma contradição exorcizada e, portanto, uma contradição real. O desejo de convencer a si mesmos da não existência de contradições é ao mesmo tempo a expressão de um vão desejo de que as contradições, que estão efetivamente presentes, não existissem.[11]

A ciência econômica contemporânea não tem contradições.

Foi nesse contexto que Marx decidiu dedicar tanto de seu esforço teórico e de sua vida intelectual à *crítica* da economia política e da loucura da razão econômica. Nesse processo, ele revela irracionalidades e "formas insanas" cada vez mais profundas no pensamento sistêmico e no programa político que supostamente nos conduziria a um utopismo da vida cotidiana. As leis contraditórias do movimento que ele identifica beneficiam unicamente a classe capitalista e seus acólitos, ao mesmo tempo que reduzem populações inteiras à exploração de seu trabalho vivo na produção, a escassas oportunidades em sua vida cotidiana e à servidão por dívida em suas relações sociais.

Marx descobre que a loucura da razão econômica burguesa é ainda mais exacerbada pelos crescentes antagonismos entre o valor e suas representações monetárias. À medida que o dinheiro se desprende necessariamente de qualquer lastro material (como as mercadorias-dinheiro ouro e prata), suas construções idealistas (como números de dólares, euros, ienes etc.) e, sobretudo, sua crescente manifestação na forma de dinheiro de crédito tornam-se vulneráveis aos caprichos dos juízos humanos, suscetíveis a excessos e manipulações de quem tem as rédeas do poder. "De sua figura de servo, na qual se manifesta como simples meio de circulação, converte-se repentinamente em senhor e deus no mundo das mercadorias", cuja riqueza universal "pode ser tangivelmente incorporada às posses de um indivíduo singular".

---

[11] Idem, *Theories of Surplus Value*, Part 2, cit., p. 468 e 549. Boa parte dos economistas reconhece as imperfeições de mercado provenientes de efeitos de externalidade e de imperfeições informacionais (e até as estudam enquanto "fracassos de mercado"). Os que possuem uma orientação mais keynesiana chegam a admitir um papel a ser desempenhado pelo Estado no sentido de garantir um gerenciamento adequado da oferta e da demanda agregada, principalmente voltado para amortecer as oscilações e os solavancos dos ciclos econômicos na esperança de eliminar crises e depressões. Mas o objetivo deles é fundamentalmente o de corrigir imperfeições e definir políticas otimizadas para balizar o envolvimento do Estado a fim de restaurar ao seu devido lugar o conceito do equilíbrio harmonioso. Nenhum deles, nem mesmo figuras como Paul Krugman, Joseph Stiglitz e Jeffrey Sachs, que reivindicam posições políticas progressistas, possuem qualquer concepção das contradições internas do capital ou dos perigos da má infinidade do crescimento exponencial infinito.

O dinheiro é uma reivindicação individualizada sobre o trabalho social dos outros, exatamente da mesma maneira que a dívida constitui uma reivindicação sobre o trabalho futuro dos outros. O dinheiro confere a seu possuidor "o poder universal sobre a sociedade, sobre o inteiro mundo dos prazeres, dos trabalhos etc."[12]. Do tempo de Marx para cá, ampliou-se enormemente o hiato entre a proliferação dessas reivindicações e a base de valor na qual elas supostamente estão lastreadas. Hoje, se todos se dirigissem aos bancos para sacar em espécie o equivalente de seus depósitos, levaria meses, se não anos, até que se conseguisse imprimir as notas necessárias. Todos os dias, 2 trilhões de dólares trocam de mãos nos mercados de comércio exterior.

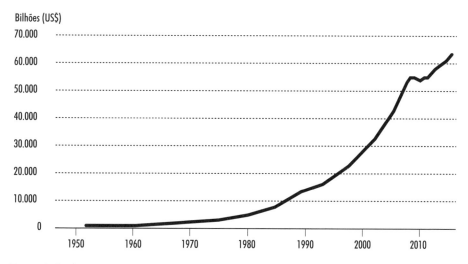

Figura 4. Crescimento da dívida pública, corporativa e privada nos Estados Unidos (Federal Reserve Bank of St Louis).

Mas essa é apenas a ponta de um iceberg de fenômenos no mundo financeiro. Os fluxos de dinheiro de crédito, aquela forma de antivalor que o próprio capital cria, cresceram enormemente desde a década de 1970 (Figura 4)[13]. A princípio esses fluxos lubrificam as atividades no próprio campo da distribuição. Este último, porém, aparece cada vez mais como um buraco negro que engole uma massa de valor em nome do resgate de dívidas, sem nenhuma garantia de que ressurgirá. A prática de empréstimos interbancários está mais em alta do que nunca, assim como os intercâmbios entre instituições financeiras e bancos centrais. Há muito tempo os

---

[12] Karl Marx, *Grundrisse*, cit., p. 165.
[13] Federal Reserve Bank of St Louis, *Economic Reports*.

bancos vêm concedendo empréstimos a governos, respaldando-se no poder do Estado de cobrar impostos. Reciprocamente, o poder de tributação do Estado é utilizado para socorrer os bancos em apuros. Não há a menor esperança de que as crescentes dívidas nacionais dos grandes Estados caduquem juridicamente. Mas fluxos significativos de receitas tributárias para o pagamento de dívidas são normalizados no campo da distribuição. Boa parte da demanda efetiva derivada de despesas estatais, por outro lado, consiste em capital fictício (antivalor) gerado no sistema de crédito e emprestado ao Estado. As reivindicações sobre a produção futura de valor crescem infinitamente. Crédito de consumo (parte dele do tipo predatório) é disponibilizado a todos (inclusive trabalhadores e estudantes) e normalmente aumenta à medida que circula. A fantasia de uma "ilimitabilidade imaginária" no consumo é avidamente perseguida. O crédito escoa para proprietários fundiários e imobiliários. Alimenta a especulação com aluguéis e outros valores de ativos que, em seguida, ganham o poder de aumentar magicamente e sem limite. Comerciantes e industriais contraem empréstimos mesmo diante do robusto poder do antivalor, que pode vir a destruí-los no futuro. Comerciantes, proprietários fundiários e imobiliários, Estados e qualquer pessoa que consiga poupar algum dinheiro (inclusive os setores mais privilegiados das classes trabalhadoras) depositam fundos excedentes em instituições financeiras com a expectativa (muitas vezes frustrada) de obter uma boa taxa de retorno.

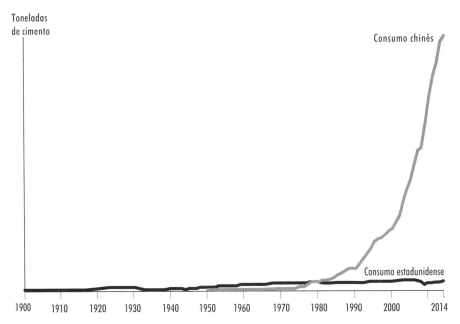

Figura 5. Consumo chinês de cimento (redesenhado a partir do original publicado na revista *National Geographic*).

Marx reconhecia a importância da formação de capital fictício e da especulação de ativos, ao mesmo tempo que ressaltava a loucura da razão econômica dessas práticas. Compreendia plenamente que essas relações interdistributivas constituem "momentos [agudos] da economia" que afetam "a vida prática dos povos". Mas, desnecessário dizer, essa é uma arena notoriamente opaca e mistificada das atividades capitalistas que resiste a resumos fáceis ou descrições superficiais.

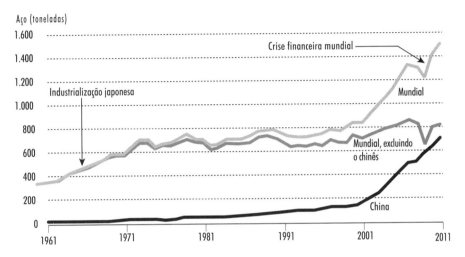

Figura 6. Consumo mundial de aço (fonte: RBA).

Mas essa "ilimitabilidade" não pode ser confinada ao mundo do dinheiro de crédito. Ela possui implicações para o mundo dos valores de uso e para o da produção de valor:

> o capital [...] é o impulso ilimitado e desmedido de transpor seus próprios limites. [...] O capital enquanto tal cria um mais-valor determinado porque não pode pôr de uma vez um mais-valor ilimitado; ele é o movimento contínuo de criar mais mais-valor. O limite quantitativo do mais-valor aparece para o capital somente como barreira natural, como necessidade que ele procura incessantemente dominar e transpor.[14]

Estudar a história econômica capitalista significa estudar essa loucura em ação. Considere o seguinte fato, espantoso, porém demasiadamente concreto. Entre 1900 e 1999, os Estados Unidos consumiram 4,5 milhões de toneladas de cimento. Entre 2011 e 2013, a China consumiu 6,5 milhões de toneladas de cimento. Em dois

---
[14] Karl Marx, *Grundrisse*, cit., p. 264.

anos, os chineses consumiram quase 45% mais cimento do que os Estados Unidos ao longo de todo o século anterior (Figura 5)[15]. Quem mora nos Estados Unidos já viu muito cimento sendo usado ao longo de sua vida. Mas o que ocorreu na China é extraordinário. O aumento registrado na escala de despejamento de cimento não possui precedentes. E suscita questões preocupantes. Quais serão as suas consequências ambientais, políticas e sociais? Parece haver mais do que um toque de loucura nisso tudo. Essa seria a "ilimitabilidade imaginária" de que fala Marx?

O cimento é usado na construção civil. Isso aponta para um investimento maciço na criação de meios ambientes construídos, urbanização na construção de outras infraestruturas físicas (sistemas de transportes, barragens, terminais de contêineres e aeroportos). Não é apenas cimento que é utilizado. Houve também um enorme aumento na produção e no uso de aço. Nos últimos anos, mais da metade da produção e do consumo mundial de aço se deu na China (Figura 6). É preciso muito minério de ferro para fabricar essa quantidade de aço. Ele vem de regiões tão distantes como o Brasil e a Austrália. Outros materiais, como cobre, areia e minerais de todo tipo, foram consumidos em taxas completamente inauditas. Nos últimos anos, a China consumiu pelo menos metade (e, em alguns casos, 60% ou 70%) dos principais recursos minerais do mundo (Figura 7).

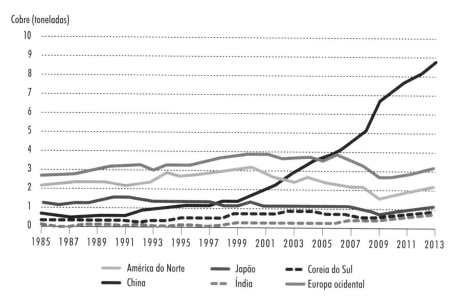

Figura 7. Consumo mundial de cobre.

---

[15] "Towering Above", *National Geographic*, v. 229, n. 1, 2016.

Consequentemente, até pouco tempo atrás, os preços das matérias-primas tenderam a aumentar. A atividade mineradora vem-se acelerando por toda parte. Da Índia à América Latina, passando pela Austrália, montanhas inteiras estão sendo removidas na procura de minério, prática que vem gerando todo tipo de consequências políticas, econômicas e ambientais deletérias. A enorme expansão de investimento urbano e infraestrutural na China provocou muitas ramificações globais. Todos os países que exportam insumos básicos para a China saíram rapidamente da recessão de 2007-2008: Austrália, Chile, Brasil e Zâmbia, assim como Alemanha, que exportava equipamento de alta tecnologia para os chineses.

Um dos motivos para que o combalido capitalismo global sobrevivesse à crise de 2007-2008 foi o crescimento constante do consumo produtivo na China. É quase certo que os dirigentes do Partido Comunista em Pequim não planejavam salvar o capitalismo global, mas foi isso o que acabaram fazendo.

Para explicar como e por que isso aconteceu, preciso mergulhar mais a fundo na história geoeconômica recente dos diferentes regimes de valor regionais. Em 2007-2008, ocorreu uma crise financeira nos Estados Unidos. Como se originou nos Estados Unidos, foi definida como uma crise global. Houve crises anteriores no Sudeste Asiático (1997-1998), na Turquia e na Argentina (2001-2002), mas foram consideradas crises regionais, circunscritas a regimes de valor particulares. Os Estados Unidos ainda detêm uma das maiores e mais influentes economias do mundo e a ocorrência de grandes instabilidades em seu interior está fadada a transbordar e afetar outros regimes de valor regionais. Há inclusive certos indícios de que formuladores de políticas públicas e instituições estadunidenses tentaram ativamente dispersar os efeitos negativos da crise financeira pelo resto do globo (por meio do controle de instituições internacionais como o FMI e do mecanismo fornecido pelo dólar como moeda global de reserva) na esperança de diluir os efeitos que teria internamente. As crises tendem sempre a se deslocar, mas deslocam-se mais rápido com o apoio efetivo de agências de poder estatal e políticos.

A crise de 2007-2008 foi, em primeira instância, relativamente localizada. Originou-se em particular no sul e no sudeste dos Estados Unidos e em larga medida a partir de especulação intensa nos mercados imobiliário e fundiário, alimentada por crédito fácil e empréstimos *subprime*. Depois do *crash* da Bolsa de Valores em 2001, uma enxurrada de dinheiro especulativo escorreu para os mercados imobiliários estadunidenses (como ocorreu também na Irlanda e na Espanha, entre outros lugares). Um excesso de liquidez inundou o mundo naquele período, e o capital portador de juros tinha poucas oportunidades de investimento. Boa parte foi absorvida em mercados fundiários e na extração de matérias-primas, forçando os preços cada vez mais para cima. Quando a bolha especulativa imobiliária estourou, houve uma enorme crise de execuções hipotecárias nos Estados Unidos, bem como na Irlanda, na Espanha e em alguns outros países.

Pessoas desempregadas e que acabaram de sofrer uma execução hipotecária não saem por aí comprando coisas. O mercado de consumo nos Estados Unidos afundou. A China era uma das principais fornecedoras de bens para esse mercado consumidor. A indústria chinesa de exportação também afundou. Esse foi um dos canais pelos quais a crise local se tornou global. O outro foi o sistema financeiro. As instituições financeiras estruturaram as dívidas de financiamento imobiliário de modo que pudessem repassá-las a terceiros como um investimento bastante rentável, supostamente "tão seguro quanto uma casa". Mas muitas das hipotecas não estavam respaldadas na capacidade de pagamento. Todos os que foram enganados e investiram nesse novo instrumento financeiro perderam dinheiro. Os bancos que detinham parte significativa da dívida ficaram ameaçados de falência e restringiram o crédito, inclusive o crédito para os já cautelosos consumidores. A fragilidade do mercado de bens de consumo nos Estados Unidos se alastrou e se aprofundou. A espiral descendente ameaçou engolir o mundo inteiro numa depressão.

Em 2008, a China enfrentava uma queda de 30% em suas exportações. Fábricas no sul do país estavam sendo obrigadas a fechar as portas. As estatísticas chinesas são pouco confiáveis, mas, segundo alguns relatórios, entre 20 milhões e 30 milhões de empregos foram perdidos. O governo chinês estava apreensivo com as potenciais agitações sociais. A existência de 20 milhões a 30 milhões de desempregados representava um risco alarmante, que o governo chinês tinha de atacar se quisesse manter a legitimidade e o poder.

Em 2010, um relatório conjunto emitido pelo Fundo Monetário Internacional e pela Organização Internacional do Trabalho estimou a perda líquida de empregos por conta da crise[16]. Os Estados Unidos registraram o maior índice: 7,5 milhões de postos de trabalho. Na China, a perda líquida foi de apenas 3 milhões de postos de trabalho. De alguma maneira, a China conseguiu reabsorver ao menos 17 milhões de pessoas, e possivelmente muitas mais, no mercado de trabalho em cerca de um ano – feito espantoso e totalmente sem precedentes.

Como a China foi capaz de absorver tão rapidamente essa vasta quantidade de mão de obra excedente? Aparentemente, o governo central apenas incentivou todo o mundo a tirar do papel o máximo possível de obras infraestruturais e megaprojetos. Informou aos bancos que deveriam conceder empréstimos às incorporadoras.

---

[16] Fundo Monetário Internacional/Organização Internacional do Trabalho, "The Challenges of Growth, Employment and Social Cohesion", *paper* de discussão, Conferência Conjunta OIT-FMI, em cooperação com o primeiro-ministro da Noruega, 2010; disponível em: <http://www.osloconference2010.org/discussionpaper.pdf>.

Nos Estados Unidos, em 2008, quando o Federal Reserve e o Tesouro cederam recursos aos bancos para que concedessem empréstimos, eles simplesmente usaram esse dinheiro para quitar suas próprias dívidas (isso se chama *desalavancagem*) e ainda compraram de volta suas próprias ações. Nos Estados Unidos, o governo não tem poder sobre os bancos. O sistema bancário chinês não funciona dessa forma. Na China, se o governo central disser aos banqueiros que concedam empréstimos, será isso o que eles farão. E evidentemente foi isso que fizeram, por acaso tornando muita gente ultrarrica nesse processo. De uma hora para a outra, a China tornou-se um país repleto de bilionários, perdendo apenas para os Estados Unidos nesse quesito.

A enorme empreitada de construção na China foi financiada pela dívida. A dívida do país quadruplicou entre 2007 e 2015. Em 2016, a dívida formal já era de 250% do PIB. A dívida teve de ser estendida tanto à produção quanto ao consumo. As dívidas domiciliares elevaram-se dramaticamente (caso contrário, quem compraria todas aquelas novas unidades habitacionais?)[17]. O crédito fácil provocou um aumento nos preços dos imóveis. A especulação com os valores imobiliários se tornou abundante. No verão de 2016, os preços dos imóveis subiram a uma taxa de 7,5% anuais em todo o país, enquanto nas dez maiores regiões metropolitanas da China o aumento médio registrado foi de 20%[18]. Enquanto isso, governos locais, estaduais e municipais contraíam empréstimos sem parar. Em 2014 surgiram boatos de que haveria uma massa de dívidas tóxicas em um sistema bancário paralelo e nas entranhas das finanças municipais[19]. Temores de algum tipo de *crash* financeiro irrompiam periodicamente na imprensa. A dívida da China, no entanto, não é denominada em dólares, e sim em moeda própria. Portanto, não há perspectiva de intervenção externa, por exemplo, de uma instituição como o FMI ou de credores estrangeiros (como a Grécia teve a infelicidade de experimentar). O governo central possui grandes reservas internacionais que poderiam ser usadas – como fez em outros períodos de dificuldade financeira – para recapitalizar as instituições financeiras.

Com efeito, a China liberou o poder do antivalor para forçar uma elevação na produção de valor e absorver o máximo de mão de obra excedente possível. E não foi o único país a fazer isso. O FMI registrou um enorme aumento nos índices globais de financiamento por dívida depois de 2007-2008 (Figura 8). A dívida global do setor não financeiro encontra-se agora no patamar de 152 trilhões de dólares, o

---

[17] "China's Property Frenzy and Surging Debt Raises Red Flag for the Economy", *The Guardian*, 27 nov. 2016.
[18] Reuters, "China's Property Boom Continues as Prices Rise at Record Rate", *Fortune*, 21 out. 2016.
[19] Shen Hong, "China's Plan for Local Debt Amounts to a Bailout", *The Wall Street Journal*, 23 jun. 2015.

índice mais alto da história (225% do PIB global)[20]. Os Estados Unidos foram um dos poucos países a registrar alguma redução na dívida líquida após 2008, obtida principalmente à custa de políticas de austeridade em todos os níveis do governo e problemas persistentes de financiamento imobiliário. Isso acarretou uma estagnação na demanda efetiva e conteve a recuperação da crise.

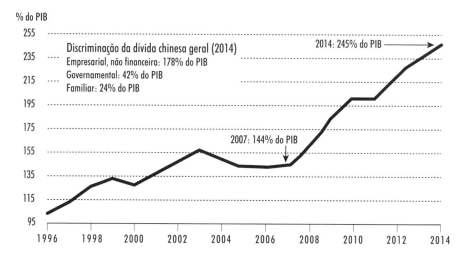

Figura 8. Crescimento da dívida (estatal, empresarial e familiar) na China (Morgan Stanley).

O ritmo da criação de dívida global, inédito desde a década de 1970, sugere a existência de uma economia global que cresce cada vez mais por meio dos artifícios e miragens da criação de antivalor nos múltiplos sistemas monetários regionais do mundo. É provável que boa parte dessa dívida seja tóxica, dissimulada pela criação de mais dívida (como ocorre nos esquemas Ponzi). Não está claro de onde virá o valor que resgatará esse montante que vem crescendo incessantemente.

A China absorveu uma quantidade maciça de mão de obra promovendo um enorme programa de investimentos em consumo produtivo no meio ambiente construído. Um quarto do PIB veio somente da produção de moradias e outro quarto ou mais veio de investimentos infraestruturais em rodovias, sistemas hídricos, redes ferroviárias, aeroportos etc. Cidades inteiras foram construídas (muitas são "cidades fantasmas", que ainda precisarão ser povoadas)[21]. A economia espacial da nação está

---

[20] Fundo Monetário Internacional, "Debt: Use It Wisely", *Fiscal Monitor*, Relatórios Mundiais Econômicos e Financeiros, out. 2016.

[21] Wade Shepard, *Ghost Cities of China: The Story of Cities Without People in the World's Most Populated Country* (Londres, Zed Books, 2015).

mais bem integrada, com rodovias e ferrovias de alta velocidade ligando firmemente os mercados do sul e do norte e desenvolvendo o interior para que tenha uma ligação melhor com a costa. Embora o governo central já desejasse realizar algo dessa natureza (o projeto da rede ferroviária de alta velocidade é da década de 1990), ele mobilizou tudo o que pôde nesse período para absorver a força de trabalho excedente potencialmente revoltosa. Em 2007 não havia nem um quilômetro de ferrovias de alta velocidade na China. Em 2015 já havia quase 20 mil quilômetros ligando todas as principais cidades do país. Isso, para qualquer padrão, é um feito extraordinário.

No entanto, não há nada de novo na maneira como a China respondeu a suas dificuldades econômicas. Considere o caso dos Estados Unidos após a Segunda Guerra Mundial. A economia estadunidense precisava absorver o enorme aumento na capacidade produtiva ocasionado pela guerra e gerar postos de trabalho bem remunerados para um grande número de veteranos que voltavam ao país. Os formuladores de políticas públicas sabiam que, se os veteranos que estavam retornando à vida civil se deparassem com níveis de desemprego como os dos anos 1930, o país estaria diante de uma grave inquietação política e econômica. A reprodução do capitalismo estava em jogo.

A primeira frente consistiu em reprimir, através do movimento anticomunista conhecido como machartismo, todo e qualquer pensamento de oposição de esquerda. A segunda consistiu em confrontar o problema econômico do excedente de capital e de mão de obra. Isso foi realizado em parte pelo imperialismo estadunidense, a Guerra Fria e a expansão do militarismo (a ascensão do famoso "complexo militar-industrial" que o presidente Eisenhower tentou sem sucesso inibir). Essas iniciativas foram complementadas por uma imensa onda de investimentos na produção de infraestruturas físicas e sociais (como educação superior). O sistema de estradas interestaduais ligou a Costa Oeste ao sul e integrou espacialmente a economia dos Estados Unidos de uma nova maneira. Em 1945, Los Angeles era uma cidade de tamanho normal, mas em 1970 ela havia se tornado uma verdadeira megalópole. Áreas metropolitanas foram totalmente redesenhadas com transportes, rodovias, automóveis e, sobretudo, com a proliferação dos subúrbios. A figura de Robert Moses, o urbanista genial que redesenhou toda a região metropolitana de Nova York, dominou o mundo tanto das ideias quanto da prática da urbanização e do redesenho metropolitano modernista[22]. O desenvolvimento de um novo estilo de vida suburbano (consagrado em *sitcoms* como *The Brady Bunch* [*A família Sol-Lá-Si-Dó*] e *I Love Lucy*, que celebravam certo tipo de "vida cotidiana das pessoas"), além da propaganda do *"american dream"* da casa própria, estavam no centro de uma enorme campanha para a criação de novas vontades, necessidades

---

[22] Robert Caro, *The Power Broker: Robert Moses and the Fall of New York* (Nova York, Vintage, 1975).

e desejos, um estilo de vida totalmente novo, na população em geral. Para sustentar a demanda efetiva, era necessário criar empregos bem remunerados. Instados pelo aparato estatal, o trabalho e o capital chegaram a um acordo incômodo em que uma classe trabalhadora branca obtinha ganhos econômicos, ao passo que as minorias eram excluídas. As décadas de 1950 e 1960 foram, em muitos sentidos, os anos dourados da acumulação de capital nos Estados Unidos: altos índices de crescimento, uma situação satisfatória para certa classe trabalhadora branca – ainda que a ascensão de um poderoso movimento a favor dos direitos civis e a eclosão de levantes em cidades centrais demonstrassem que a situação não estava nada boa para as populações afro-estadunidenses e imigrantes, empobrecidas e marginalizadas. Mas, durante quinze anos ou mais, o problema da superacumulação foi resolvido dessa maneira. Conforme teria dito o presidente do Federal Reserve de São Francisco, os Estados Unidos "saem das crises construindo casas e enchendo-as de coisas"[23]. Mas, como se tornou evidente na onda de execuções hipotecárias de 2007-2008, também é assim que o capital se mete em crises.

Um exemplo semelhante de uso da urbanização para resolver problemas econômicos e políticos ocorreu na Paris do Segundo Império[24]. A crise econômica de 1848 levou a revoluções da burguesia e da classe trabalhadora. Ambas fracassaram, e Luís Bonaparte (sobrinho de Napoleão Bonaparte) foi eleito presidente com a promessa de fazer com que a França voltasse a ser uma grande nação. Ele assumiu poder absoluto com um golpe de Estado em dezembro de 1851 e declarou-se imperador em 1852. Armou imediatamente uma rede de espiões e polícias secretas para controlar e se informar sobre toda e qualquer oposição. Mas sabia que não duraria muito no poder, se não conseguisse fazer o trabalho e o capital voltarem a trabalhar. Admirador das teorias utopistas de Saint-Simon, iniciou projetos de obras públicas baseados em capital associado e levou Haussmann para supervisionar a reconstrução de Paris. Em pouco tempo, capital e trabalho estavam sendo plena e lucrativamente empregados na criação de novos bulevares, parques, lojas de departamentos, redes de água potável, sistemas de esgoto e afins. A vida cotidiana foi transformada em consumismo burguês; os cafés, os salões de música e os espetáculos urbanos (como os desfiles de moda nos bulevares) floresceram. Ainda hoje podemos sentir as consequências desse esforço de transformação urbana quando atravessamos os bulevares de Haussmann, sentamos nos cafés ou bebemos água de torneira no centro de Paris.

Mas a dimensão e a velocidade dessas mudanças não chegaram aos pés da reconstrução de Robert Moses nos Estados Unidos, depois de 1945, e são insigni-

---

[23] Binyamin Appelbaum, "A Recovery that Repeats its Painful Precedents", *The New York Times*, 28 jul. 2011.

[24] David Harvey, *Paris, capital da modernidade*, cit.

ficantes em comparação com a escala e a rapidez das transformações ocorridas na China nos últimos tempos.

Em todos esses casos, havia um problema comum subjacente. Novas instituições de crédito e novos métodos de financiamento tiveram de ser criados para sustentar o esforço de construção. Foi preciso gerar antivalor para forçar a produção de valor. Um novo tipo de banco de crédito se tornou dominante em Paris na década de 1850. Mas, em determinado momento, vieram à tona a criação de dívidas e o ceticismo em relação ao valor que estaria por trás delas. A crise da dívida de 1867 (quinze anos após o golpe de Luís Bonaparte) engoliu não apenas as instituições especulativas como também as finanças de Paris. Haussmann foi obrigado a se demitir (como fez Moses um século depois em Nova York). Houve desemprego e revolta. Luís Bonaparte tentou se salvar com uma estratégia nacionalista que desembocou na Guerra Franco-Prussiana de 1870-1871. Ele perdeu a guerra e fugiu para a Inglaterra. Na esteira da guerra e do cerco alemão a Paris, os parisienses fizeram sua própria revolução: a Comuna de 1871, um dos maiores levantes urbanos da história da humanidade. O povo recuperou a "sua" cidade das mãos da burguesia e dos capitalistas – que a haviam saqueado e espoliado, em sua opinião. As vontades, necessidades e desejos do povo trabalhador e de uma burguesia radicalizada, ofendida pelo consumismo do Segundo Império, vieram à tona. Eles almejavam criar um tipo diferente de sociedade e de cidade[25]. Mas as classes dominantes, que haviam sido expulsas da cidade, mobilizaram os sentimentos rurais reacionários e esmagaram impiedosamente a Comuna, provocando um banho de sangue em que cerca de 30 mil *communards* foram mortos.

Resolver o problema da superacumulação por meio da urbanização rápida tem seu custo. Nos Estados Unidos dos anos 1930, foram implementadas novas instituições de financiamento imobiliário, entre outras, mas níveis ainda maiores de intervenção estatal ocorreram após 1945 (como a "GI Bill", que deu acesso privilegiado a moradia e educação superior aos veteranos que retornavam ao país). O sistema funcionou bem por certo tempo, mas em 1967 já havia sinais de desgaste. Foi por volta dessa época que Moses foi afastado do poder. O processo foi dramaticamente interrompido com o crescente descontentamento político da geração de 1968 e o movimento a favor dos direitos civis que promovia levantes nos centros urbanos. As feministas da segunda onda viam os subúrbios como territórios hostis, e a geração de 1968, inspirada na crítica de Jane Jacobs ao estilo estéril do planejamento modernista de Moses, declarou revolta aberta contra o estilo de vida convencional dos subúrbios e as tentativas áridas de renovação empresarial urbana. As vontades, necessidades e desejos da geração de 1968 eram radicalmente diferen-

---

[25] Karl Marx, *A guerra civil na França* (trad. Rubens Enderle, São Paulo, Boitempo, 2011).

tes, demandavam outra forma de urbanização e estilo de vida. Para completar, o mercado imobiliário entrou em colapso logo em seguida, culminando na falência técnica de Nova York em 1973-1975 (a cidade tinha um dos maiores orçamentos municipais do mundo capitalista de então)[26]. Isso deu início a um período de grave recessão e reestruturação capitalista nos Estados Unidos, que afetou também o Reino Unido, a Europa e o resto da América do Norte, e finalmente se alastrou pelo mundo numa onda de reestruturação neoliberal do capitalismo[27]. A reestruturação implicou o crescimento acelerado do endividamento e a admissão da circulação de capital portador de juros enquanto motor primordial da acumulação infindável de capital. Também inaugurou o surgimento de um novo estilo de vida urbano e suburbano, mais sintonizado com as demandas libertárias da geração de 1968.

Depois de 2008, os chineses efetivamente reproduziram (provavelmente sem saber) o que Luís Bonaparte fizera em Paris após 1848 e o que os Estados Unidos haviam feito após a Segunda Guerra Mundial (inclusive os grandes investimentos em educação superior). Mas o fizeram de maneira muito mais rápida e em escala muito maior, conforme indicam os dados do consumo de cimento. Essa mudança de escala e de velocidade vai ao encontro do retrato que Marx fez do impulso do capital para reproduzir a si mesmo por meio da aceleração da expansão tanto dos valores de uso quanto dos valores de troca.

Não foi apenas a China que ensaiou uma emulação dessa história com tentativas de lidar com as crises por meio da promoção de grandes projetos de construção, erguendo casas e enchendo-as de coisas. A Turquia, por exemplo, passou pelo mesmo tipo de expansão no seu processo de urbanização: um novo aeroporto em Istambul, uma terceira ponte sobre o Bósforo, a urbanização do norte da cidade para criar um município de cerca de 45 milhões de pessoas. Praticamente todas as cidades turcas testemunharam um *boom* de construção. Por isso, a Turquia foi pouco afetada pela crise de 2008 (embora a sua indústria exportadora tenha sentido o baque). O país registrou a segunda maior taxa de crescimento no período pós-2008, perdendo apenas para a China. Como costuma ocorrer nesses casos, isso levou a uma revolta urbana (ecos distantes da Comuna de Paris), em 2013, centrada no Parque Taksim Gezi, em Istambul. Uma urbanização espetacular no Golfo Pérsico também absorveu muito capital excedente, embora nesse caso a mão de obra tenha sido majoritariamente imigrante. Depois de 2009, os mercados imobiliários dos principais centros urbanos da América do Norte e da Europa ressuscitaram rapidamente, mas com uma atividade voltada principalmente para projetos habitacionais

---

[26] William K. Tabb, *The Long Default: New York City and the Urban Fiscal Crisis* (Nova York, Monthly Review Press, 1982).
[27] David Harvey, *Neoliberalismo*, cit.

de luxo para os mais ricos. Nova York e Londres experimentaram um processo de recuperação imobiliária com construções de luxo em meio a uma ausência crônica de investimentos em moradia acessível para os mais pobres.

Recue um pouco e reflita sobre o que está ocorrendo. Há algo de insano nessa urbanização espetacular ("dissipação ilimitada e consumo irrestrito") do Golfo Pérsico, uma região do mundo desesperada por melhorias no bem-estar das pessoas comuns. O mesmo precisa ser dito sobre os investimentos em condomínios de luxo para os ricos e ultrarricos em Nova York, onde há uma crise de habitação acessível e 60 mil pessoas morando nas ruas. Nas favelas fervilhantes de Bombaim, pipocam edifícios suntuosos para os recém-bilionários. Muitos desses prédios de luxo estão desocupados. Dê um passeio pelas ruas de Nova York e observe quantas luzes estão acesas naqueles condomínios suntuosos que se erguem no céu noturno. Os edifícios são mero investimento, não apenas para os ultrarricos, mas para qualquer um que tenha dinheiro de sobra para poupar.

Quando a China afrouxou o controle sobre o comércio exterior em 2016, apareceu um bando de compradores chineses em Nova York, Vancouver, São Francisco e outras cidades, em busca não de um lugar para viver, e sim de um lugar para aplicar seu dinheiro. Antes de 2007, quando os empresários irlandeses ainda estavam cheios de dinheiro, também investiram em imóveis na ilha de Manhattan. Os russos, os sauditas e os australianos estão fazendo o mesmo. E não são apenas os bilionários que alimentam esse tipo de prática. A classe média alta também se apropria de imóveis e terras sempre que pode. Fundos de pensão de trabalhadores investem em esquemas predatórios envolvendo ativos imobiliários, porque é lá que a taxa de retorno é mais alta. E pode acontecer de esses fundos serem coniventes com o despejo de inquilinos que investem nos fundos de pensão que bancam o financiamento[28].

O capital está construindo cidades para que pessoas e instituições invistam nelas, e não cidades para as pessoas comuns viverem. Quem em sã consciência considera isso sensato?

Quando o *boom* de construção na China diminuiu, a capacidade de produção excedente nos setores de cimento e aço se tornou um problema. A demanda global por insumos básicos caiu e os termos do comércio deixaram de ser favoráveis para os produtores de matérias-primas. Em 2013, o Brasil estava nadando em dinheiro. Em 2016, já se encontrava em profunda recessão. Desde 2014, os problemas econômicos têm se aprofundado em boa parte da América Latina, porque o mercado chinês não é mais tão vigoroso. Até mesmo a Alemanha, que exporta máquinas-ferramenta e equipamento de ponta para a China, sentiu o baque.

---

[28] Matthew Goldstein, Rachel Abrams e Ben Protess, "How Housing's New Players Spiraled into Banks' Old Mistakes", *The New York Times*, 26 jun. 2016.

O capital continua a se deslocar em busca de um "ajuste espacial" para os seus problemas de superacumulação, mas a taxas cada vez mais aceleradas. Tradicionalmente, o imperialismo econômico é isso. No século XIX, capital e mão de obra excedentes da Inglaterra se deslocaram para os Estados Unidos ou para a Austrália, a África do Sul e a Argentina. A Inglaterra emprestou fundos a esses países para a construção de ferrovias e infraestruturas com aço e material rodante excedentes da Inglaterra. O aumento da produtividade na economia receptora resgatou a dívida a tempo. É assim que a ajuda externa se estrutura até hoje. Economias capitalistas dinâmicas foram produzidas em novos locais (como os Estados Unidos em relação à Inglaterra e, mais recentemente, os investimentos estadunidenses na China). As estratégias imperialistas de proteger quotas de mercado e conter a concorrência advinda desses novos espaços, como a Inglaterra fez com a Índia, não foram tão bem-sucedidas. Elas não conseguiram produzir um crescimento global exponencial e, nos anos 1930, ajudaram a produzir a depressão.

Procurar ajustes espaciais para resolver problemas de superacumulação continua a ser uma prática capitalista comum. Os japoneses passaram a exportar capital excedente a partir do final da década de 1960; a Coreia do Sul seguiu o exemplo no final da década seguinte; e, no início dos anos 1980, Taiwan fez o mesmo. Fluxos de capital excedente provenientes desses territórios escoaram para todas as partes do mundo, mas foram especialmente importantes para construir a capacidade produtiva na China[29].

Agora é a vez da China de recorrer à exportação. Há sobrecapacidade na produção de aço. Como se lida com isso? O Estado tenta reduzir a capacidade fechando usinas. Mas isso é algo difícil de realizar em razão da ferrenha resistência local às perdas de postos de trabalho. Os chineses estão propondo outra rodada de investimentos em infraestruturas urbanas. Planejam criar uma cidade para cerca de 130 milhões de pessoas – o equivalente às populações do Reino Unido e da França somadas. Será centrada em Pequim. Os investimentos serão concentrados nas áreas de comunicações e transporte de alta velocidade[30]. O que está sendo proposto é a racionalização de três grandes regiões urbanas: uma centrada em Pequim, a segunda em Xangai e a terceira na província de Cantão. Já existem diversas cidades com milhões de habitantes em cada uma dessas regiões. Aparentemente o plano é buscar uma ordem superior de racionalização das relações espaciais entre elas como forma de absorver a capacidade excedente de produção de cimento e aço nos próximos anos.

A China também está exportando o máximo de aço que pode a um preço baixo. Usinas siderúrgicas com custos mais altos em outras partes do mundo (na

---

[29] David Harvey, *O novo imperialismo*, cit.
[30] Mian Ridge, "Three New 'Engines of Growth' to Watch in China", *Financial Times*, 18 set. 2014.

Inglaterra, por exemplo) estão sendo obrigadas a fechar as portas. A China está sendo denunciada à OMC por praticar *dumping* com aço subsidiado no mercado mundial. O país certamente será obrigado a interromper esse comércio se quiser obter o "estatuto de economia de mercado" na OMC. Mas as corporações chinesas também estão concedendo empréstimos em termos relativamente fáceis a outros países para que construam ferrovias, estradas e infraestruturas físicas usando o aço e a mão de obra excedente da China, como está ocorrendo na África oriental, por exemplo, embora haja lá muita mão de obra disponível. O mesmo está ocorrendo na América Latina. Há propostas de construir um concorrente do Canal do Panamá na Nicarágua e vias férreas transcontinentais entre o Pacífico e a costa atlântica. Desse modo, seria possível ir por terra do porto de Lima a São Paulo em cerca de um dia e meio. Diversas propostas desse tipo foram apresentadas há algum tempo na América Latina, mas ninguém as levou a sério – até que os chineses anunciaram que tinham cimento e aço e emprestariam dinheiro para a aquisição desses materiais e a construção das infraestruturas. Embora o custo do transporte continue baixo, essa é uma alternativa lenta, e "tempo é dinheiro" na esfera da circulação. A China também está reconstruindo a Rota da Seda, desde o interior do país até Istambul (chegando à Europa) via Teerã. Há planos de uma rede ferroviária de alta velocidade e alta capacidade da Ásia Central à Europa – sob o título "*One Belt, One Road*" [Um cinturão, uma rota][31]. Esse projeto, com sua ramificação via Paquistão até o porto de Gwadar, no Mar Arábico, absorverá muito capital excedente e um pouco da capacidade de produção de aço excedente. Cidades da Ásia Central ao longo da Rota da Seda já estão passando por surtos de construção e aumento repentino de comércio com a China. Quase certamente, a facilidade de acesso ao Golfo Pérsico via Paquistão (que evita a tediosa travessia marítima do congestionado e militarmente vulnerável Estreito de Malaca) significará para a China uma expansão considerável dos canais de comércio com a região.

Os espaços relativos da economia global estão sendo revolucionados (de novo!) não porque se trata de uma boa ideia ou porque isso seja desesperadamente desejado ou necessário, e sim porque essa é simplesmente a melhor forma de evitar a desvalorização e a depressão. O objetivo é a absorção do capital excedente. Marx compreendeu isso muito bem:

> depois do desejo de obter dinheiro, o desejo mais urgente é o de livrar-se dele novamente, por meio de qualquer tipo de investimento que proporcione juros ou lucro; pois o dinheiro, por si só, não rende nada. [...] a fim de absorver as acumulações periódicas da

---

[31] Charles Clover e Lucy Hornby, "China's Great Game: Road to a New Empire", *Financial Times*, 12 out. 2015.

riqueza excedente da sociedade que não encontram saída nos ramos habituais de investimento, são absolutamente necessárias [...] empresas que necessitem de um grande capital para se desenvolver e que escoem periodicamente o excedente do capital desocupado.[32]

O resultado, nesse caso específico, é a produção de uma base material inteiramente nova de relações espaciais para a reconstrução dos regimes divergentes de valor no mundo.

O capital não é o único agente envolvido nessa reestruturação espacial. Movimentos migratórios de massa estão aglomerando forças de trabalho em configurações concorrenciais. Isso já aconteceu antes, mas hoje, assim como no caso do cimento chinês, está acontecendo em uma escala sem precedentes. Não é apenas o volume do movimento migratório que conta. As forças de trabalho do mundo foram postas numa relação concorrencial umas com as outras por causa da redução do custo do transporte e das comunicações, do surgimento de novas tecnologias organizacionais e da mudança de velocidade (mais do que a redução dos custos) do movimento, bem como do desenvolvimento de complexas cadeias produtivas. A compressão espaçotemporal tanto no capital quanto no trabalho produz uma gama de tensões e respostas políticas que varia de movimentos anti-imigração e ressurgimento de paixões nacionalistas ao acolhimento espontâneo do multiculturalismo como prenúncio de um futuro diferente para a humanidade.

As tensões decorrentes dessas mudanças rápidas estão por toda parte e as populações afetadas por elas estão cientes disso, sentem as consequências e implicações desse processo e às vezes agem com base nessa percepção. Na noite do dia 20 de junho de 2013, por exemplo, mais de 1 milhão de pessoas tomaram as ruas das cidades brasileiras em um movimento maciço de protesto. A maior manifestação ocorreu no Rio de Janeiro e reuniu mais de 100 mil pessoas. Como era de se esperar, foi recebida com violência policial. Protestos esporádicos já estavam ocorrendo havia mais de um ano em diversas cidades brasileiras. Liderados pelo Movimento Passe Livre, que há muito vinha se mobilizando a favor do transporte gratuito para os estudantes, os protestos anteriores haviam sido em larga medida ignorados. No início de junho de 2013, porém, o aumento das passagens do transporte público desencadeou protestos mais amplos. Muitos outros grupos, inclusive de anarquistas *black blocs*, surgiram para defender os manifestantes a favor do "passe livre" e outros quando estes sofreram repressão policial. No dia 13 de junho, o movimento já havia se transformado em protesto generalizado contra a repressão policial, o fracasso dos serviços públicos em atender às necessidades sociais e a deterioração da qualidade

---

[32] *The Currency Theory Reviewed* (Londres, 1845, p. 32), citado em Karl Marx, *O capital*, Livro III, cit., p. 471.

de vida urbana. Somaram-se aos motivos de descontentamento os enormes gastos de recursos públicos para sediar megaeventos como a Copa do Mundo e os Jogos Olímpicos, em detrimento do interesse público, mas em benefício – como amplamente se compreendia – dos interesses corruptos de empreiteiras e construtoras[33].

Os protestos no Brasil eclodiram menos de um mês após milhares de pessoas tomarem as ruas das principais cidades da Turquia, onde a revolta inicial contra a construção de um shopping center na já rara área verde do Parque Taksim Gezi, em Istambul, se alastrou e se tornou um protesto mais amplo contra o caráter cada vez mais autocrático do governo e a violência da reação policial. Um descontentamento generalizado em relação ao ritmo e ao caráter das transformações urbanas (com o despejo de populações inteiras, expulsas das áreas valorizadas do centro da cidade) também há muito já vinha borbulhando e só jogou mais lenha na fogueira. A deterioração da qualidade da vida urbana em Istambul e em outras cidades, para todos, exceto para as classes mais abastadas, foi evidentemente uma questão importante[34].

As manifestações na Turquia e no Brasil levaram Bill Keller, do *The New York Times*, a escrever uma coluna intitulada "The Revolt of the Rising Class" [A revolta da classe ascendente]. Os levantes "não foram fruto de desespero", escreveu ele, porque tanto o Brasil quanto a Turquia haviam passado por um crescimento econômico notável em um período de crise global. Eram "as últimas de uma série de revoltas provenientes das classes médias – as classes urbanas, escolarizadas e não necessitadas, que são de certa forma as principais beneficiárias dos regimes que agora rejeitam", mas também tinham algo a perder ao protestar nas ruas. "Quando atingiram a massa crítica, os movimentos já reivindicavam algo maior e mais incoeso, como dignidade, os pré-requisitos da cidadania, as obrigações do poder."[35] As revoltas significavam "uma nova alienação, um novo anseio", que tinham de ser encarados. Tanto na Turquia quanto no Brasil, o poder político optou pelo caminho da reação e da repressão (muito violenta na Turquia), em vez da adaptação.

Mas o que é exatamente essa "nova alienação", o que ela significa? Há diversos sinais identificáveis. Dos protestos antiglobalização que originalmente ganharam destaque em Seattle, em 1999, passando pelos diversos movimentos europeus como os Indignados na Espanha e os manifestantes da Praça Sintagma, em Atenas, até as revoltas do que foi chamado a "Primavera Árabe" (que começou na Tunísia e

---

[33] Bruno Carvalho, Mariana Cavalcanti e Vyjayanthi Rao Venuturupalli (orgs.), *Occupy All Streets: Olympic Urbanism and Contested Futures in Rio de Janeiro* (Nova York, Terraform, 2016).
[34] Arzu Öztürkmen, "The Park, the Penguin and the Gas: Performance in Progress of Gezi Events", *The Drama Review*, 2014.
[35] Bill Keller, "The Revolt of the Rising Classes", *The New York Times*, 30 jun. 2013.

se alastrou pelo Egito e pela Síria, alcançando a Ucrânia), seguidas dos vários movimentos "Occupy" em Nova York e Londres e dos movimentos a favor da autonomia na Escócia, na Catalunha e em Hong Kong, além das recentes manifestações de direita no Brasil, da eleição de governos de extrema direita na Hungria, Polônia e Estados Unidos e da votação secessionista do Brexit no Reino Unido – tudo isso indica um clima cada vez maior de dissenso, descontentamento e até mesmo desespero. A loucura da razão econômica, com todos os impactos provocados por suas medidas de austeridade e economia de livre mercado, parece estar produzindo uma loucura paralela – raiva, nesse caso – na esfera política.

No livro *17 contradições e o fim do capitalismo*, sugeri que havia três contradições que representavam um perigo claro e presente à sobrevivência do capitalismo na era atual[36]. A primeira é o estado de deterioração em que se encontra nossa relação com a natureza (desde o aquecimento global e a extinção de espécies até a escassez de água e a degradação ambiental). A segunda é o crescimento exponencial infindável, que havia atingido um ponto de inflexão na curva de crescimento composto que estava rapidamente se mostrando cada vez mais difícil de se manter diante da progressiva escassez de oportunidades de investimento rentável. Tal demanda de crescimento composto também passou a exercer uma grande pressão sobre aquela forma particular de capital que pode aumentar sem limites, em especial o dinheiro nas suas formas de crédito – que parecia estar em uma espiral de descontrole. A terceira consiste naquilo que denominei "alienação universal". Marx não se vale muito desse conceito em *O capital*, mas ele o reverbera em sua obra anterior, desde os *Manuscritos econômico-filosóficos de 1844* até os *Grundrisse*, em que aparece como tema dominante. A teoria do valor-trabalho contida em *O capital* descreve o trabalho alienado sem se referir a ele como tal, possivelmente porque Marx sentia que o hegelianismo do termo não atrairia seu público-alvo (as classes trabalhadoras inglesas e francesas). Evitar o termo, no entanto, não elimina seu conteúdo[37].

O valor em Marx é trabalho alienado socialmente necessário. Na medida em que capital é valor em movimento, a circulação de capital implica a circulação de formas alienadas. Até que ponto essas alienações estão por trás das evidentes manifestações políticas de descontentamento e desespero?

A alienação inerente à valorização é bem conhecida e de longa data. O trabalhador que cria valor é afastado (alienado) dos meios de produção, do comando do processo de trabalho, do seu produto e do mais-valor. O capital faz com que pareça que muitos dos poderes inerentes (e dádivas gratuitas) do trabalho e da

---

[36] David Harvey, *17 contradições e o fim do capitalismo* (trad. Rogério Bettoni, São Paulo, Boitempo, 2016).
[37] Bertell Ollman, *Alienation*, cit.

natureza pertencem a ele e se originam dele, porque é o capital que lhes confere significado. Até mesmo a mente e as funções corporais do trabalhador, assim como todas as forças naturais livremente investidas na produção, aparecem como poderes contingentes do capital, porque é ele que as mobiliza. A alienação da relação com a natureza e com a natureza humana é, portanto, uma precondição para a afirmação da produtividade e dos poderes do capital. Além disso, a produtividade do trabalho é conduzida por tecnologias escolhidas pelo capital não apenas para confirmar seu controle sobre o trabalhador mas também para minar a dignidade e os supostos poderes do trabalho tanto na produção quanto no mercado. A não ser que alguma resistência seja efetivamente mobilizada, o destino dos trabalhadores será o trabalho desprovido de sentido, empregos contingentes, desemprego e salários cada vez mais baixos. Não há dúvida de que em muitas partes do globo a alienação do trabalho vem se intensificando e aprofundando com as transformações tecnológicas, a supressão do poder organizado dos movimentos da classe trabalhadora e a mobilização da concorrência global por meio da reorganização dos regimes territoriais de valor no mundo. O desemprego e, não menos importante, o subemprego e a perda de sentido são subprodutos das fortes correntes de transformação tecnológica e organizacional. Os discursos utópicos sobre as novas configurações tecnológicas baseadas em inteligência artificial que estão nos conduzindo ao limiar de um admirável mundo novo de consumismo emancipatório e tempo livre para todos ignoram completamente a alienação desumanizante dos processos de trabalho residuais e dispensáveis que decorrem desse processo. É impossível ignorar os efeitos coletivos traumáticos e destrutivos do fechamento de indústrias manufatureiras sobre os laços sociais que uniam as pessoas em determinado tempo e espaço. Marx, por sua vez, considerava que era preciso traçar uma importante distinção entre trabalhadores que eram objetificados e explorados pelo capital, mas ainda sentiam que eram necessários (portanto mantinham certo orgulho e dignidade), e os trabalhadores que eram alienados, despossuídos e se sentiam descartáveis[38]. As condições de emprego decorrentes da mecanização e da automação tendiam para esse segundo tipo de trabalho. A perda da dignidade e do respeito é sentida quase tão duramente quanto a perda do emprego.

Mas há outras dimensões nesse problema. Trabalhadores são contratados individualmente e competem entre si por oportunidades de emprego. Eles precisam se vender ao capital como portadores de força de trabalho alardeando suas qualidades e ao mesmo tempo diminuindo e depreciando as de seus concorrentes. A concorrência entre trabalhadores frustra a cooperação e impede a construção de solidariedades de classe. Introduz toda sorte de fragmentações. Os trabalhadores passam a

---

[38] Karl Marx, *Grundrisse*, cit.

estranhar uns aos outros. Isso se torna ainda mais repulsivo quando se mistura ao racismo, às discriminações de gênero e de orientação sexual, às hostilidades religiosas, étnicas ou sexuais no mercado de trabalho (divisões que, historicamente, o capital promove com avidez). Concorrência aguda (sob condições de desemprego disseminado e maior integração espacial das forças de trabalho do mundo) está intensificando essas divisões e tensões no interior da força de trabalho, com consequências políticas previsíveis, particularmente em situações em que as solidariedades sociais anteriores se dissolveram por causa da desindustrialização. Foram esses, por exemplo, os sentimentos que Donald Trump soube explorar tão bem em 2016, em sua campanha à presidência dos Estados Unidos.

A alienação no processo de realização toma diversas formas e muitas vezes é uma faca de dois gumes. O estado das vontades, necessidades e desejos está sempre na origem da demanda. Marx considerava, sem ironia, que a criação de novas vontades e necessidades era parte da missão civilizatória do capital[39]. É difícil contestar essa opinião quando consideramos, por exemplo, todos os valores de uso que agora podem ser mobilizados para prolongar a expectativa de vida das pessoas, que nos primórdios do capitalismo era de 35 anos em média e hoje, em muitas regiões do mundo, é de setenta anos ou mais. O capital produz uma cornucópia de valores de uso a partir da qual as pessoas podem criar relações sociais e formas não alienadas de estar na natureza e umas com as outras. A potencialidade está lá. O mundo é repleto de brechas com espaços heterotópicos em que grupos buscam, em meio a um mar de alienação, construir modos não alienados de viver e de ser. As alienações experimentadas na produção podem ser recuperadas por meio do consumo compensatório de valores de uso que melhoram a qualidade da vida cotidiana[40]. Por outro lado, as vontades, necessidades e desejos do complexo militar-industrial, do lobby armamentista ou da indústria automobilística foram e continuam a ser fontes poderosas de demanda agregada, projetada pela influência corporativa sobre o aparato estatal e pelas escolhas impostas de estilo de vida. Suas contribuições ao bem-estar social são no mínimo dúbias. A base econômica de uma cidade como São Paulo é uma indústria automobilística que produz veículos que ficam horas parados em engarrafamentos, entupindo ruas, cuspindo poluentes e isolando indivíduos uns dos outros. Quão saudável é essa economia?

O que fazer com os carros é uma das questões cruciais de nosso tempo, e ninguém parece muito disposto a discuti-la (exceto em termos de melhor gestão dos fluxos por

---

[39] Ibidem, p. 283-4.
[40] André Gorz, *Metamorfoses do trabalho: crítica da razão econômica* (trad. Ana Montoia, São Paulo, Annablume, 2003); sobre os limites do consumismo compensatório, ver Karl Marx, *Grundrisse*. cit., p. 207 e seg.

tecnologias de cidades inteligentes). No entanto, há sinais de alerta por toda parte. No início do inverno de 2016, todas as cidades chinesas ao norte do rio Yangtzé foram cobertas por uma névoa fatal, que fechou aeroportos e causou engarrafamentos por muitos dias. Ocorreram casos semelhantes em Nova Délhi, Teerã e até mesmo em Paris e (com menos intensidade) Londres. Nas últimas duas décadas, a expectativa de vida na região ao norte do Yangtzé vem diminuindo, e suspeita-se de que a deterioração da qualidade do ar seja a principal razão. Vale lembrar que alguns dos piores poluentes industriais são aço e cimento, além das usinas termelétricas movidas a carvão.

A relação entre o processo de realização e a história do consumismo se sobrepõe à evolução histórica dos distintos estilos de vida. A construção dos subúrbios e dos condomínios fechados nos Estados Unidos pode ter salvado o capitalismo global das condições de retorno à depressão econômica, mas também confinou as escolhas de habitação, de maneira que estejam ligadas não apenas a exigências materiais (por exemplo, ter carro e casa própria) mas também sejam acompanhadas de justificativas políticas e ideológicas de certo modo de vida (o chamado *american dream*) que limita e aprisiona, em vez de ampliar os horizontes da realização pessoal. A ascensão do "consumismo compensatório" nas classes trabalhadoras é complementada pelo consumismo conspícuo de "bens hedonistas" em todas as classes sociais, que não remontam a nada além de um desperdício conspícuo. A busca infindável de satisfação de vontades, necessidades e desejos – que não podem nunca ser realmente satisfeitos – vem necessariamente acompanhada do crescimento exponencial infindável da produção. Embora seja errado considerar a reconfiguração de todas as novas vontades, necessidades e desejos como "alienada", não é difícil enxergar que as alienações estão proliferando na sociedade consumista que o capital necessariamente constrói e vêm se intensificando em muitos lugares e em certas classes marginalizadas. O abismo entre a promessa e a realização vem se alargando.

Se a circulação de capital está sob imensa pressão competitiva para se acelerar, isso exige que haja também um aumento na velocidade do consumo. Eu ainda uso os talheres que eram dos meus avós. Se o capital produzisse apenas itens desse tipo, já teria afundado há muito tempo numa crise permanente. O capital desenvolve toda uma gama de táticas – da obsolescência programada à mobilização de pressões de propaganda e à moda como ferramentas de persuasão – para acelerar o tempo de rotação no consumo. Considere o caso de uma produção original da Netflix. O fato de eu a consumir não impede que outros também a consumam, e o tempo de consumo é de, digamos, cerca de uma hora – em comparação com os meus talheres, que já duram mais de cem anos. O valor implicado na produção e na transmissão do filme por meio de complexas infraestruturas de comunicação é recuperado pelos milhões de usuários que assinam a Netflix. Não é à toa que o capital tem cultivado uma "sociedade do espetáculo" a fim de garantir uma forma de crescimento do mercado de produtos efêmeros para consumo instantâneo[41]. As consequências sociais são amplas, e muitas delas são facas de dois gumes. A rapidez na transformação de estilos de vida, tecnologias e expectativas sociais faz com que se multipliquem as inseguranças sociais e aumentem as tensões sociais entre gerações, assim como entre grupos sociais cada vez mais diversificados. Todos parecem mais interessados em consultar seus *smartphones* ou *tablets* do que em conversar uns com os outros. O enraizamento dos significados culturais torna-se mais precário e aberto às reconstruções casuais, conforme as fantasias contemporâneas. Identidades flutuam em um mar de vínculos transitórios e efêmeros. Pessoas e produtos que correspondam a isso são necessários para que o capital cumpra a exigência de crescimento exponencial infindável. Da perspectiva da acumulação infindável de capital, é com isso que se parece o "consumo racional".

As condições e a localização da realização e apropriação de valor são muito diferentes das do processo de produção. O original da Netflix pode ter sido produzido em Los Angeles, mas seu processo de realização ocorre em mercados midiáticos de todo o país ou até mesmo do mundo inteiro. Meu computador foi produzido em Shenzhen pela Foxconn e seu valor é realizado pela Apple nos Estados Unidos. A primeira empresa leva uma margem muito pequena de lucro, a segunda fica com o grosso do valor e do mais-valor. É assim que se arquitetam transferências de valor de um espaço para outro[42]. A justeza dessa dinâmica tem sido muito questionada.

Formas oportunistas de capital também intervêm no momento da realização para se apropriar de muito mais valor do que é garantido. Quando fundos *hedge* assumem o controle de companhias farmacêuticas ou compram quadras e mais quadras de casas hipotecadas para revendê-las a preços exorbitantes a consumidores necessitados, a realização torna-se um momento para a organização sistemática de acumulação por espoliação[43]. Se você perguntar às pessoas quais são as principais formas de exploração nos Estados Unidos hoje, elas dirão que são as taxas de cartão de crédito; citarão os proprietários de imóveis, os senhorios e os especuladores imobiliários; contarão o que as empresas de telefonia fazem com as contas telefônicas, cobrando *roaming* de lugares onde você sabe que nunca esteve; mencionarão os seguros de saúde, os impostos locais, o preço do transporte e por aí vai. Há uma quantidade imensa de métodos de extorsão (às vezes comparáveis a roubo) ocorrendo no momento da realização. A política das lutas no campo da realização é visível por toda parte. São inúmeros os descontentamentos.

---

[41] Guy Debord, *A sociedade do espetáculo* (trad. Estela dos Santos Abreu, Rio de Janeiro, Contraponto, 1997).
[42] Costis Hadjimichalis, *Uneven Development and Regionalism: State, Territory and Class in Southern Europe* (Londres, Croom Helm, 1987).
[43] David Harvey, *O novo imperialismo*, cit.

A política envolvida na extração de riqueza no momento da realização é diferente daquela gerada em torno da produção. É difícil teorizar e organizar essas lutas. Não se trata de capital contra trabalho, e sim de capital contra todo o mundo, não entre trabalho e capital, e sim entre compradores e vendedores. A população de classe média é compradora e se envolve em lutas (às vezes do tipo *"not in my backyard"**) contra comerciantes extorsivos. Será que a classe trabalhadora procura aliados na classe média contra os especuladores imobiliários? A política da realização é tão robusta e atormentada quanto a da valorização, embora tenham uma estrutura diferente e correspondam a formas diversas de alienação. No final das contas, movimentos revolucionários como a Comuna de Paris em 1871 ou Maio de 68 às vezes são tão tributários de uma burguesia radicalizada e alienada que se vê impedida de realizar seus sonhos e ambições quanto das classes trabalhadoras. Mas organização interclassista pode ser difícil e, frequentemente, frustrante. A crescente proeminência da acumulação por espoliação (em primeiro lugar, as perdas maciças provocadas pela recente crise de execuções hipotecárias) aprofunda o desespero e o descontentamento de muitos setores da população[44].

Muita riqueza é extraída pelo capital na realização, e ainda mais é sugada por ele na distribuição. A forma mais flagrante de redistribuição transparece na diminuição da participação do trabalho no produto nacional em boa parte do mundo e no fato de os trabalhadores, em particular nos últimos tempos, não terem recebido nenhum benefício com o aumento da produtividade. Ao contrário, com a transformação tecnológica, os trabalhadores sofreram desemprego e rápida deterioração da qualidade do trabalho. A passagem do trabalho produtivo para o trabalho improdutivo, acompanhada de uma burocratização excessiva do Estado e das empresas, não ajudou. As crescentes desigualdades de renda e de riqueza registradas em quase todo o mundo capitalista (com raras exceções) somam-se ao conjunto de forças que formam profundos descontentamentos políticos[45].

A política e os mecanismos de outras redistribuições são, no entanto, muito diferentes, e as consequentes alienações que surgem são tão complexas que exigiriam um livro só sobre elas. As diferentes facções do capital – comerciantes, financistas,

---

* *"Not in my backyard"* é uma expressão que pode ser traduzida literalmente por "não em meu quintal". Ela é usada para se referir às práticas de oposição a determinados projetos que possam afetar seu entorno geográfico. Tais movimentos são geralmente protagonizados por associações de moradores combatendo, por exemplo, a verticalização do bairro ou a construção de instalações públicas que, no seu entender, acarretariam a desvalorização real ou simbólica da região. (N. T.)

[44] Saskia Sassen, *Expulsions: Brutality and Complexity in the Global Economy* (Cambridge, Belknap, 2014).

[45] Thomas Piketty, *O capital no século XXI* (trad. Monica Baumgarten de Bolle, São Paulo, Intrínseca, 2014).

proprietários imobiliários e fundiários, capitalistas industriais – às vezes cooperam entre si, complementando umas às outras. Segundo Marx, práticas usurárias já deveriam ter desaparecido, mas os financistas capitalistas – que tipicamente exibem o "agradável caráter híbrido de vigaristas e profetas"[46] – dão as cartas nas transações financeiras e canalizam a circulação de capital portador de juros de maneira nada benéfica (exceto para eles próprios). As táticas predatórias de empréstimo, por exemplo, são amplamente disseminadas. Esses empréstimos não visam promover a produção de valor, mas enredar os produtores numa teia de obrigações de dívida a tal ponto que, no fim, não lhes resta opção a não ser entregar seus direitos de propriedade ao credor. Tais táticas eram amplamente conhecidas no tempo de Marx, e o Livro III d'*O capital* se refere com frequência a elas. Nos últimos anos, as instituições financeiras envolvidas em empréstimos predatórios para as classes trabalhadoras conseguiram roubar com sucesso os ativos imobiliários das populações vulneráveis. Os empréstimos predatórios aos Estados frequentemente levam a ajustes estruturais impostos pelo FMI que diminuem o bem-estar de populações inteiras com o único objetivo de resgatar dívidas acumuladas (o problema atual da Grécia)[47]. O tratamento punitivo que a Argentina sofreu após o pronunciamento judicial (em Manhattan, porque as dívidas eram denominadas em dólar) a favor das demandas dos "abutres do capital" significou uma transferência de riqueza para os bolsos dos fundos *hedge*. Governos de diversas partes do mundo também são notórios por sua corrupção – Brasil, China e Itália são citados com frequência pela imprensa financeira.

Os próprios escritos de Marx sobre essa questão no Livro III d'*O capital* refletem tanto as confusões do assunto em questão quanto a confusão do próprio Marx para integrar da melhor maneira possível a circulação peculiar do capital portador de juros à sua concepção geral do capital como valor em movimento. Tentei reconstruir suas opiniões e sintetizar esses escritos em *Para entender O Capital: Livros II e III*[48]. Como evidentemente não tenho como reproduzir essa reconstituição aqui, limito-me a citar uma longa passagem em que Marx descreve uma sequência típica de acontecimentos na esfera financeira. Convido os leitores a comparar essa sequência às linhas gerais do que ocorreu na crise financeira de 2007--2008 (substituindo "hipotecas" por "letras de câmbio"):

> Num sistema de produção em que toda a rede de conexões do processo de reprodução se baseia no crédito, quando este cessa de repente e só se admitem pagamentos à vista, tem

---

[46] Karl Marx, *O capital*, Livro III, cit., p. 500.
[47] Costas Lapavitsas e Heiner Flassbeck, *Against the Troika: Crisis and Austerity in the Eurozone* (Londres, Verso, 2015).
[48] David Harvey, *Para entender O Capital: Livros II e III*, cit.

de se produzir evidentemente uma crise, uma demanda violenta de meios de pagamento. À primeira vista, a crise se apresenta como uma simples crise de crédito e crise monetária. E, com efeito, trata-se apenas da conversibilidade das letras de câmbio [hipotecas] em dinheiro. Mas a maioria dessas letras [hipotecas] representa compras e vendas reais, cuja extensão, que vai muito além das necessidades sociais e acaba servindo de base a toda a crise. Ao mesmo tempo, há uma massa enorme dessas letras [hipotecas] que representa apenas negócios fraudulentos, que agora vêm à luz e estouram como bolhas de sabão; além disso, há especulações feitas com capital alheio, porém malogradas; e, por fim, capitais-mercadorias [casas] desvalorizados, ou até mesmo invendáveis [...]. Esse sistema artificial inteiro de expansão forçada do processo de reprodução não pode naturalmente ser remediado fazendo com que um banco, por exemplo, o Banco da Inglaterra [o Federal Reserve], conceda a todos os especuladores, com suas cédulas, o capital que lhes falta e compre todas as mercadorias depreciadas [casas] a seus antigos valores nominais. Além disso, aqui tudo aparece distorcido, pois nesse mundo de papel jamais se manifestam o preço real e seus fatores reais [...]. Principalmente nos centros em que se concentra todo o negócio monetário do país, como Londres, nota-se claramente essa distorção; todo o processo se torna incompreensível, mas em menor medida nos centros de produção.[49]

Isso nos leva a considerar o poder e a importância daquele aspecto da distribuição que opera como uma câmara de compensação para a conversão de dinheiro ocioso em circulação de capital portador de juros. É aqui, pela criação de antivalor e pela promoção de servidão por dívida, que a loucura da razão econômica assume o controle. Em um mundo com excesso de liquidez (denominação frequentemente usada pelo FMI em seus relatórios), esse dinheiro precisa ser mobilizado, centralizado e emprestado com a garantia e a certeza de uma produção futura de valor. A conversão de dinheiro excedente em uma forma de anticapital que demanda seu quinhão futuro é realizada nas instituições financeiras. O credor retém o direito de propriedade referente ao dinheiro ao longo do processo todo e espera receber de volta esse valor monetário em um prazo estipulado, acrescido de um excedente, que é o juro, e de um ganho de capital, que também pode ser alcançado com um aumento das valorações dos ativos da empresa na bolsa.

O gerenciamento geral dessa operação de conversão (ou metamorfose, como Marx preferiria se referir a ela) do dinheiro em antivalor está localizado em larga medida naquilo que chamei em outro lugar de "nexo Estado-finanças"[50]. Nos Estados Unidos (assim como na maior parte das democracias ocidentais), isso é constituído de um departamento do Tesouro (que tem sempre um estatuto especial no interior

---

[49] Karl Marx, *O capital*, Livro III, cit., p. 547.
[50] David Harvey, *17 contradições e o fim do capitalismo*, cit.

do aparato estatal) e de um Banco Central, que é o ápice do sistema bancário privado. A primeira estrutura desse tipo surgiu com a fundação do Banco da Inglaterra, em 1694. Uma carta régia de Guilherme e Maria concedeu monopólio bancário e garantiu amplos poderes a um grupo de comerciantes ricos em troca de crédito e financiamento a um Estado que havia sido quebrado pelo desregramento dos reis da Casa de Stuart. O equilíbrio de poder entre o Estado e as finanças se deslocou com o tempo. Desde que Bill Clinton admitiu, nos primeiros anos de sua presidência, que seu programa econômico dependia do consentimento dos credores, o posto de secretário do Tesouro dos Estados Unidos tem sido ocupado por alguém da Goldman Sachs.

Esse nexo Estado-finanças não é sujeito a controle democrático ou popular. Sua função é garantir a regulação e o controle do sistema bancário privado, em benefício do capital como um todo. A natureza das finanças, sugere Marx, é garantir o gerenciamento do "capital comum de uma classe"[51]. Da perspectiva do todo, o nexo Estado-finanças é análogo ao sistema nervoso central de qualquer totalidade orgânica. Ele sanciona e garante práticas de alavancagem que pegam dinheiro ocioso em depósitos e o convertem em anticapital. O papel do anticapital, como vimos anteriormente, é comprometer o futuro do maior número possível de agentes econômicos e condenar todos – consumidores, produtores, comerciantes, proprietários e até os próprios financistas – à servidão por dívida.

"O capital, como mercadoria de tipo específico" sempre teve "um modo peculiar de alienação":

> toda a enorme expansão do sistema de crédito, todo o crédito em geral, é explorada por eles como se fosse seu capital privado. Esses sujeitos possuem o capital e a receita sempre em forma de dinheiro ou de direitos que versam diretamente sobre o dinheiro. A acumulação da fortuna dessa classe pode ter lugar de maneira muito distinta da acumulação real, mas, em todo caso, demonstra que essa classe embolsa uma parcela considerável desta última.[52]

O problema é que a finança normalmente:

> estabelece o monopólio [em certas esferas] e, com isso, provoca a ingerência estatal. Produz uma nova aristocracia financeira, uma nova classe de parasitas sob a forma de projetistas, fundadores e diretores meramente nominais; todo um sistema de especulação e de fraude no que diz respeito à fundação de sociedades por ações e ao lançamento e comércio de ações.[53]

---

[51] Karl Marx, *O capital*, Livro III, cit., p. 416.
[52] Ibidem, p. 396 e 535.
[53] Ibidem, p. 496.

Ademais, "se o mais-valor é concebido sob a forma sem conceito dos juros, o limite é apenas quantitativo" e a consequência disso, acrescenta Marx, "desafia toda a fantasia"[54]. A má infinidade mostra sua cara. O bônus que os operadores de Wall Street deram a si mesmos no período de crise "desafia toda a fantasia". Foi isso o que causou indignação no movimento Occupy, que surgiu de repente no Zuccotti Park de Wall Street, em 2011.

O efeito disciplinador do ônus da dívida é vital para a reprodução da forma contemporânea do capital. Dívida significa que não somos mais "livres para escolher", como supõe Milton Friedman em seu elogio do capitalismo. O capital não perdoa nossas dívidas, conforme pede a Bíblia, ele insiste que nós as quitemos com produção futura de valor. O futuro já foi anunciado e encerrado (pergunte a qualquer estudante que tenha 100 mil dólares de empréstimo universitário para pagar). A dívida nos aprisiona em certas estruturas de produção futura de valor. A dívida é o meio predileto do capital de impor sua forma particular de escravidão. Isso se torna duplamente perigoso quando o poder dos credores subverte e tenta aprisionar a soberania do Estado. É por esse motivo que a única maneira de o capital sobreviver é por meio da coerência e da fusão obtidas pelo nexo Estado-finanças. Com isso, completa-se o processo de alienação de populações inteiras de qualquer influência e poder reais. Nem o Estado nem o capital oferecem alívio às privações e aos desempoderamentos. Atenas é tradicionalmente celebrada como o berço da democracia. Hoje é apenas o berço da servidão por dívida, a total e completa demolição de qualquer democracia.

O poder corruptor e alienante do dinheiro – que, quando assume a forma de juro, age "como se tivesse amor no corpo"[55] – é parte do problema. Não foi só Marx que reconheceu as alienações envolvidas. Até mesmo Keynes, um profundo defensor da ordem burguesa, mas ocasionalmente um afiado crítico, opinou sobre o tema:

> Quando a acumulação da riqueza não for mais de grande importância social, haverá grandes mudanças nos códigos morais. Seremos capazes de nos libertar de muitos dos princípios pseudomorais que nos atormentam há duzentos anos, pelos quais elevamos algumas das mais repugnantes qualidades humanas à posição das mais altas virtudes. Seremos capazes de nos dar ao luxo de ousar avaliar o imperativo do dinheiro pelo que ele realmente vale. Amar o dinheiro enquanto posse – em contraposição a amar o dinheiro como meio para os gozos e as realidades da vida – será reconhecido por aquilo que é, uma morbidez um tanto asquerosa, uma daquelas propensões semicriminosas,

---
[54] Ibidem, p. 449.
[55] Johann Wolfgang von Goethe, *Fausto*, citado em Karl Marx, *Grundrisse*, cit., p. 587.

semipatológicas, que se deve encaminhar com um estremecimento aos especialistas em doenças mentais. Seremos finalmente livres para nos desfazer de todos os tipos de costumes sociais e práticas econômicas que afetam a distribuição de riqueza e de recompensas e penalidades econômicas, e que hoje conservamos a todo custo, por mais repugnantes e injustas que sejam, porque são tremendamente úteis à promoção da acumulação do capital.[56]

O fato de a riqueza humana, que deveria ter toda sorte de significados sociais, estar cada vez mais aprisionada na métrica única do poder monetário é por si só problemático.

De fato, porém, se despojada da estreita forma burguesa, o que é a riqueza senão a universalidade das necessidades, capacidades, fruições, forças produtivas etc. dos indivíduos, gerada pela troca universal? [...] [O que é senão a] elaboração absoluta de seus talentos criativos, sem qualquer outro pressuposto além do desenvolvimento histórico precedente [...]? [O que é senão um desenvolvimento] em que o ser humano não se reproduz em uma determinabilidade, mas produz sua totalidade? Em que não procura permanecer como alguma coisa que deveio, mas é no movimento absoluto do devir? Na economia burguesa – e na época de produção que lhe corresponde –, essa exteriorização total do conteúdo humano aparece como completo esvaziamento; essa objetivação universal, como estranhamento total, e a desintegração de todas as finalidades unilaterais determinadas, como sacrifício do fim em si mesmo a um fim totalmente exterior.[57]

É isso o que "desafia toda fantasia". Esse é o mundo insano e profundamente preocupante em que vivemos.

---

[56] John Maynard Keynes, *Essays in Persuasion* (Nova York, Classic House Books, 2009), p. 199.
[57] Karl Marx, *Grundrisse*, cit., p. 399-400.

Coda

O filósofo Jacques Derrida cunhou a expressão "a loucura da razão econômica" em seu comentário ao ensaio de Marcel Mauss sobre as cerimônias de "*potlatch*", realizadas pelas comunidades indígenas da Colúmbia Britânica. Essas cerimônias periódicas implicavam uma competição entre os lares, que deveriam doar ou destruir suas posses a fim de adquirir prestígio, honra e status. Os primeiros relatos ocidentais sobre essa cerimônia a interpretavam com base no marco conceitual de uma economia de mercado. Desse ponto de vista, assim como da perspectiva da razão iluminista, o sacrifício da riqueza pessoal e familiar, duramente acumulada ao longo de muitos anos, parecia irracional. Para Mauss, essa linguagem conduzia a equívocos. Por isso, ele substituiu os conceitos de "dívida" e "ressarcimento" pelos de "dádiva" e "retribuição de presentes". Daí o conceito de uma economia não mercantil da dádiva, que até hoje desperta interesse. Aparentemente, Derrida celebrou-a como um substituto adequado ao modelo de bem-estar social gerido pelo Estado. Mas o que também impressionou tão poderosamente Mauss e, por extensão, Derrida foi a loucura frenética de destruição em que as cerimônias de *potlatch* frequentemente culminavam. "Não se trata nem sequer de dar e retribuir", escreveu Mauss, "mas de destruir, para não dar nem mesmo a impressão de desejar retribuição. Queimam-se caixas de óleo de *olachen* (peixe-vela) ou de óleo de baleia, queimam-se casas e milhares de mantas; os mais valiosos objetos de cobre são quebrados, atirados na água, para esmagar, para 'calar' o rival." Era isso o que Mauss considerava verdadeiramente louco. "Há sempre um momento", comenta Derrida, "em que essa loucura começa a incinerar a palavra ou o próprio significado da dádiva e disseminar, sem retorno, suas cinzas..."[1]

---

[1] Jacques Derrida, "The Madness of Economic Reason", em *Given Time: I. Counterfeit Money* (Chicago, Chicago University Press, 1992); Marcel Mauss, "Ensaio sobre a dádiva: forma e razão da

Minha intenção aqui não é sugerir que o capital às vezes cede a um instinto primordial de destruir o que quer que ele tenha construído, como algumas crianças que parecem adorar pisotear os castelos de areia cuidadosamente construídos por outras crianças. Pois, para Marx, o que interessava era mostrar que aquilo que na história do capitalismo parecia (ou era apresentado como) um ato do destino ou dos deuses era de fato produto do próprio capital. Mas, para tanto, ele precisava de um aparato conceitual alternativo. Por exemplo, o modo de produção capitalista precisa reconhecer, escreveu Marx, que uma "desvalorização do dinheiro creditício [...] faria estremecer todas as relações existentes". Os bancos, como sabemos bem, precisam ser socorridos custe o que custar. "Sacrifica-se, portanto, o valor das mercadorias para assegurar a existência imaginária e autônoma desse valor no dinheiro. Como valor monetário, ele só fica assegurado enquanto estiver assegurado o dinheiro." A inflação, como também sabemos muito bem, precisa ser controlada a todo custo. "Por uns poucos milhões em dinheiro, é preciso sacrificar, portanto, muitos milhões de mercadorias, o que é inevitável na produção capitalista e constitui uma de suas belezas."[2] Valores de uso são sacrificados e destruídos independentemente da necessidade social. Quão insano é isso?

O capital, como defendemos aqui, é valor em movimento. No processo de circulação do capital surgem, periodicamente, bloqueios. O capital permanece "paralisado numa das fases de sua reprodução, já que não pode completar sua metamorfose". Na crise que se sucede:

> todos têm de vender e não conseguem fazê-lo e, ainda assim, são obrigados a vender para pagar [...]. O capital já investido está então, de fato, desocupado em grandes quantidades, pois o processo de reprodução está estagnado. As fábricas deixam de funcionar, as matérias-primas se acumulam, os produtos acabados inundam, como mercadorias, o mercado. Nada é mais errôneo, pois, do que culpar a escassez de capital produtivo por essa situação. É justamente nessas épocas que se apresenta uma superabundância de capital produtivo, em parte com relação à escala normal, porém temporariamente reduzida, da reprodução, em parte com relação ao consumo paralisado.[3]

Essa é a loucura que vivenciamos repetidas vezes nos últimos quarenta anos. Capital excedente e uma massa cada vez maior de mão de obra excedente e descartável repousam lado a lado, sem que haja nenhuma maneira de uni-los para

---

troca nas sociedades arcaicas", em *Sociologia e antropologia* (trad. Paulo Neves, São Paulo, Cosac & Naify, 2003), p. 238-40.

[2] Karl Marx, *O capital*, Livro III, cit., p. 574.

[3] Ibidem, p. 540.

produzir os valores de uso tão urgentemente necessários – enquanto nos Estados Unidos, ainda o país mais rico do mundo, um terço das crianças vive em situação de pobreza, geralmente em ambientes tóxicos, vítimas de fome e envenenamento por chumbo, sem acesso a serviços sociais elementares e oportunidades de educação por conta de uma política de austeridade imposta à população. O que pode ser mais insano do que isso?

O que Marx faz, tanto em *O capital* como em outros escritos político-econômicos, é apontar uma maneira de esclarecer as confusões criadas pelas maquinações diárias do modo de produção capitalista e chegar à sua essência – leis internas de movimento – pela formulação de abstrações articuladas em uma teoria simples (e, no fim, não tão simples) da acumulação infindável de capital.

A verdadeira ciência começa quando trazemos esses conceitos, abstrações e formulações teóricas de volta à vida cotidiana e mostramos como eles podem iluminar os porquês das lutas cotidianas que as pessoas em geral, mas em especial os trabalhadores, enfrentam em sua batalha pela sobrevivência. Foi para isso que o conceito de capital foi criado e era isso o que Marx esperava que *O capital* enquanto livro nos ajudasse a realizar. O que espero ter feito com esta exposição do pensamento de Marx é mostrar que seu caminho não é o único a ser seguido, mas sim uma porta aberta pela qual se pode progredir para uma compreensão cada vez maior dos problemas subjacentes à realidade contemporânea. Se queremos compreender essa realidade, com todas as suas expressões políticas confusas e aparentemente insanas, é fundamental investigar como o capital opera. Se a política hoje parece insana (como a mim me parece), certamente a loucura da razão econômica tem algo a ver com isso. De fato, às vezes é como se estivéssemos em um mundo político violento e vingativo, que procura um sujeito para malhar e culpar. Certamente o capital não é o único sujeito possível de uma investigação rigorosa e exaustiva dos nossos males contemporâneos. Mas fingir que ele não tem nada a ver com nossos padecimentos atuais e que não precisamos de uma representação convincente de como ele funciona, de como circula e de como se acumula entre nós, e não de uma representação fetichista e apologética, constitui uma ofensa contra a humanidade, que, caso esta consiga sobreviver, a história julgará com severidade.

Agradecimentos

Gostaria de agradecer a dádiva de ter tido uma educação gratuita e bolsas de estudos adequadas, que me sustentaram durante a minha formação universitária, sem cobranças, até a conclusão do meu doutorado em Cambridge, em 1961. Também gostaria de reconhecer o privilégio de fazer parte da City University of New York (Cuny), que, apesar das muitas dificuldades, ainda mantém sua missão, como universidade pública, de servir ao interesse público e oferecer ensino superior para todos.

Gostaria de expressar o meu reconhecimento a John Davey, editor e amigo de longa data, que sugeriu que eu escrevesse este livro. Infelizmente, ele não viveu para vê-lo publicado. Meu grande amigo e colega Miguel Robles-Duran me ajudou com o desenho das Figuras 2 e 3 e elaborou suas versões finais.

Referências bibliográficas

AMIN, Samir. *The Law of World Wide Value*. Nova York, Monthly Review Press, 2010.

_____. *Three Essays on Value Theory*. Nova York, Monthly Review Press, 2013.

APPELBAUM, Binyamin. A Recovery that Repeats its Painful Precedents. *The New York Times*, 28 jul. 2011.

ARRIGHI, Giovanni. *The Long Twentieth Century*: Money, Power and the Origins of Our Times. Londres, Verso, 1994 [ed. bras.: *O longo século XX:* dinheiro, poder e as origens de nosso tempo. Rio de Janeiro, Unesp, 1995].

ARRIGHI, Giovanni; SILVER, Beverly J. *Chaos and Governance in the Modern World System*. Minneapolis, University of Minnesota Press, 1999.

ARTHUR, Christopher John. *The New Dialectic and Marx's Capital*. Leiden, Brill, 2004.

ARVIDSSON, Adam; PEITERSEN, Nicolai. *The Ethical Economy:* Rebuilding Value After the Crisis. Nova York, Columbia University Press, 2013.

BALDWIN, Richard. *The Great Convergence:* Information Technology and the New Globalisation. Cambridge, Belknap, 2016.

BAUWENS, Michel. Towards the Democratisation of the Means of Monetisation. Mimeo., Bruxelas, 21 out. 2013.

BENSAÏD, Daniel. *Marx for Our Times:* Adventures and Misadventures of a Critique. Londres, Verso, 2002 [ed. bras.: *Marx, o intempestivo:* grandezas e misérias de uma aventura crítica. Trad. Luiz Cavalcanti de M. Guerra. Rio de Janeiro, Civilização Brasileira, 1999].

BLACKBURN, Robin. *Banking on Death:* Or Investing in Life. Londres, Verso, 2004.

BOURDIEU, Pierre. *Distinction*: A Social Critique of the Judgment of Taste. Cambridge, MA, Harvard University Press, 1984 [ed. bras.: *A distinção:* crítica social do julgamento. Trad. Daniela Kern e Guilherme F. Teixeira. São Paulo/Porto Alegre, Edusp/Zouk, 2007].

BOUTANG, Yann Moulier. *Cognitive Capitalism.* Cambridge, Polity, 2011.

BRYNJOLFSSON, Erik; MCAFEE, Andrew. *The Second Machine Age:* Work, Progress, and Prosperity in a Time of Brilliant Technologies. Nova York, Norton, 2014.

CARO, Robert. *The Power Broker:* Robert Moses and the Fall of New York. Nova York, Vintage, 1975.

CARVALHO, Bruno; CAVALCANTI, Mariana; VENUTURUPALLI, Vyjayanthi Rao (orgs.). *Occupy All Streets:* Olympic Urbanism and Contested Futures in Rio de Janeiro. Nova York, Terraform, 2016.

CHINA's Property Frenzy and Surging Debt Raises Red Flag for the Economy. *The Guardian*, 27 nov. 2016.

CHOMSKY, Noam. *On Power and Ideology.* Boston, South End, 1990.

CLOVER, Charles; HORNBY, Lucy. China's Great Game: Road to a New Empire. *Financial Times*, 12 out. 2015.

DARNELL, Adrian C. (org.). *The Collected Economics Articles of Harold Hotelling.* Nova York, Springer, 1990.

DEALBOOK. Blankfein Says He's Just Doing "God's Work". *The New York Times*, 9 nov. 2009.

DEBORD, Guy. *The Society of the Spectacle.* Montreal, Black and Red, 2000 [ed. bras.: *A sociedade do espetáculo.* Trad. Estela dos Santos Abreu. Rio de Janeiro, Contraponto, 1997].

DERRIDA, Jacques. The Madness of Economic Reason. In: *Given Time:* I. Counterfeit Money. Chicago, Chicago University Press, 1992.

DURAND, Cédric. *Fictitious Capital:* How Finance is Appropriating our Future. Londres, Verso, 2017.

ELSON, Diane. (org.). *Value:* The Representation of Labour in Capitalism. Londres, CSE Books, 1979.

FEDERAL Reserve Bank of St Louis. *Economic Reports.*

FORD, Martin. *The Lights in the Tunnel:* Automation, Accelerating Technology and the Economy of the Future. Wayne, Acculent, 2009.

FRASER, Nancy. Behind Marx's Hidden Abode: For an Expanded Conception of Capitalism. *New Left Review*, 86, 2014.

FUNDO Monetário Internacional. Debt: Use It Wisely. *Fiscal Monitor*, Relatórios Mundiais Econômicos e Financeiros, out. 2016.

FUNDO Monetário Internacional; ORGANIZAÇÃO Internacional do Trabalho. The Challenges of Growth, Employment and Social Cohesion. *Paper* de discussão, Conferência Conjunta OIT-FMI, em cooperação com o primeiro-ministro da Noruega, 2010. Disponível em: <http://www.osloconference2010.org/discussionpaper.pdf>.

GOLDSTEIN, Matthew; ABRAMS, Rachel; PROTESS, Ben. How Housing's New Players Spiraled into Banks' Old Mistakes. *The New York Times*, 26 jun. 2016.

GORDON, Robert J. *The Rise and Fall of American Growth:* The U.S. Standard of Living since the Civil War. Princeton, Princeton University Press, 2016.

GORZ, André. *Critique of Economic Reason.* Londres, Verso, 1989 [ed. bras.: *Metamorfoses do trabalho:* crítica da razão econômica. Trad. Ana Montoia. São Paulo, Annablume, 2003].

GOWAN, Peter. *The Global Gamble:* Washington's Faustian Bid for World Dominance. Londres, Verso, 1999.

GRAEBER, David. *Debt: Updated and Expanded – The First 5,000 Years.* Ed. atual. e ampl., Brooklyn, Melville Books, 2014.

GRECO Jr., Thomas H. *The End of Money and the Future of Civilisation.* White River Junction, Chelsea Green, 2009.

HADJIMICHALIS, Costis. *Uneven Development and Regionalism:* State, Territory and Class in Southern Europe. Londres, Croom Helm, 1987.

HAGGETT, Peter. *Locational Analysis in Human Geography.* Londres, Edward Arnold, 1965.

HARVEY, David. The Art of Rent. In: *Rebel Cities:* From the Right to the City to the Urban Revolution. Londres, Verso, 2012 [ed. bras.: *Cidades rebeldes:* do direito à cidade à revolução urbana. Trad. Jeferson Camargo. São Paulo, Martins Fontes, 2014].

_____. *A Brief History of Neoliberalism.* Oxford, Oxford University Press, 2005 [ed. bras.: *O neoliberalismo:* história e implicações. Trad. Adail Ubirajara Sobral e Maria Stela Gonçalves. São Paulo, Loyola, 2005].

_____. *A Companion to Marx's Capital*, Volume 2. Londres, Verso, 2013 [ed. bras.: *Para entender O Capital*: Livros II e III. Trad. Rubens Enderle. São Paulo, Boitempo, 2014].

_____. *The Condition of Postmodernity.* Oxford, Blackwell, 1989 [ed. bras.: *Condição pós-moderna:* uma pesquisa sobre as origens da mudança cultural. Trad. Adail Ubirajara Sobral e Maria Stela Gonçalves. São Paulo, Loyola, 1992].

_____. Crisis Theory and the Falling Rate of Profit. In: SUBASAT, Turan (org.). *The Great Meltdown of 2008:* Systemic, Conjunctural or Policy Created? Cheltenham, Edgar Elgar, 2016.

_____. *The Enigma of Capital.* Londres, Profile, 2010 [ed. bras.: *O enigma do capital.* Trad. João Alexandre Peschanski. São Paulo, Boitempo, 2011].

_____. From Managerialism to Entrepreneurialism: The Transformation in Urban Governance in Late-Capitalism. *Geografiska Annaler, Series B, Human Geography*, v. 71, n. 1, 1989 [ed. bras.: "Do administrativismo ao empreendedorismo: a transformação da governança urbana no capitalismo tardio". In: *A produção capitalista do espaço.* Trad. Carlos Szlak, São Paulo, Annablume, 2005].

_____. *The Limits to Capital.* Oxford, Basil Blackwell, 1982 [ed. bras.: *Os limites do capital.* Trad. Magda Lopes. São Paulo, Boitempo, 2014].

_____. *Paris*: Capital of Modernity. Nova York, Routledge, 2003 [ed. bras.: *Paris, capital da modernidade.* Trad. Magda Lopes. São Paulo, Boitempo, 2015].

_____. *Seventeen Contradictions and the End of Capitalism.* Londres, Profile, 2013 [ed. bras.: *17 contradições e o fim do capitalismo.* Trad. Rogério Bettoni. São Paulo, Boitempo, 2016].

_____. *Spaces of Capital:* Towards a Critical Geography. Nova York, Routledge, 2001.

_____. *Spaces of Global Capitalism:* A Theory of Uneven Geographical Development. Londres, Verso, 2006.

HEINRICH, Michael. *An Introduction to the Three Volumes of Karl Marx's Capital*. Nova York, Monthly Review Press, 2004.

HENDERSON, George. *Value in Marx*: The Persistence of Value in a More-Than-Capitalist World. Minneapolis, University of Minnesota Press, 2013.

HIMMELWEIT, Susan; MOHUN, Simon. Domestic Labour and Capital. *Cambridge Journal of Economics*, 1, 1977.

HISTORICAL MATERIALISM, v. 14. n. 4, 2006.

HONG, Shen. China's Plan for Local Debt Amounts to a Bailout. *The Wall Street Journal*, 23 jun. 2015.

HUDIS, Peter. *Marx' Concept of the Alternative to Capitalism*. Chicago, Haymarket, 2012.

HUDSON, Michael. *Killing the Host:* How Financial Parasites and Debt Destroy the Global Economy. Baskerville, Islet, 2015.

_____. The Road to Debt Deflation, Debt Peonage, and Neofeudalism. *Working paper* n. 709, Annandale-on-Hudson, Levy Economics Institute of Bard College, fev. 2012.

HUWS, Ursula. *Labor in the Digital Economy*. Nova York, Monthly Review Press, 2014.

JOHNSON, Chalmers. *MITI and the Japanese Miracle*. Stanford, Stanford University Press, 1982.

JONES, Gareth Stedman. *Karl Marx*: Greatness and Illusion. Cambridge, MA: Belknap, 2016 [ed. bras.: *Karl Marx:* grandeza e ilusão. Trad. Berilo Vargas. São Paulo, Companhia das Letras, 2017].

KELLER, Bill. The Revolt of the Rising Classes. *The New York Times*, 30 jun. 2013.

KERN, Stephen. *The Culture of Time and Space, 1880-1918*. Londres, Weidenfeld and Nicolson, 1983.

KEYNES, John Maynard. *Essays in Persuasion*. Nova York, Classic House Books, 2009.

LAPAVITSAS, Costas; FLASSBECK, Heiner. *Against the Troika:* Crisis and Austerity in the Eurozone. Londres, Verso, 2015.

LARSEN, Neil et al. (orgs.). *Marxism and the Critique of Value*. Chicago, MCM, 2014.

LUXEMBURGO, Rosa. *The Accumulation of Capital*. Nova York, Routledge, 1951 [ed. bras.: *A acumulação do capital*. Trad. Marijane Vieira Lisboa e Otto Erich Walter Maas. 3. ed., São Paulo, Nova Cultural, 1988].

MARTIN, Wayne. In Defense of Bad Infinity: a Fichtean Response to Hegel's *Differenzschrift*. Mimeo., Departamento de Filosofia, Universidade de Essex.

MARX, Karl. *Capital*: A Critique of Political Economy, Volume 1. Londres, New Left Review, 1976 [ed. bras.: *O capital*: crítica da economia política, Livro I: *O processo de produção do capital*. Trad. Rubens Enderle. São Paulo, Boitempo, 2013].

_____. *Capital*: A Critique of Political Economy, Volume 2. Londres, New Left Review, 1978 [ed. bras.: *O capital*: crítica da economia política, Livro II: *O processo de circulação do capital*. Trad. Rubens Enderle. São Paulo, Boitempo, 2014].

_____. *Capital*: A Critique of Political Economy, Volume 3. Londres, New Left Review, 1981 [ed. bras.: *O capital*: crítica da economia política, Livro III: *O processo global da produção capitalista*. Trad. Rubens Enderle. São Paulo, Boitempo, 2017].

_____. The Civil War in France. In: TUCKER, Robert C. *The Marx-Engels Reader*. 2. ed., Nova York, Norton, 1978 [ed. bras.: *A guerra civil na França*. Trad. Rubens Enderle. São Paulo, Boitempo, 2011].

_____. *A Contribution to the Critique of Political Economy*. Londres, Lawrence and Wishart, 1970 [ed. bras.: *Contribuição à crítica da economia pol*ítica. 5. ed. São Paulo, WMF Martins Fontes, 2016].

_____. *The Economic and Philosophic Manuscripts of 1844*. Nova York, International Publishers, 1964 [ed. bras.: *Manuscritos econômico-filosóficos*. Trad. Jesus Ranieri. São Paulo, Boitempo, 2004].

_____. *Grundrisse*: Foundations of the Critique of Political Economy. Londres, Penguin, 1973 [ed. bras.: *Grundrisse:* manuscritos econômicos de 1857-1858 – Esboços da crítica da economia política. Trad. Mario Duayer e Nélio Schneider. São Paulo/Rio de Janeiro, Boitempo/UFRJ, 2011].

_____. The Poverty of Philosophy. Nova York, International Publishers, 1963 [ed. bras.: *A miséria da filosofia*. Trad. José Paulo Netto. São Paulo, Boitempo, 2017].

_____. The Results of the Immediate Process of Production. In: *Capital: A Critique of Political Economy*, Volume 1. Londres, New Left Review, 1976 [ed. bras.: *O capital, Livro I, capítulo VI (inédito)*. São Paulo, Livraria Editora Ciências Humanas, 1978].

_____. *Theories of Surplus Value*, Part 1. Londres, Lawrence and Wishart, 1969 [ed. bras.: *Teorias da mais-valia*, v. I. Trad. Reginaldo Sant'Anna. 2. ed., Rio de Janeiro, Bertrand, 1987].

_____. *Theories of Surplus Value*, Part 2, Londres, Lawrence and Wishart, 1969 [ed. bras.: *Teorias da mais-valia*, v. II. Trad. Reginaldo Sant'Anna. Rio de Janeiro, Bertrand, 1983].

_____. *Theories of Surplus Value*, Part 3. Londres, Lawrence and Wishart, 1972 [ed. bras.: *Teorias da mais-valia*, v. III. Trad. Reginaldo Sant'Anna. Rio de Janeiro, Bertrand, 1985].

_____. *Value*: Studies by Marx. Org.: Albert Dragstedt. Londres, New Park Publications, 1976.

_____. Wage Labour and Capital. Peking, Foreign Languages Press, 1978.

_____. Wages, Price and Profit. Peking, Foreign Languages Press, 1965.

MARX, Karl; ENGELS, Friedrich. *Manifesto of the Communist Party*. Moscou, Progress, 1952 [ed. bras.: *Manifesto Comunista*. Trad. Álvaro Pina e Ivana Jinkings. 1. ed. rev., São Paulo, Boitempo, 2010].

MARX, Karl; ENGELS, Friedrich. *Selected Correspondence*. Moscou, Progress, 1955.

MASON, Paul. *PostCapitalism:* A Guide to Our Future. Londres, Penguin, 2016.

MAUSS, Marcel. *The Gift: The Form and Reason for Exchange in Archaic Societies*. Londres, Routledge, 1990 [ed. bras.: Ensaio sobre a dádiva: forma e razão da troca nas sociedades arcaicas. In: *Sociologia e antropologia*. Trad. Paulo Neves. São Paulo, Cosac & Naify, 2003].

MCDONALD, Oonagh. *Lehman Brothers:* A Crisis of Value. Manchester, Manchester University Press, 2016.

MEEK, Ronald L. *Studies in the Labour Theory of Value*. Londres, Lawrence and Wishart, 1973.

MOSELEY, Fred. *Money and Totality:* A Macro-Monetary Interpretation of Marx's Logic in Capital and the End of the "Transformation Problem". Leiden, Brill, 2015.

MOSELEY, Fred; SMITH, Tony (Orgs.). *Marx's Capital and Hegel's Logic:* A Reexamination. Chicago, Haymarket, 2015.

MYRDAL, Gunnar. *Economic Theory and Underdeveloped Regions*. Londres, Methuen, 1965.

NEGRI, Antonio. *Marx Beyond Marx*: Lessons on the Grundrisse. Nova York, Autonomedia, 1991 [ed. bras.: *Marx além de Marx:* ciência da crise e da subversão. Caderno de trabalho sobre os Grundrisse. São Paulo, Autonomia Literária, 2016].

NELSON, Anitra. *Marx's Concept of Money*. Nova York, Routledge, 2014.

NELSON, Anitra; TIMMERMAN, Frans (orgs.). *Life Without Money:* Building Fair and Sustainable Economies. Londres, Pluto, 2011.

OLLMAN, Bertell. *Alienation: Marx's Conception of Man in Capitalist Society*. Londres, Cambridge University Press, 1971.

ÖZTÜRKMEN, Arzu. The Park, the Penguin and the Gas: Performance in Progress of Gezi Events. *The Drama Review*, 2014.

PIKETTY, Thomas. *Capital in the Twenty First Century*. Cambridge, MA, Belknap, 2014 [ed. bras.: *O capital no século XXI*. Trad. Monica Baumgarten de Bolle. São Paulo, Intrínseca, 2014].

PIORE, Michael; SABEL, Charles. *The Second Industrial Divide:* Possibilities for Prosperity. Nova York, Basic Books, 1986.

POULOT, Denis. *Le sublime*. Paris, Maspero, 1980.

REUTERS. China's Property Boom Continues as Prices Rise at Record Rate. *Fortune*, 21 out. 2016

RIDGE, Mian. Three New "Engines of Growth" to Watch in China. *Financial Times*, 18 set. 2014.

ROSDOLSKY, Roman. *The Making of Marx's Capital*. Londres, Pluto, 1977 [ed. bras.: *Gênese e estrutura de* O capital *de Karl Marx*. Trad. César Benjamin. Rio de Janeiro, Eduerj/Contraponto, 2001].

ROY, Ananya. *Poverty Capital:* Microfinance and the Making of Development. Nova York, Routledge, 2011.

RUBIN, Isaak. *Essays on Marx's Theory of Value*. Montreal, Black Rose, 1973.

SASSEN, Saskia. *Expulsions:* Brutality and Complexity in the Global Economy. Cambridge, Belknap, 2014.

SHEPARD, Wade. *Ghost Cities of China:* The Story of Cities Without People in the World's Most Populated Country. Londres, Zed Books, 2015.

SIMMEL, Georg. The Metropolis and Mental Life. In: LEVINE, Donald N. (org.). *On Individuality and Social Forms.* Chicago, Chicago University Press, 1971 [ed. bras.: As grandes cidades e a vida do espírito (1903). *Mana,* v. 11, n. 2, 2005].

SMITH, Neil. *Uneven Development:* Nature, Capital and the Production of Space. Oxford, Wiley, 1990.

SPERBER, Jonathan. *Karl Marx*: A Nineteenth Century Life. Nova York, Liveright Publishing, 2013 [ed. bras.: *Karl Marx:* uma vida do século XIX. Trad. Lúcia Helena de Seixas. Barueri, Amarilys, 2014].

STEEDMAN, Ian (org.). *The Value Controversy.* Londres, Verso/New Left Books, 1981.

TABB, William K. *The Long Default:* New York City and the Urban Fiscal Crisis. Nova York, Monthly Review Press, 1982.

TOMBA, Massimiliano. *Marx's Temporalities.* Chicago, Haymarket Books, 2014.

TOMBAZOS, Stavros. *Time in Marx:* The Categories of Time in Marx's Capital. Chicago, Haymarket, 2014.

TOWERING Above. *National Geographic,* v. 229, n. 1, 2016.

TRONTI, Mario. Our Operaismo. *New Left Review,* 73, 2012.

VERCELLONE, Carlo. From Formal Subsumption to General Intellect: Elements for a Marxist Reading of the Thesis of Cognitive Capitalism. *Historical Materialism,* v. 15, 2007.

WADE, Robert; VENEROSO, Frank. The Asian Crisis: The High Debt Model versus the Wall Street-Treasury-IMF Complex. *New Left Review,* v. 228, 1998.

WHITEHEAD, Alfred North. La théorie relationiste de l'espace. *Revue de Métaphysique et de Morale,* n. 23, 1916.

WOOD, Ellen. *The Origin of Capitalism.* Londres, Verso, 2002.

ÍNDICE

A

Abstração, 60, 129, 142-3, 205
Aceleração, 17-8, 28, 40-2, 51-2, 92-3, 161, 174-5, 193-5, 197, 200-1
Acumulação, 132-40, 142-3, 147, 149-50, 161-6, 172-3, 183-4, 185-7, 190, 196-7, 200-2, 205
Acumulação/especialização flexível, 65-6
Acumulação infindável de capital, 73, 180, 185-6, 196, 205
Acumulação por espoliação, 55-6, 76-7, 196-7
Ajuste espacial, 135-6, 187-8
Alemanha, 162
Alienação, 12, 63-4, 67-8, 96, 106-7, 190-5, 197-202
Anulação do espaço pelo tempo, 131-3
Aristocracia financeira, 74-7, 200-1

B

Bancos centrais, 166-7, 172, 174-5
Black Lives Matter, 55
Blankfein, Lloyd, 155
Brasil, 142, 178-9, 190-2, 198

C

Capital, 9, 11-2, 15-57, 60-70, 72-7, 79-98, 99-110, 111-40, 142-52, 153-6, 157-71, 190, 191-202, 203-5
  comercial, 29-34, 40, 44-6, 60, 63-5, 73, 81, 88, 92-3, 103, 130, 136, 163-4, 174--5, 197-201
  financeiro, 29-30, 33-6, 73-4, 91-2, 197--8, 200-1
  fundiário, 30, 34, 45-6, 48-50, 112-3, 130, 196, 200-1
  industrial, 30-1, 40, 44-5, 47-8, 50-1, 85--6, 130, 144-5, 163-4, 197-8
Capital constante, 23-4, 112-3, 142-3
Capital-dinheiro, 17, 21, 25, 29-32, 35, 40, 48, 50-2, 74-5, 86, 90, 132, 136, 148
Capital enquanto valor em movimento, 17--34, 48-9, 52, 57, 61, 81, 88, 98, 108, 110, 129, 152, 164-5, 173, 192-3, 197--8, 204
Capital excedente, 148, 182-3, 186-9, 204
Capital fictício, 48-51, 74-5, 89, 174-7
Capital fixo, 39, 40-2, 47-8, 67-8, 84-6, 102, 105-6, 143-52, 162-8
  do tipo "autônomo", 150, 152

Capital portador de juros, 30-1, 34, 47, 49--52, 67-8, 73-5, 85-6, 89-91, 110, 125-6, 136, 146, 148-50, 163-4, 173, 179-80, 185-6, 197-9

Categorias, 30, 35, 60-2, 64-7, 73-4

Centralização de capital, 73-7, 122, 161

Cercamento, 45, 104-5, 107-8

Chile, 159, 179

China, 111, 136-7, 159, 161-2, 165-6, 177--89, 197-8

Cidades, 11, 89, 127-30, 160, 163-4, 182-4, 187-91, 194-5

Ciência econômica, 11-2, 23, 35-6, 39, 43-4, 61-3, 70, 90, 93-4, 97, 109, 153, 171-7, 191-2

Cimento, 176-8, 186-90, 194-5

Circuito secundário de capital, 152

Circuito terciário do capital, 151-2

Circulação (de capital), 30-2, 34-6, 38-43, 45, 47-50, 56-7, 60, 66-9, 73-5, 79, 81--2, 83-8, 90-4, 98, 101, 104-7, 109, 111, 113-4, 116, 122-3, 126, 131-3, 136, 149, 152, 156-9, 161, 164-5, 171-3, 185-6, 189, 192-3, 195, 197-8

    de capital fixo, 40-1, 47, 85-6, 143-7

    de capital portador de juros, 30-1, 34, 47, 49-51, 73, 75, 89-92, 146, 148-50, 173, 185-6, 197-9

Classe, 10, 21, 24, 26-31, 35-6, 41-2, 44-5, 50-1, 55-6, 61-4, 66-8, 73-5, 83-4, 86-7, 95, 113-6, 118-9, 127, 129, 131, 135-6, 153-5, 160, 162-3, 166-7, 183-7, 190-5, 197-8

    capitalista, 26, 29-31, 35-6, 43-4, 48-51, 73-5, 95-6, 118-9, 174-5, 185-6, 190-1, 199-201

    facções, 26, 44-5, 50-1, 135-6

    luta, 26, 83-4, 86-7, 90, 112-6, 154

    relação, 24, 27-8, 50-1, 55-6, 83, 94, 129, 135-6, 195, 197

    trabalhadora, 26-7, 37, 41-2, 48-9, 61-2, 83-4, 86-7, 100, 113-4, 120-1, 127, 132--3, 174-5, 183-4, 191-3, 197-8

Colonialismo, 135-7, 168-9

Comerciantes, 29-30, 33, 40, 44-7, 49, 63-5, 176, 197, 200-1

Compradores e vendedores, 27, 33, 55, 82-3

Computadores, 11, 100, 114-6, 121-4, 150-2

Comuna de Paris, 186-7, 197

Comunismo, 43-4, 61-4, 117, 139

Comuns, 96, 101-2, 107-8, 172

Concepções espirituais, 101, 115-9, 123, 127

Concorrência, 17-8, 22-3, 28-9, 35-7, 39, 42--4, 45-6, 54, 86-7, 94, 112-5, 131-2, 143-6, 153, 159-2, 164-8, 188, 190, 192-4, 203

Concorrência espacial, 153

Concorrência monopólica, 153, 160

Concorrência perfeita 28-9, 35-6, 43-4, 45--6, 153

Conhecimento/saber, 11, 26-7, 95-6, 100-3, 118-9, 140, 147, 161, 168-9

Consumo, 24-6, 32, 38, 40-1, 48, 53-4, 67--8, 83, 85-7, 125-6, 130-1, 134-5, 147-50, 165-8, 176-7, 179-83, 185-7, 194-6, 204

    produtivo, 25, 87, 182-3

Continuidade do fluxo, 40-1, 55-6, 61, 81, 86-7, 98, 149

Contradições, 12, 22-3, 41-4, 54, 65-71, 77, 83-6, 90-1, 95-6, 98-9, 104-5, 109-10, 115-6, 123-6, 135-7, 149-50, 152, 159, 173-5, 191-2

Coreia do Sul, 81, 161, 178, 188,

Crédito, 39-42, 48-50, 52, 55, 60-9, 72-4, 76-7, 85-8, 90-1, 125-6, 136, 140, 161, 164-6, 174-7, 179-82, 184-5, 191-2, 196, 198-200, 204

Crescimento, 17-8, 24, 26, 30-2, 39, 95, 118-20, 122, 136-137, 141, 149-50, 159, 172-3, 179, 183-7, 188, 190-4, 195-6

    exponencial, 17-8, 172-3, 191-2, 196

Criação de dinheiro, 30, 34, 48-9, 74
Crises, 9, 48-9, 55-6, 71, 73-4, 81, 86-8, 90-2, 98, 149-52, 165-6, 173-5, 179-87, 190-1, 195, 197-9, 204
Cultura, 101, 104-6-8, 127, 162-3

D

Dádivas gratuitas da natureza, 21, 95, 99, 102-7, 118-9, 161-5, 190-1
Dádivas gratuitas da natureza humana, 56-7, 81-2, 94, 102-5, 118-9, 147, 161-5, 190-1
Darwin, Charles, 54, 161
Demanda, 25-31, 33, 35, 41-3, 48, 50-1, 55, 64-7, 70, 73-4, 83, 86-7, 96, 109, 123, 135-6, 146, 149-50, 174-5, 181-4, 187-8, 193-5,
e oferta, 39, 48, 83
Demanda efetiva, 25-9, 33, 41-3, 51, 55, 86--7, 109, 174-5, 181-4
Depreciação moral, 145
Derrida, Jacques, 203
Descartes, René, 120, 138
Desigualdade, 9, 37, 62-3, 89, 155, 197
Destruição, 91-2, 97, 120-1, 173, 191-2, 203
Desvalorização, 44-5, 79, 81-93, 97, 145-6, 149-50, 152, 165-6, 173, 189, 203
Dialética, 79-80
Diferença geográfica, 102, 154, 159, 162, 167-9
Dinheiro, 15, 16-28, 34-42, 44-5, 47-57, 59-77, 79-91, 99, 103-7, 109-110, 116, 131-2, 138, 142-6, 148, 154, 156-9, 165--8, 171-5, 177, 179-82, 187-92, 198-204
Direitos de propriedade intelectual, 29, 46, 101, 104-5, 108
Distopia, 35-7, 127, 153
Distribuição, 25-6, 28-36, 39, 42-56, 61-2, 66-7, 81, 84-5, 87, 110-1, 125-6, 135-6, 137, 142-3, 155-6, 162-3, 174-7, 197-9, 201-2

Dívida, 30-2, 34, 48-50, 67-8, 73-4, 84-9, 98, 101, 140-1, 143-4, 155-7, 174-5, 180--2, 184-6, 188, 197-9, 200-3
como reivindicação sobre trabalho futuro, 40, 174-5
servidão, 52, 67-8, 73, 88-9, 98, 101, 174--5, 198-202
Dívida global, 31-2, 89, 156-7, 180-2, 188
Divisões de trabalho, 68, 120-1, 125-6, 135-6

E

Endividamento, 34, 87, 180-2
Entesouramento, 47-8, 67, 85-8, 146
Equalização da taxa de lucro, 43-5, 48-9, 154-6
Escala, 44-5, 64-6, 75-7, 89, 94, 119-22, 124-5, 136-7, 147-9, 158-9, 161, 177, 182-3, 185-7, 190, 204
Escravidão, 21, 37, 55, 136-7, 200-1
Espaço, 45-6, 76-7, 94, 96-7, 129-53, 157-8, 162, 167-9, 182, 188-9, 194-5
tempo-espaço absoluto, 140-1, 162, 167-8
tempo-espaço relacional, 139-43
tempo-espaço relativo, 140-1, 162-3
Espanha, 179-80, 191
Especulação, 30-2, 48-9, 64-5, 73, 76, 99, 108, 110, 179, 198-9
Especulação imobiliária e fundiária, 176-7, 187, 190-1
Espetáculo, 105-7, 160, 184-5, 195
Espiral, 17-8, 24, 32, 36-7, 123, 137, 142-3, 172, 180, 191-2
Esquema Ponzi, 89, 110, 181-2
Esquemas de reprodução, 39
Estado, 11, 21-2, 26-9, 33, 48-51, 61-2, 69, 73, 76, 81, 86-7, 89, 92-4, 120, 124-7, 136-8, 148, 152, 156-7, 160-1, 163-9, 173, 174-7, 179, 181-6, 188, 197-203
Estado capitalista, 136-8

Estagnação (secular), 31-2, 42-3, 51, 93-4, 104-6, 149-50
Execução hipotecária, 52, 180, 183-4, 197
Exército industrial de reserva, 36-7, 42-3, 83, 95, 113-4, 147
Exploração, 9-10, 32, 35-7, 50-1, 65-6, 90-4, 100-1, 116, 120-1, 131, 139, 154, 156, 174-5, 196

F

Família, 27-8, 55-6, 61-2, 120-1, 135-6, 138
Fetichismo, 48-50, 61-2, 75, 90-1, 112-3, 118, 122-4, 126-7, 161, 173, 205
Feudalismo, 46, 61-2, 101, 130, 136, 139, 164-5
Fluxos e barreiras geográficas, 48, 131-2, 135-6, 149, 150, 152-3, 159, 162-4, 167-8
Força de trabalho, 21-6, 35-7, 41-2, 44-5, 55, 83, 92-5, 97, 107-8, 111-5, 123-6, 138, 141-2, 145-6, 154-5, 162-3, 193-4
  valor da, 22-3, 26, 36-7, 92-3, 112-3, 115-6, 141, 162-3
Força motriz do capital, 16-7, 31-4, 46, 67-8, 88, 108, 112-3, 119-20
Forças produtivas, 90-1, 115-7, 119-20, 127, 202
Formas de dinheiro pré-capitalistas, 46, 49-50, 61-2, 120-1, 171
Fundo de consumo, 55-6, 149-50, 165-8
Fundo Monetário Internacional (FMI), 131, 166-7, 179-81, 198-9
Fundos de pensão, 73-4, 76, 88-9, 187

G

Goldman Sachs, 155, 200
Grécia, 89, 160, 181, 198

H

Habilidades, 26-7, 97, 100, 107-8, 113-4, 118-9, 123-4, 129, 162-3

Haussmann, 165, 184-5
Hegel, 12, 79-80, 134-5, 172, 192
Hegemonia, 97, 109, 132, 168
Hipotecas, 141, 180, 198-9

I

Imaterialidade, 19, 59, 110, 142, 144-5, 168-9
Imperialismo, 136-137, 168-9, 182-3, 187
Informação, 96, 117, 129, 168-9
Inglaterra, 64-5, 164-6, 197, 199-200
Inovação, 25, 40-1, 107-8, 114-5, 118, 121-2, 125-6, 144-5
Instituições, 22-3, 27-8, 46, 48-9, 62-3, 73-7, 148-50, 163-4, 166-7, 174-7, 179-82, 184-7, 197-200
Intelecto geral, 102, 104-5
Irlanda, 136, 179-80

J

Japão, 29, 156, 158-60, 178
Juros, 16-7, 30-5, 39, 44-5, 47-8, 49-52, 55, 60, 73-5, 85-6, 88-91, 110, 125-6, 136, 142, 146, 148-50, 158-9, 163-6, 173, 180-2, 185-6, 197-202

K

Keynes, John Maynard, 29, 33, 42, 87, 90, 174, 201-2,

L

Leis de movimento do capital, 9, 11, 28, 43-4, 61-2, 152-3, 168-9, 174-5, 205
Limites do capital, 65-6, 98, 124-5, 135-6, 195
Livre comércio, 113-4, 132-3, 156, 158-60
Localização, 45, 142, 148, 154, 162-5, 188, 196
Lucro, 23-4, 29-30, 31-6, 42-6, 48-51, 60, 73-5, 86-8, 91-2, 99, 109, 113-4, 122-4, 137, 140, 154-6, 164-5, 189, 196

M

Mais-valor, 15, 21, 23-32, 35-9, 41-5, 50-1, 67-8, 79, 83-4, 86-7, 92-9, 101, 103-10, 112-4, 118-9, 123-6, 131, 134-5, 137, 140-2, 144-6, 155-6, 162, 166-7, 171-3, 176-7, 196, 199-201, 204

Mais-valor relativo, 36-7, 42-3, 83, 95, 108--9, 112-4, 131, 141-2, 144-6

Mão invisível, 36, 43-4, 62-3, 68

Máquinas, 21-2, 37, 47-8, 84-6, 95-6, 112--5, 119-24, 143-8, 162-3, 173, 187

Mauss, Marcel, 203

Meio ambiente construído, 40-1, 100, 144--5, 149-1, 178, 182-3

Meios de produção, 15, 21-23, 25-6, 45, 63, 68-9, 79-80, 84, 118, 130, 135, 147, 192

Mercado, 15-7, 21-8, 31-2, 35-8, 40-7, 50--6, 61-5, 69-71, 75-7, 81-8, 90-4, 96, 99, 102, 104-7, 110, 112-5, 118-20, 121-6, 129-32, 134-7

Mercadorias, 15-7, 21-2, 25-8, 32, 35-6, 38-9, 41-2, 44-5, 59, 65-6, 69-72, 79, 83, 108, 112-3, 118-9, 130-2, 134-5, 138, 143-7, 149, 153-9, 165-6, 171, 174-5, 198-9, 204

Mercados imobiliários, 92-3, 99, 104-5, 179--82, 186-7

Migração, 138, 160

Militarismo, 28, 33, 125-6, 182-3, 194-5

Mill, John Stuart, 11, 124

Milton, John, 103-5

Moeda, 99, 157-60, 179, 181-2

Moeda fiduciária, 27-8, 69

Momentos, 40, 53-4, 60, 87, 115-8, 123, 176-7

Monopólio, 28, 36, 76, 87, 100, 104, 106--8, 112-5, 124, 144, 153-4, 160-1, 164, 200-201

Moses, Robert, 165, 183-5

N

Natureza, 21, 26-7, 33, 45

Negação, 79-84, 90-3, 95, 143

Neoliberalismo, 100-1

Nexo Estado-finanças, 166-7, 199-202

Nova York, 10, 74, 87, 136-7, 144, 155, 165, 183-7, 190-2

O

Occupy Wall Street, 192, 201

Ouro, 68-70, 72-3, 153-4, 156-9, 166-7, 172, 174

P

Paris, 63-4, 75, 108-10, 183-7, 194-5, 197

Patriarcado, 27-8, 96

Preço, 17-8, 21-2, 41-2, 45, 48, 50-2, 55, 61-4, 67-8, 75, 91-2, 99-132, 143-4, 154--5, 165-6, 180-2, 196, 198-9

Preço de produção, 155

Predação (financeira), 55-6, 176-7, 187, 197-8

Privatização, 45, 83

Processo de trabalho, 21-2, 24, 37, 55-6, 63--7, 83-4, 102, 107-8, 112-4, 119-21, 123, 192-3

Produção, 15-202

Produção capital-intensiva, 43-4, 155-6

Produção conjunta, 145

Produção trabalho-intensiva, 43, 106, 155-6

Produtividade, 22-3, 36-8, 40-1, 95, 101-2, 105-6, 108, 112-5, 118-9, 122-6, 137, 141-2, 147, 152, 154-5, 158-9, 161, 188, 192-3, 197

Propriedade privada, 35-6, 50-1, 62-3, 68, 99, 107-8, 118-9, 135-6, 138-9, 153, 195

Proprietários fundiários e imobiliários, 30-1, 34, 44-6, 48-50, 73, 112-3, 164-5, 176-7, 196, 200-1

Proudhon, Pierre-Joseph, 10, 61-5

Putting-out (sistema), 63-4, 108

Q

Quitação de dívida, 31-2, 34, 52, 84-7, 110, 181-2, 197-8, 200-1

R

Realização, 25-8, 31-3, 35-6, 38-43, 48-51, 53, 55-6, 73-5, 79-84, 86-7, 91-2, 96, 104--6, 109, 111, 125-6, 136-7, 142-3, 147, 149-50, 156, 162-3, 167-8, 193-4, 197

Recursos naturais (ver dádivas gratuitas da natureza), 162-3

Regimes de valor, 153-68, 179, 190, 192-3

Reino Unido, 29, 37, 46, 61-2, 64-5, 73, 108, 142, 162, 165-6, 186, 188, 192

Reinvestimento, 29, 35-6, 40, 73-5, 126

Relação com a natureza, 33, 97, 116, 118, 126, 191-3

Relações sociais, 12, 19, 25-8, 46, 61-4, 65--8, 97, 116-7, 119-21, 126-9, 132, 175, 194-5

Renda, 16-7, 29, 35, 44-6, 48, 60, 88, 100, 104, 107, 135-6, 164-5

monopólica, 100, 104, 107

Renda da terra, 30-1, 34, 44-5, 46, 48, 167-8, 190-1

Reprodução simples, 36-7, 137, 142-3, 171--2, 174-5

Reprodução social, 21, 24, 26-7, 35, 55-6, 111-2, 125, 137-8, 142-4, 149-50, 167-8, 180-1, 197-200

Ricardo, David, 11, 62, 89

Robinson Crusoé, 61

S

Saint-Simon, Henri, 23, 75, 184-5

Salários (diferenças nacionais), 141, 154

Sanders, Bernie, 55

Segunda natureza, 56-7, 100, 162-5

Sistema financeiro, 27-8, 31-2, 48-50, 52, 73-5, 85-7, 90-1, 180

Smith, Adam, 9, 28, 35-6, 68, 92-3

Sociedade civil, 27-8, 126, 135-6

Superacumulação, 92, 150, 166, 184-5, 188

T

Taxa de juros, 48, 50-1, 165-6

Taxa de lucro, 31-2, 42-3, 48-9, 137, 154-6

Tecnologia, 21-3, 36-9, 111-27, 137, 197

Teleologia, 65, 137

Tempo, 16-7, 21-3, 25, 36-7, 39-42, 44-5, 47, 61, 65-7, 70, 81-2, 84-5, 95-6, 107-8, 134-6, 137, 143-4, 155, 157-8, 180

Tempo de trabalho, 17-9, 25, 62-4, 66-7, 70, 81-2, 95-6, 107-8, 123-5, 137, 142-4, 155, 157-8

Tempo disponível, 95, 192-3

Teoria do valor-trabalho (veja valor), 23, 68, 70, 102, 145-6, 191-2

Teoria monetária do valor, 109

Terra, 16, 29, 30-2, 34-5, 42-3, 44-6, 48-9, 70, 73, 88, 92-3, 107-9, 118-9, 129-30, 132-3, 135-6, 140, 142, 150, 152, 162-5, 167-8, 176-7, 187, 190-1

Trabalho abstrato, 131-2, 142-3, 158-9

Trabalho alienado, 62-5, 83-4, 94, 96-7, 191-3

Trabalho concreto, 131-2, 140, 157-8

Trabalho digital, 64-6, 100, 105-8

Trabalho doméstico, 95-6

Trabalho improdutivo, 92-4, 163-4, 197

Tratado Norte-Americano de Livre Comércio (Nafta), 159, 162, 168

Tributos, 16-7, 27-8, 42-3, 54, 73-4, 104-7, 122, 196

U

Urbanização (ver cidades), 178, 183-7

Utilidade, 79, 145

Utopia, 11, 35-6, 61-2, 108, 116, 127, 131--2, 153, 174, 184, 193

V

Valor, 10, 15, 17-57, 59-77, 79-98, 99-110, 112-27, 129, 131, 134-5, 137, 140-1, 143-69, 171-82, 186-7, 192-202, 204

Valor de uso, 32, 50, 66-8, 80-2, 90-3, 99--102, 104-7, 124-5, 131, 137, 142-3, 148, 158-9, 162-5, 171-3, 177, 193-5, 204-5

Valor reputacional, 104

Valorização, 24, 27-8, 30-4, 35-6, 40, 42-3, 49-53, 55-6, 62-3, 68, 73-5, 81-4, 87, 89-91, 95, 109, 111-2, 114-5, 118, 123, 125-6, 137, 142-3, 156, 162, 167-8, 192--3, 197

Vida cotidiana, 9, 27-8, 40-1, 55-6, 67-8, 83, 116-7, 126-7, 132-3, 139, 149-50, 152, 171, 174-5, 183-5, 194-5, 205

Finalizado em 24 de julho de 2018 – 132 dias após o assassinato da vereadora Marielle Franco e de seu motorista Anderson Pedro Gomes, um crime político para o qual o Brasil espera uma resposta –, este livro foi composto em Adobe Garamond Pro 11/13,2 e reimpresso em papel Avena 80 g/m² pela gráfica Rettec, para a Boitempo, abril de 2021, com tiragem de 2 mil exemplares.